未讀 ADR | 思想家

UNREAD

HOW TO TEACH PHILOSOPHY
TO YOUR DOG

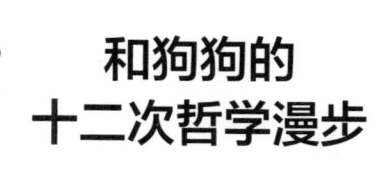

和狗狗的
十二次哲学漫步

[英] 安东尼·麦高恩 著

王喆 译

Anthony
McGowan

北京联合出版公司

和狗狗的十二次哲学漫步

[英] 安东尼·麦高恩 著
王喆 译

图书在版编目（CIP）数据

和狗狗的十二次哲学漫步 /（英）安东尼·麦高恩著；王喆译 . -- 北京：北京联合出版公司，2025.4.
ISBN 978-7-5596-8225-3
Ⅰ. B-49
中国国家版本馆 CIP 数据核字第 2025D33L28 号

How To Teach Philosophy To Your Dog
by Anthony McGowan

Copyright © Anthony McGowan 2019
This translation of HOW TO TEACH PHILOSOPHY TO YOUR DOG: A Quirky

Introduction to the Big Questions in Philosophy is published by United Sky (Beijing) New Media Co., Ltd. by arrangement with Oneworld Publications through BARDON CHINESE CREATIVE AGENCY LIMITED.
Simplified Chinese translation copyright © 2025 by United Sky (Beijing) New Media Co., Ltd.
ALL RIGHTS RESERVED.

北京市版权局著作权合同登记号 图字：01-2025-0707 号

出 品 人	赵红仕
选题策划	联合天际
责任编辑	管 文
美术编辑	程 阁
封面设计	沉清 Evechan

出　　版	北京联合出版公司 北京市西城区德外大街 83 号楼 9 层 100088
发　　行	未读（天津）文化传媒有限公司
印　　刷	大厂回族自治县德诚印务有限公司
经　　销	新华书店
字　　数	220 千字
开　　本	880 毫米 × 1230 毫米　1/32　12 印张
版　　次	2025 年 4 月第 1 版　2025 年 4 月第 1 次印刷
ISBN	978-7-5596-8225-3
定　　价	52.00 元

关注未读好书

客服咨询

本书若有质量问题，请与本公司图书销售中心联系调换
电话: (010) 52435752

未经书面许可，不得以任何方式
转载、复制、翻印本书部分或全部内容
版权所有，侵权必究

当然要献给孟弟

我们一家子因他而爱意融融

是故兽类不存目的、不会掩饰,毫无保留。以此观之,狗与人相较,一如玻璃杯与金属杯之别。至此,狗尤为珍贵,因可从其身上见着我们时常隐匿的渴求与情感,得以单纯而公开地展现。

——阿瑟·叔本华,《作为意志和观念的世界》(*The World as Will and Idea*)第二卷,第五章 R. B. 霍尔丹(R. B. Haldane)和 J. 肯普(J. Kemp)的译本

除了狗以外,书是人类最好的朋友,但若想像读书一样读懂狗的内心,那可太难了。

——据说是格劳乔·马克斯(Groucho Marx)说的

目录

作者的话 001
序章 005

第一次漫步　什么是好狗狗，什么是坏狗狗 019
第二次漫步　柏拉图、亚里士多德，以及美好生活 047
第三次漫步　敢于求知，做"对"的事 077
第四次漫步　给自由找个理由 113
第五次漫步　逻辑小遛圈 153
第六次漫步　形而上学101：鸟粪里白白的东西 159
第七次漫步　把让孟弟生无可恋的型相和共相问题聊完 181
第八次漫步　你以为你知道的就是你知道的？ 213
第九次漫步　经验论：我就是知道了 257
第十次漫步　终结者康德 279

第十一次漫步　科学哲学：蚂蚁派、蜘蛛派、蜜蜂派	309
最后一次漫步　叔本华的肥皂泡与生命的意义	345
好吧，之前那次不是最后一次漫步，这次才是	361
拓展阅读	365
致谢	376

作者的话

我写《和狗狗的十二次哲学漫步》这本书的初衷，就是想把读者迎进哲学的世界。学哲学就像遛狗，可以选择不同的路线——朝哪边走，走多远，甚至目的都可以不同。那么，学习哲学究竟是锻炼、是娱乐，还是在规定的时间内必须完成的任务，效率越高越好呢？一些哲学入门书只是按部就班地从公元前六世纪开始写，先写最早期的那些希腊思想家的思辨，然后按照不同时期慢慢写下来，一直写到作者的"当代"为止。另一些哲学书则比较像传记，用哲学家们的奇闻趣事做糖衣，来缓解哲学理论的苦涩。而近年来，纯粹主题式的写作变得流行起来，把话题拆解成若干个问题或主题，什么热门写什么。

这些不同的写作方式反映出一个事实，即哲学具有一种奇怪的混合性特征：比起纯种的阿富汗猎犬，哲学更像拉布拉多。

一方面，英国文学本身包含着历史，但人们阅读乔叟、莎士比亚、奥斯丁、乔治·艾略特等人的作品，不是因为这些作品具有历史性，而是因为这些作品的内容历久弥新。进一步讲，这些作品的伟大之处不在于蕴含着可以拿来抽象概括的观点，而在于语言：字词、句子、段落，以及那些绵长深邃的如歌行文。

另一方面，数学和物理学是不用涉及背景故事就可以教授的科目。要计算圆的面积，你不用知道圆周率首先由古埃及人和巴比伦人粗略地计算出来，然后在公元五世纪，由中国数学家精确到了小数点后七位，你只需要一个迷你计算器就行了。牛顿运动定律的意义和重要性与他表述定律时所用的字词无关。亚里士多德排斥虚空的物理学，他显然错误的运动理论，以及他认为宇宙由一系列同心圆构成，而地球被固定在中央，这个曾深入人心的宇宙论，对于现代科学家来说，除了让他们有优越感以外，毫无用处。

哲学则涵盖了上面两大领域。我们当然可以在不引用柏拉图、亚里士多德、维特根斯坦原话的情况下讨论他们的思想。从这个意义上来说，他们就如同牛顿。然而，哲学问题往往得不到解决，如同历久弥新的新闻。今天，专业哲学家依然在同亚里士多德和笛卡尔交战，同洛克和边沁争辩，但没有科学家会想用这种方式和阿基米德或哥白尼一争高下。因此，哲学的历史永不消逝，永远重要。

哲学本身就是个迷人的故事。因此，我试图在本书中捕捉哲学的"拉布拉多性"，即跨学科性。我采用的形式和这门学科的历史有关。本书由一连串的漫步构成，呼应亚里士多德边漫步边教学的方式——人们根据这一习惯把他的学派称为**漫步学派**（Peripatetic），在希腊语中，这个词的意思是四处走动。我和我家狗狗孟弟在漫步时，延续着苏格拉底的辩证传统，以哲学领域广泛的学科划分为指引，探讨哲学的核心问题。

序章之后，前三次漫步是关于伦理学与道德哲学的。接着，我们遛了两个小弯儿，一个讲自由意志，另一个讲逻辑。然后，我们用了三次漫步的时间来讨论形而上学，讨论那些关于现实和存在本质的棘手问题。在那之后，我们又花了三次漫步的时间研究了认识论，也就是关于知识的理论。其实是四次漫步的时间啦，因为还有一次我们讨论了科学哲学。最后，我们还腾出一次漫步的时间来讨论生命的意义，另外简要地讨论了一些关于上帝的话题。

从广义上说，虽然本书的结构是主题式的，但在每一个主题中，我们都能看到哲学伟人们对该主题的看法。我希望这样的安排不仅能有助于读者去理解这些问题，还能真实地体现出哲学思想的历史和发展。

我承认，本书是一部非常片面的思想史，书中主要讨论的都是西方的哲学传统。而我这样做的原因，并非对东方哲学怀有偏见，只是我对这个庞大而复杂的领域还未深入研究。如果只是为了让我的书看起来更加多元化而在里面班门弄斧、添油加醋，那将是一种亵渎。每一个伟大的非西方哲学传统，都值得人们遛着自己的孟弟前去探究……

最后，本书并不是那种把知识点罗列出来以方便读者温习的入门书。我把本书的内容分成了一次次漫步，所以就像漫步一样，我们时不时会偏离大路，捡起树枝打打灌木、吓吓兔子、喂喂鸭子，偶尔也会走到死胡同。有时候，唯有走过车水马龙的大路，穿过刚收割完的麦田，才能柳暗花明，来到别有洞天的林中空地，遇见翠鸟争鸣的潺潺小溪。

序章

我有一只狗,叫孟弟,是只邋遢的马尔济斯犬。我说"有",并不是在特地宣称所有权,而是更接近我"有"头皮屑或我"有"感冒这类用法。孟弟看起来就像一朵不称职的白云掉到了地上,还在烂泥里打了会儿滚。他的眼睛是黑的,眼神难以捉摸,鼻子是黑的,小胡子像被烟熏过,也黑不溜秋的,因为他总喜欢凑到散发香味的犄角旮旯嗅来嗅去,而这"犄角旮旯"既可以指身体部位,也可以指地理方位。

论智力,马尔济斯犬通常被描述为"平平":跟时刻警觉的贵宾犬和能下棋的柯利牧羊犬相比稍显笨拙,但跟成天呆头呆脑地盯着网球看,希望它能活过来的拳师犬,以及成天像嗑了药、绞尽脑汁防止自己吞舌头的阿富汗猎犬相比,智商则高了不止一个档次。孟弟不会耍把戏,叫他"过来",没用,他甚至连"坐下"都不听,然而他会静静地等你向他走去,仿佛世界上再没有比这更有趣的事了。他最大的成就是在"克里科伍"(还是"克里科汪"?)狗展上,获得了"最佳男狗狗"称号。第二名是一只猎兔犬,第三名是一只泰迪。

尽管我对孟弟的智力成就有点儿苛刻,但他总会带着一副认真而疑惑的表情,仿佛在以一种有条不紊的方式试图解开某套密码,抑或在认真思考宇宙的隐藏意义。我觉得他就像华生"医牲"——呀,别担心,这本书不是那类充斥着蹩脚双关语的书啦,没了没了。如果他是华生,那我是不是就是福尔摩斯了呀?啊呀,孟弟和我怕是像两个直男唱双簧——我们都是华生,在追求真理的道路上累得气喘吁吁,而聪明人早就到达终点了,尽管他们到达的地方不一定是对的。

因此,我觉得孟弟是个好伙伴,能陪我逛逛这儿、逛逛那儿,尝试运用这些年来在学校里以及通过课外阅读学到的哲学知识理解世界。我们会聊事情,交流想法。我现在都能猜到他在想什么了,甚至能直接说出来。

接下来的几章将会展示我们在伦敦北部(偶尔会去稍微远一些的地方)的大街小巷、公园墓地的哲学对话,以此作为对哲学领域重大问题清晰易懂的介绍。你知道我说的重大问题是哪些,就是平时人们会想到的那些。什么算正确的事?自由意志存在吗?现实的终极本质是什么?我们是怎么知道事物的?上帝存在吗?为什么我插 U 盘的时候,第一次总是插反?

本书是写给人的,而不是写给狗的,解决的是人的问题,而不是除虫日程、狗便处理策略这类让我们殚精竭虑的养狗问题。然而，这本书品味起来，依然带着狗味儿……我在经典哲学著作中，特地留意了我们人类挚友的身影，结果比我预想的要多。有点儿像假发，对于这一点，我得解释一下。

二十世纪九十年代初，我曾经交往了一个女孩，她对戴假发的男人有着奇怪的嗜好。我这么说并不带情色意味——她可不喜欢我戴着法官马尾般的假发，敲着小槌宣判她犯了衣冠不整的罪。她就是喜欢发现假发，如同观鸟者喜欢在树林里寻找金冠戴菊鸟或叽喳柳莺那样。我们在酒吧或搭地铁的时候，她总会冷不丁用手肘碰一下我，轻声说"糖浆"（Syrup），这时我就会去找那个戴假发的人（顺带提一下，糖浆是伦敦的押韵俚语，暗指假发[1]）。当时，头发置换技术才刚起步——织发、植发、毛囊再生软膏等都还没有像现在这样成熟。但就算在当时，经典的三毛横梳头已经不能为人们所接受了，因此身边还是可以观察到比较多戴假发的人。

女友一提醒我，我就会往屋内或车厢四周扫视。在我们交往初期，如果不是特别明显的质量很差的假发——比如看起来像只睡着的海狸，或看着特别死板，像玻璃纤维或打发过头的奶油和熔化的塑料——我通常都完全找不到目标。但渐渐地，我学会

---

[1] 属于伦敦押韵俚语中的一种，以押韵的词组（syrup of fig）代替某个词（wig），而说的时候，往往只取词组的第一个单词。——译者注，下同

了如何去抓蛛丝马迹：眉毛半白，头发却黑得过分；脸上爬满皱纹，头发却特别浓密；在街上霓虹灯的照耀下，头发会反射出五彩光芒。

在我们的恋爱关系确立之前，我从未注意过假发，从未"看见过"假发。这种细节，这种颗粒度是我的世界中没有的。路德维希·维特根斯坦——我们会在本书中再次与这位哲学家见面——在《哲学研究》一书中详细阐述了我们学习字词含义的过程。客体和它的名字之间，并不存在简单的直线关系，我们要通过观察字词是如何被使用的，才能了解其含义。我们要学习字词的表达规则以及字词所蕴含的"生活形式"——由丰富的文化程序和传统构成的矩阵。知识就是行为，是我们做的事情，而非我们有的东西。因此我必须跟随我的"女主人"，学习去感知假发。不久之后，我看到了世界的一个新层面。我发现假发无处不在，我和女友因为我们共同的能力而欣喜不已，那种感觉就如同海豚在浪花中遨游。即使她已离我而去，即使共同探索的乐趣已如过眼云烟，但我依然发现自己会在人群中寻找假发，寻找顶在一张忧郁的脸上方茂盛、浓密、巧克力色的那团东西，然后我会默默地对自己说"糖浆"，并黯然神伤……

和假发一样，我从未在西方哲学著作中见过狗的身影，直到我主动去寻找。突然间，我发现它们到处都是，有时候潜伏在字里行间，仿佛知道自己因为吐了一地或在橱柜里偷吃而惹上了麻烦，而其他时候，它们就躲在光天化日之下。

鉴于人类与狗源远流长的亲密关系，狗渗入我们的智力文化、神话、故事，以及哲学探索的方方面面也就不足为奇了。考古学家发现，很难确定狗是从什么时候被驯化的，尽管最佳猜测是三四万年前。很可能一开始在我们祖先的居所周围漫步的是狼，然后经过几万年时间，狼群中与我们现代的狗很像的那一部分分化了出来，这一过程是由自然选择和人工培育结合而产生的。

一万五千年前，当时的我们还不会农耕，但人和狗已生死相依。关于人狗共同生活的最早铁证出土于德国的一个采石场，是三具旧石器时代的遗骸：一个男人、一个女人、一只小狗，合葬在了一起。这只狗曾患有犬瘟热，而唯有在人的照顾下，它才能活那么久。这只狗太过孱弱，根本没法用来打猎，所以它在群体生活中，必然有其他用途：它是一只宠物……

细观古今，在大多数人类文化中，狗都得到了尊崇。前哥伦布时代的美洲，玛雅人和阿兹特克人认为狗是善良的领路者和守护者，将死者领往灵魂世界。埃及人或许更为人所知的是他们对猫的喜爱，但狗也常常和主人合葬，并被做成木乃伊。流传至今的第一只有名字的动物是一只风度翩翩的猎犬，名叫"Abuwtiyuw"（我也不知道这个名字该怎么读），这只猎犬生活在埃及第六王朝时期（前2345—前2181）。

稍微往靠近西方哲学传统的时间、地点看一看，波斯琐罗亚斯德教徒[1]就被狗的聪慧和正直深深吸引。波斯人认为狗会守护死者前往天堂的大桥，这与玛雅神话不谋而合。狗也是光明与黑暗永恒之战的主要参战者，是善神阿胡拉·马兹达的手下，同恶神安格拉·曼纽手下的昆虫、蛞蝓、老鼠、蜥蜴、青蛙，恐怕还有猫作战。而狗之所以会站着不动，安静地盯着前方的虚空，正是因为它们能看见我们所看不见的恶灵。因此，若虐待这场大战中我们强有力的盟友，必定会在今世和来世受到严厉的惩罚。杀狗的人必须做很多事来赎罪，所以没错，琐罗亚斯德教徒毫无疑问是爱狗的……

再稍微朝靠近哲学起源的地方看一看，希腊的英雄时代出现了奥德修斯的忠实猎犬阿尔戈斯，这只狗等主人回家一直等了二十年。曾经健步如飞的它，如今躺在粪堆上，饥肠辘辘、饱受折磨。但整个伊萨基，也只有它认出了奥德修斯。它得到的补偿是英雄的眼泪，最终幸福地咽了气。但换种角度，荷马史诗中的英雄如果战败，最大的耻辱就是在战场上被剥光甲胄，赤条条地被扔去喂狗。

到现在为止，我们讨论了历史、神话、传说，但我们第一只完全与哲学有关的狗要等到在柏拉图的《理想国》里才出现。在《理想国》中，柏拉图试图给正义（以及其他许多东西）下定义，

---

[1] 琐罗亚斯德教，波斯古代宗教，传为公元前六世纪由琐罗亚斯德创立，是一种主张善恶对立的二元神论宗教。

并建立一套完美社会的标准。理想政府的一个关键组成部分就是护卫者阶层,即领导和保护国家的哲学家战士。护卫者应该具备哪些品质呢?他们必须对国民友善仁慈,对敌人毫不留情。而这些包含真知的品质,在哪里才能找到?答案是,在家犬身上能找到,它们单凭直觉就能知善恶、辨敌友,它们会去舔主人酒友的手,哪怕对其他情况一无所知,但对不受欢迎的入侵者则毫不留情。

> "它的这个天性确有迷人之处;是真哲学家。"
> "何出此言?"
> "根据是:狗全然凭认识与否区分敌友。一个动物能以知与不知辨别喜恶,怎么能说它不爱学习呢?"
> "确实如此。"
> "爱学习和爱智慧,不就是哲学吗?"[1]

我们的哲学狗以这个方式初次登场,的确算得上体面。但柏拉图对狗的看法并非总是褒赞,他会直接骂那些与自己意见相左的人是"狗"。这就把我们引到了哲学领域最著名的狗身上了。如今犬儒(希腊语原意是如狗一般的)一词在《牛津英语词典》里面的意思是:"不相信人的动机和行为是真诚或良善的,并总

---

[1] 引自柏拉图《理想国》第二卷。

以嘲笑、讥讽的方式来表达自己这一看法的人；愤世嫉俗的人。"

上面描述的并非正面形象：一个薄嘴唇的厌世者，他讥笑别人的好意，不停地撕下道德的面具，揭露背后的伪善。这个词的现代含义清晰地体现在最初的犬儒身上，他们是一群四处游荡的思想家，与柏拉图处于同一时代，但走了一条截然不同的路。犬儒们生活简朴，视财富与世俗成功为粪土，穿着破衣裳，以天为被，以地为床，大骂富人们的贪婪和物欲，质疑一切习俗，讥笑所有道德或宗教传统。但犬儒主义的要旨是致力过上德性的生活，犬儒们的批判尽管极具破坏性，却依然是通往启蒙必不可少的第一步。

这和狗又有什么关系？对于犬儒这个名称的起源，有几个不同版本的故事。可能是因为第一个犬儒——安提斯泰尼在一个名为"白犬之地"的体育场讲学。而我更倾向于另一个故事，柏拉图因为一直遭到最伟大的犬儒，即安提斯泰尼的弟子锡诺帕的第欧根尼的招惹和捉弄，大骂道："你就是一只狗！"这可把第欧根尼逗乐了，他很乐于做狗。有个达官贵人给第欧根尼扔了根骨头，也骂了同样的话，第欧根尼抬起一条腿就朝对方身上撒尿。事实上，第欧根尼的确看起来有点儿呆傻，他因听讲座大声吃东西和在跟别人交谈期间肆无忌惮地放屁而声名狼藉。他要么在剔牙，要么在挑起争端。如果他走进"安静车厢"[1]，将会成为所有

---

[1] 国外有的列车设有安静车厢，里面禁止大声说话。

人的噩梦……而他则会怡然自得。有一次，第欧根尼在柏拉图最心爱的地毯上擦自己脏兮兮的脚，还说："我在践踏柏拉图的虚荣。"柏拉图则巧妙地回应道："第欧根尼，你是有多傲慢，才会装作不傲慢。"这是柏拉图唯一一次反击胜利。

犬儒们之所以被贴上了"如狗一般"的标签，主要是因为他们有一个广为人诟病的特点，即对身体功能的表露毫不羞耻。第欧根尼会随地大小便；而他的弟子底比斯的克拉特斯则更进一步，与妻子希帕尔基亚直接在众目睽睽之下行云雨之事。可能这就是为什么"打野战"在英语里又叫 dogging 了。

克拉特斯和希帕尔基亚很长寿，他们就睡在雅典的城门口和柱廊下。而他们的导师第欧根尼更为高寿，据记载，他一直活到了九十多岁。最后，狗又出现了。对于第欧根尼的死，有几个不同版本。一说他憋气憋了好多天（这么做基本就能达到目的了）；另一种比较平庸的说法是他吃了生食，食物中毒而死；还有一个版本更符合这位犬儒：据说第欧根尼在给自己的狗分章鱼吃的时候，被一只狗咬了，随后伤口溃烂而死；再有一种说法是他被狗传染了狂犬病。

其实第欧根尼并非第一个因狗而死的哲学家。赫拉克利特是最早一批哲学家之一，死得特别惨。赫拉克利特是个贵族，特别厌恶平民，认为自己所说的真理只有少数人能懂。他说，上等人时刻准备着放弃一切，以追求不朽的荣耀，而大众则如牛群一般什么都不想,只懂吃喝。他的命运,哪怕不能算应得,也和他本人多少是相符的。他患上了水肿,于是自己涂牛粪来治疗,因为他相信牛粪可以吸走多余的水分。而正在这时,一群狗发现了他,因为认不出他是人,所以把他给吃了。

在之后两千年里,哲学里狗的身影出现得相对较少,而讽刺的是,这期间的哲学一直在柏拉图的伟大弟子亚里士多德的支配之下,而亚里士多德是个挺教条[1]的人。等到了后文艺复兴时期,哲学苏醒,狗又回来了。

一只狗孤零零地出现在伊曼努尔·康德的《纯粹理性批判》一书中,这本书是西方形而上学最伟大、最难懂的作品之一。在接下来的漫步中,我们还会多次提到康德,但现在我们只要知道,在《纯粹理性批判》中,康德试图在批判的同时弥合哲学史上一个旷日持久的分歧:有一派哲学家坚信知识是从纯粹思维中得来的,而另一派则宣称我们只能获取通过感官到达心灵的知识。为了解释理念同感官经验之间的间隙是可以填平的,他举了个狗的例子。

狗的概念指示出一种规律,依凭这种规律,我的想象力才能追寻、描绘或图画出一只四足动物的一般轮廓、身形或形状,而不受限于经验所提供的任一单一或个别形状。

---

[1] 作者玩了个文字游戏,英语"教条"(dogmatic)一词中,含有 dog 这个单词。

康德说，如果没有"狗"的概念，那各种各样的感官知觉——耳朵、皮毛、耷拉着的舌头、跷起来的腿——就会在背景噪声中消失。"狗"的理念在我们心中根深蒂固，足以将我们面前世界中的各种残片统一起来，塑造成我们熟悉的朋友和伙伴。但这个词依然很模糊，烦人的小吉娃娃和傲慢的大丹犬都能囊括在内。

我们在前面提到了维特根斯坦，并且聊到了他是如何在语言和社会实践的网络中找出字词意义的。交流包括参与一系列相互交织的"语言游戏"，而我们对这些不同语言游戏的了解使得沟通成为可能。在维特根斯坦探究"意义"的界限时，前后多次提到一只困惑的狗——这只狗似乎一直在努力尝试成为人类。但由于缺乏必要的能力来理解适当的文字游戏，它对未来既不怀有希望，也不有所畏惧，而且狗不会说谎。

和任何其他语言游戏一样，说谎是一种必须学了才能会的语言游戏……为什么狗不会装痛？是太诚实吗？人能教狗装痛吗？也许，人能够教它在一种特定场合哀嚎，仿佛它很痛，尽管它并不痛。但这种真正的假装行为所需的环境是缺失的。[1]

关于狗不可能装痛这一点，我觉得维特根斯坦说得很对。但

---

1 引自维特根斯坦的《哲学研究》。

即便是哲学家也肯定不能说狗"感觉"不到疼痛的吧?我最后一个哲学狗的例子尽管会让人不快,但同时也能对我们有所启发。

我们得回到十七世纪勒内·笛卡尔的作品上来。笛卡尔之所以在动物爱好者群体中声名狼藉,是因为在他看来,所有非人类的动物都只不过是"天然的自动机",是毫无灵魂的机械装置,无法思考、无法感受情感,也无法感受疼痛。

有两件笛卡尔的逸事经常被人提起,这两件事都指出了他的这个理论会带来怎样的后果。一天,这位哲学家在和他的朋友漫步时,瞥到了一只怀孕的狗。一开始,他上去挠狗的耳朵,对它关怀备至。随后,让同伴大惊失色的事发生了,他朝狗的肚子踢了一脚。接着他开始安慰惊恐且伤心的同伴,对他们解释说,狗的哀嚎只不过是齿轮的摩擦声,因为动物是不会感到疼痛的,他们应当将这份同情留给苦难中的人类。

另一件更可怕的逸事与他妻子养的小宠物狗有关。这位哲学家在读到威廉·哈维有关血液循环的发现时深受鼓舞,并决心亲自探究观察一番。他一直耐心地等待,直到妻子和女儿都出门办事了,他一把拎起那只小蝴蝶犬(就是那种长着像蝴蝶翅膀那样的大耳朵的狗),把它带进了地下室,在那里进行了可怕的活体解剖。

至于笛卡尔的妻子和女儿回到家发现尸体后作何反应,历史并没有记载。

为什么没有历史记载？因为笛卡尔既没有妻子，也没有女儿。这位哲学家终身未婚。这个故事完全是捏造的，是网络愚蠢的地狱之火升腾的热气虚构出来的。但这里描述的恐怖事件确实在大约二百年后发生了。行凶者就是十九世纪大名鼎鼎的解剖学家克劳德·伯纳德（1813—1878），这个心狠手辣的人会将活生生的、有意识的、未被麻醉的狗（还有兔子）大卸八块。他对妻子漠不关心，而且他还真的解剖了她的小狗。所以，妻子的愤怒可想而知，她离开了伯纳德，并成立了一个反虐待动物组织。而这个故事之所以被套到了笛卡尔头上，原因就出在他认为动物是自动机的观点。

那么，那只怀孕狗狗的故事呢？如果确有其事的话，那涉事者就是后来的法国哲学家尼古拉·马勒伯朗士（1638—1715）。同样，正因为笛卡尔名声太大，所以这类故事都跟他扯上了关系。

差不多啦，哲学领域的狗已经说得够多了，现在，让我们的狗也学一些哲学吧！

第一次漫步
什么是好狗狗,什么是坏狗狗

第一回带孟弟遛弯儿的时候，我俩讨论了伦理学，也就是哲学中思考道德对错的那一块。为什么道德问题这样难以解决？道德仅仅是人们突发奇想的结果，还是权力的产物？在本章中，我们将对一些道德理论进行探讨，尽管这些理论并不尽如人意，但无论如何，我们可以借此窥出一种好的道德理论应该是怎样的。

哲学或许做不到时时有趣，但至少应该努力做到有用，让你无论在社交媒体上，还是在酒吧里，在碰到各种各样的观点时，都能凭借哲学去伪存真。哲学能助你一臂之力，让你成为一个更好的人，一个会去思考如何采取正确行动、如何制定恰当人生目标的人。哲学会引领你静下心来思考"大问题"：我们为什么在这里？现实的终极本质是什么？我合上冰箱门的时候，如何知道里面的灯真的熄灭了？

学习哲学有许多好理由，但并不是说有了哲学做武器，你就能在和家人吵架时战无不胜。其实，我想说的是，当你的另一半正对你大为光火的时候，千万别耍哲学小把戏：别拿休谟的叉子或奥卡姆的剃刀在对方面前挥来挥去，你会被平底锅伺候的。没胜算的，就算真靠哲学吵赢了，也常常是杀敌一千，自伤八百——胜利的代价远远超过获得的好处，比如失去符合逻辑、高效摆放的洗碗机帮佣，或者陪对方看完第十五遍《西雅图未眠夜》。

养狗也有很多好理由，其中有一条理由便是让你在吵赢对方却元气大伤后，有借口逃离公寓。毕竟，狗是要遛的，哪怕是马尔济斯这种对户外活动不大感兴趣的睿智小短腿也不例外。

"孟弟，心情怎么样？"我问道，我俩正乘着公寓里咔咔作响的旧电梯下楼，"去墓园还是公园？"

孟弟抖了抖身子，好像并不在意路线。孟弟能够通过抖身子做很多事情。孟弟式抖身子可以表达许多不同的情绪、判断、想法,甚至观点。孟弟式抖身子还可以表达同意或反对、哂笑或怒斥,此外,还能表示他找出了你的逻辑漏洞或赞同你的论证。而刚才那一抖是在说:*在坟墓上尿,还是往树上尿?我都行啊,你决定。*

"墓园近一些,但汉普斯特德荒野公园会比较不那么……"

瘆人?

我点了点头。"去汉普斯特德荒野公园。"

到汉普斯特德荒野公园要穿过金融寡头和对冲基金经理们居住的街区,走上个二十分钟。与伦敦大多数公园不同,汉普斯特德荒野公园让人感觉杂乱无章、不修边幅,让人……摸不着头脑。前一刻还在城郊,一转眼你就置身荒野了。好吧,也没那么荒,但你可以走上好几分钟都见不着一个人影。或许这种城郊变荒野的过程并不像我说的那样戏剧化。汉普斯特德荒野公园和周围街道在一个既不算城镇也不算乡村的空间里错落交织。这让人联想起斯多葛派早期哲学家克吕西波斯(前279—前206)脑中的悖论和困惑。

斯多葛派是公元前三世纪在雅典蓬勃发展的哲学学派,他们一路壮大,后来甚至"占领"了罗马,以至于罗马皇帝马可·奥勒留成了最伟大的斯多葛派哲学家之一。我们过会儿再聊斯多葛派,现在我想说的是,他们有一个重要的观点,即每一位哲学家都应该立志成为全知的圣人,对物理世界的联系了然于胸,知晓万事发生的必然性,不管什么问题都难不倒他。

比如,多少粒沙子能垒成沙堆?[这被称为**连锁悖论**(sorites paradox),其中"sorites"一词在希腊语中是"堆"的意思。]

显然,我们一眼就能认出沙堆,我们也知道三粒沙子成不了沙堆。因此,一定存在一个临界点,再加一粒沙子,原先散落的沙子就成堆了。但仅仅一粒沙子怎么就能带来如此大的变化呢?同样的问题也适用于秃子。一头密发逐渐稀疏,直到最后不可否认地成了秃子。但他是什么时候开始变秃的呢?又回到那个问题,必然存在那根标志着临界状态的头发,但是一根头发怎么就让秃与不秃变得如此泾渭分明呢?

在学校里,有一种连锁悖论让我见识了什么叫投机取巧。操场上,一个粗野的大个子走到你面前,一把逮住你,逼你回答下面的问题:"给你一块钱,去不去跟希尔达(Hilda)亲嘴?"

希尔达是食堂的打饭阿姨,又老又凶,满口龅牙。她会往你餐盘里盛泡发的土豆泥和棕色肉糊糊。

"不去!"你应该会这样回答。

"这样啊,那你要什么才愿意跟希尔达亲嘴?"

"我什么都不要!"

"哈!你竟然什么都不要就愿意跟希尔达亲嘴!"很快,整个学校都传遍了你愿意无条件和希尔达亲嘴,还爱上了她,甚至想娶她为妻的事。

好吧，这并不能完全算连锁悖论。但是当你想通下面的问题后，悖论就出现了。比方说，给我一千万，我愿不愿意去亲希尔达？或许我愿意。因此，在一块钱到一千万之间，存在着某个左右我亲不亲希尔达的金额。这就意味着亲与不亲之间，自始至终也就一块钱之隔。因此，你其实会为了一块钱去跟希尔达亲嘴。

在适当的时候，我们还会继续讨论希尔达，或者更确切地说，讨论克吕西波斯和他的"堆"理论。

但不管怎样，我们穿过了中间地带，毋庸置疑地要去和希尔达亲嘴——也就是说，我们到了汉普斯特德荒野公园。这个时节的公园特别美，老橡树、老榉树的叶子仿佛燃烧的火焰，你行走的时候，脚下的橡子、山毛榉坚果、甜栗壳发出清脆的响声。

我刚打算解开孟弟的绳子，就看到前方正在靠近的东西，我的心咯噔了一下。正在走来的是只巴哥犬，或者可能是只法国斗牛犬——我分不清那些看起来像一头撞上阳台玻璃门，眼睛瞪得老大，嘴巴像孔雀鱼那样噘着的狗。孟弟讨厌巴哥。我一直没搞清楚这种憎恶是出于审美、道德，还是政治观点的不同，但只要他看见一只巴哥，就会一下把牵引绳扯到底，拼命拽着背带，像只拉着超载雪橇的哈士奇。孟弟像打喷嚏一样全身紧绷，而我在这种情况下，常常会假装无助，任由他拖来拖去。

孟弟的架势如同一只饿狼，对面的巴哥见状便退缩了。狗狗们也知道他们不可能陷入一场真正的大战，因为都被绳子拴着呢。这种冲突在人与人之间有时被称为"推搡",其中演的成分比较多,不是真要置对方于死地。

"别闹。"我呵斥道,并用力拉了一下孟弟的绳子,但没什么用。随后我只好低声下气地对狗主人道歉:"真不好意思。"对方是一位穿戴整洁的男士,迈着小步,步调和自家巴哥完全吻合,"他从不咬人——就是耍个宝。"

对方一言不发,鼻孔朝天继续向前走。

"下次别这样了。"我低声斥责孟弟。

他无辜地看着我,仿佛我打断了他对蝴蝶或玫瑰之美的思考。

这是我们狗狗的事情。这就是我们要做的。

"才不是所有狗都这样。"

没错,有些狗狗可能害怕或被收买了。但内心深处,我们都会有这种想法。总之,巴哥这种狗……

等那只巴哥和我们保持安全距离后,我解开了孟弟的绳子。他沿着树丛中的小路撒腿奔跑,这边嗅嗅那边尿尿。突然,他定在原位,仿佛小孩子在学老奶奶走路一般。一两秒钟后,我才发现事情的原委。

前方出现了一只硕大的黑色罗威纳,我们在来汉普斯特德荒野公园的路上碰见过他一两次。这只狗的个头就像匹小马驹。虽然他并没有表现出敌意,但孟弟胆小的灵魂已经被震慑住了。老实说，我当时心里也发毛。孟弟几次假装要朝着罗威纳冲去，同时狂吠不止。罗威纳忍了大约一分钟，回了一声浑厚的低吠，吓得孟弟拔腿就往我这边跑。他穿过灌木丛来到我身边，蹦跳着，用前爪在我膝盖上一顿乱抓。

抱抱抱抱抱！

"但你浑身都是泥！"我说。

然而，看到他如此狼狈，我还是把他抱了起来。

罗威纳一脸无害地慢悠悠地离开了，仿佛旧石器时代善良的食草动物。如果他认为孟弟是个威胁的话，或许他会启动战斗模式，把孟弟给吃了。我把孟弟放下来，他继续对着撤退的敌人乱吼乱叫。

我本来可以搞定他的，这家伙惹上大麻烦了。

"是啊，他也许已经一口把你脖子咬断了。"

孟弟抖了抖身子。

"我们得谈谈。"

谈什么？

"狗狗的行为，是什么让你成为一只好狗或者坏狗。事实上，这种判断和狗没太大关系，和人有关。"

好吧，又没法好好遛弯儿了。

"快说我是对的。"

行吧行吧，不过我要先到处遛遛，看看两分钟内能撒几泡

尿，我要闻遍所有角落，找些吃剩的肯德基炸鸡骨头吃，你有种跟我抢试试，这就是我现在要做的事，懂吗？

我晃悠到汉普斯特德荒野公园一个地势较高的地方，那儿有一张长凳，在长凳一端可以望见市中心的玻璃塔，在清晨的阳光下闪烁着邪恶的寒光；长凳另一端是一片树海，仿佛身处某个古老而永恒的森林中，常青树为金黄色的树海点缀出了斑驳的阴影。此地远离闹市，得天独厚。和狗狗谈哲学在别人看来可能会有点儿怪，因此我觉得不被人听到，私底下谈是再好不过的了。

孟弟回来了，趴在我的脚边。这次漫步对于他这个小短腿来说大约是极限了。

"好了，我们来谈一谈对与错吧。"

你是指为什么有时候你对我说"乖"，有时候你又说"别闹"吗？这个的话，我已经总结出一套理论了，当你喜欢我做的事情时，你就说"乖"，当你不喜欢的时候，你就说"别闹"，就是这么回事。

我笑着摸了摸孟弟。

"乖，你的爪子的确已经抓到问题的核心了，而且你刚刚说的那个理论甚至连名字都有呢，叫**情绪主义**（emotivism）。情绪主义的拥护者认为，每当我们做道德判断，说一个行为对与错、道德与否时，我们真正想说的，同时实际上也是真正能说出口的，是我们是否支持该行为。这样说出来的东西能让我们内心感到温暖舒适。这种判断就类似于我们吃到了一块好吃的馅饼时说:'太好吃了!'或者就像狗听见主人说'遛弯儿'时会摇尾巴一样。"

孟弟听到我说"遛弯儿",立刻条件反射地摇起了尾巴。

"如果情绪主义是正确的,如果道德判断最终归结于'我喜欢或我不喜欢',那么就会产生某种后果。突然之间,我们的道德判断就会变得非常无力,难以影响世界。"

孟弟给了我一个诧异的表情。

"如果某人说他喜欢吃菠菜,而你不喜欢,那你和他已经没什么好说的了。因为你们没办法去理性地讨论支持或反对菠菜。就算给你们详细列出菠菜的营养也没用。我方喝倒彩,你方喊万岁。对此你可以耸耸肩笑着走开,也可以上前打上一架,分个高下。但在你们之间,已经没有证据、理性、逻辑的立足之地了。因此,做出真正能够改变我们所作所为的道德判断的希望,就这样破灭了。"

孟弟又通过抖身子回答了我。他在说:*那又怎样?*

"如果我们剥夺了自己理性讨论道德问题的能力,那么其他东西就会蜂拥而至,填补这个空缺。"

比如说?

"嗯……任何目前认为道德就是这个样子的人都被笼罩在弗里德里希·尼采(1844—1900)的阴影下。尼采气势恢宏地宣称：道德常常是权力问题,是维护个人意志的方式。对什么是'正确'的判断,是当权者或权力的觊觎者想要维护或提高自己在社会中的地位的方式。尼采的主要攻击目标是基督教。其他批判者会因为基督教的浮夸和虚伪而痛恨它,但尼采不一样,他痛恨基督教那些在我们看来最好的特质,如倡导仁慈、温顺,把另一边脸也转过去让人打[1],使人和睦的人有福了[2]等这类东西。他认为基督教是奴隶的宗教,是软弱之人企图从强者(天生应掌权之人)手中夺权。为了达到这个目的,奴隶们使用他们拥有的唯一武器:牢骚、抱怨、埋怨。他提出了一段历史,或者用他的话来说,是道德的**谱系**。在荷马笔下的英雄时代,道德只关乎好与坏。贵族英雄的人生便是好的:他们通过战胜敌人、赢得伴侣、举行盛宴、享受财富来获得幸福。而悲惨奴隶的人生便是坏的:他们弱小、贫穷、无助。基督教用善恶之分取代了美好而高尚的好坏之分。在基督教那里,善代表虔诚。他们把贵族的美德妖魔化,将其推翻,并诅咒这些美德的拥有者。

"所以,所有谈到谦和、忍让的道义都是由懦夫和弱者锻造的武器,用来对付勇敢强大的天生贵族。这把我们带到了一个超越情绪主义的地方,超越那些让我们的内心感到温暖舒适的道

---

[1] 该典故出自《圣经·新约·马太福音》(5:39):"只是我告诉你们:不要与恶人作对。有人打你的右脸,连左脸也转过来由他打。"
[2] 语出《圣经·新约·马太福音》(5:9):"使人和睦的人有福了,因为他们必称为神的儿子。"

德。但现在看来,这是一种有害的思想,会干预宇宙的自然秩序,鼓吹一种由光芒万丈的超人屹立顶端,畏畏缩缩的奴隶被压在底层的等级制度。"

所以你不是尼采的忠实粉丝?

"尼采是过去二百年来最伟大的哲学家。他的伟大之处在于他会逼你思考,挑战所有你觉得对的观念,而且他妙笔生花——单单这一点就完胜大多数哲学家了。没有人能像他那样在把文章写得气势恢宏、富有力量的同时还条理清晰。他希望我们不要依照'伦理教条'生活(基督教那些具有欺骗性的规则、法令、斋戒、禁令等),而应该勇敢、美丽、创造性地生活。换句话说,伟人(没错,他说的是人)一直是存在的。尼采的诱惑令人难以抗拒,但我们不得不加以抵制,除非我们真的想生活在一个强者总能如愿的世界,这里不仅指强者能够击溃弱者,而且指强者有'义务'击溃弱者。还有,嗯,这也是为什么如果一个连环杀手在犯罪之前读了些什么,基本上读的就是尼采……他这样的哲学家适合那些觉得自己的伟大之处没有得到社会认可的人,适合那些觉得应该创造出属于自己的道德的人,以及那些认为其他人的存在仅仅为了满足自己权力意志的人。

"把尼采和纳粹的恐怖行径联系到一起的观点已经不再流行,但确实有很多纳粹的意识形态来自尼采的理论:强者有权击溃弱者,有些人天生就优于其他人(存在高等种族);战争是件好事并且是自然的事;除了白人之外,其他种族是低劣的。确实,尼采并非狭隘的德国民族主义者,而且按照他的时代标准来看,他也不是特别反对犹太人,但除了这些,其他都显露无遗。

"尽管尼采死后被人利用、助纣为虐是事实,但我们不能因此逃避尼采提出的深远而可怕的问题。阻止超人随心所欲的道德法则在哪里?无论是出于理性还是天性,什么法则能阻止我通过践踏你来得到自己想要的东西、达成心中的伟业?"

呃……你的情绪有点儿激动。

"什么?哦,对你来说,我刚刚有点儿像尼采。"

现在别说啦,有人来啦……

孟弟说得对。一男一女带着几个蹦蹦跳跳的孩子正往这边走来,孩子们用小棍子甩打着蓟花。这对父母身心俱疲,看起来想歇会儿。

如果你被人看到正跟狗狗说话,你唯一能做的就是继续说,不过要以一种更为正常的方式。我像其他正常的狗主人那样,夸了会儿孟弟"真乖",挠了挠他的下巴。我注意到,在这个过程中,孟弟打了个冷战。

"好了老弟,回家吧。"

在走回树林的路上,我们继续着刚才的话题。

"所以那就是我们面临的挑战。有关我们能否找到道德的理性基础,表明我们不是只会摇尾巴的狗,或是试图将强者束缚住的弱者，以便篡夺他们在金字塔顶端应有的地位。"

能找到吗？

"仅凭一次漫步有点儿难。但是我们可以在这次漫步剩下的时间里尽可能清楚地从不同角度探讨这些问题。随后，我们可以看看过去几千年里哲学家们给出的对策。然后我们就能知道他们中是否有人通过了严苛的哲学考验。

"首先我们来看问题。这些问题确实存在。如果我们想要否定尼采和摇尾巴狗的观点，提出对错是有普遍真理的，或者至少说，道德是有坚实理性基础的，那么就需要解决一些难题。

"首先，在道德问题上，人们缺乏共识显然是个事实。有理智的人都不会质疑三角形的内角之和是180度，或人类是从相对原始的猿类演化而来的，抑或地球绕着太阳公转等说法。那是因为，这些说法是合理、公认的事实。但在道德问题上，我们会发现社会中充斥着有关伦理的争端。有些争端是个人的，有些争端则不止于此，带有政治色彩。如果说真话会伤害对方感情的话，我能撒谎吗？我必须把自己收入的一部分捐给慈善机构吗？一个认为女性和有色人种是劣等人的男人，是否适合担任要职？我们能用公民缴纳的税款去做公民毫不关心的事吗？追求个人自由比追求物质生活更重要吗？为了公共利益修建一条会穿过人家花园的铁路，那家人对此表示反对，修建这条铁路还是正确的吗？如果某些政府违背了某些'文明价值观'，我们是否应该入侵那些国家？所谓的'文明价值观'又是什么？我们是否有义务去欢迎来自其他国家的难民？如果有义务，理由是什么？我们可以把动物杀死然后吃掉吗？如果可以吃动物，那我们需要对动物负起哪些道德义务呢？妇女有选择堕胎的绝对权利吗？有没有必须判处死刑的罪行？如果我们决定使用无人机来炸死恐怖分子，同时杀害多少无辜儿童是在可接受范围内的呢？或者假设，你养了……一只宠物，给它看病得花很多钱，而这些钱你可以用来拯救或改善人类的生活，你还会觉得在宠物身上花这些钱是正当的吗？"

呃，好吧，如果允许我就最后一种情况发表意见，我会给你一声肯定的"汪"。

我摸了摸孟弟的下巴，然后快速地挠了挠他的肚子。

"这类论点都挺有趣的，但有一点令人崩溃，就是似乎没有定论。我们搜谷歌也没用，因为道德方面的分歧很少有最终能回到就事论事上来的。如果道德本身是理性的、客观的，那为什么我们不能达成一致呢？"

呃，客观……？

"啊，不好意思。我们先来解释一些半专业术语。我们漫步聊天的时候，常常会聊到主观和客观。如果我说某样东西是主观的，或者说是主观真实的，就意味着从特定的人，也就是从主体来看是真实的。而你是主体，我也是主体。我觉得冷、狗粮真难闻、我爱芝士蛋糕，这都是在陈述自身的感受或看法。另一方面，如果你宣称某样东西是客观真实的，这就意味着它拥有一种不受任何人甚至群体观点影响的真实性。气温 11 摄氏度、我们离家 4 千米、地球绕太阳公转、直角三角形斜边长的平方等于两条直角边平方的总和，这些陈述是真是假并不取决于我的感受。懂了吧？"

我觉得懂了。主观就是我的想法，客观就是真假和我想什么没关系？

"差不多，趁热打铁再加一个词好了：**相对主义**。相对主义指不存在简单的普遍真理，任何论点首先必须经过我的描述才可产生。相对主义可能被局限在某些领域，例如所有运动都是相对的，或情人眼里出西施等概念，但相对主义者往往采取更普遍的角度看问题，认为所有'真理'都是相对的，不依赖于普遍规律或准则，而取决于生活在特定时间地点的个人主观感受和看法。"

所以，主观主义和相对主义是一样的？

"不完全是，虽然它们两者之间显然有交集。我认为大多数人都会觉得许多判断是主观的，而且这些判断常常再明白不过了。随便举个例子，我对啤酒怀有主观看法，我觉得喝了它让人神清气爽，让人快活，而且它还有助于麻痹人生的痛苦，但我或许也会接受某些客观的、非相对性的观点，比如说过量饮酒有害大脑和肝脏。但一般来说，人都有两面性，一面是主观的、相对的、局部的，另一面是客观的、普遍的。而道德恰恰就位于战场正中央。

"重新来看那些无休止的道德辩论，之所以无法达成共识，是因为双方对道德的定义从根本上就是相反的。不仅相反，而且水火不容。用哲学家的话来说就是**不可通约**。"

呃……是否可以为听众着想一下？

"就像一场狗展，不同品种的狗狗都被混在一起，你试图同时去评京巴、大丹、大麦町三种狗。"

谢谢。

"或者就像两个人讨论哪种饼干最好，一个人的评判标准是，打个比方，浸入牛奶而不散，而另一个人的标准是饼干上的巧克力涂层有多厚。所以，他们肯定没办法达成一致。有人说（或者至少会想）：我在圣诞聚会上亲了肯（Ken）这件事，我要对老公撒谎，因为要是把这件事告诉他，会造成不必要的痛苦，但她的朋友就会说：不行，撒谎就是不对的，不管结果如何，都是不对的。有人说税收应该用于投资医疗健康领域；而另一个人就会问：我辛辛苦苦挣来的钱凭什么让你用？

"所以在我们的社会中，关于对错并没有普遍的共识，而且在一些出现分歧的地方似乎也没有确凿的解决办法。

"这里值得一提的是，现代西方社会并不是这种情况的典型。在古罗马或中世纪的欧洲，大多数人不会觉得建立共同的道德基础是件难事。大多数早期文明都有正常运作的伦理体系，该体系基于共同的宗教观或对国家法律的绝对信奉，抑或有公认的文化规范、禁忌、禁令。"

我们不这样吗？

"对。现代社会已经失去了统一的道德观。但这并不意味着我们拥有真正的自由去选择任何自己想要的道德观——如果我们这么做，国家会来干涉，就像古代的琐罗亚斯德教，火以各种各样的形式被人们崇拜着，所以烧掉你隔壁邻居家的工具房会被当作一种宗教义务。当然，传统道德思维仍具有吸引力，无论如何，依然有多种多样的道德观可供我们选择。"

这一切到底意味着什么？

"你可能会说，这些各种各样的道德观点事实上很混乱，明显就表示道德无非就是人类不断变化的习俗而已。阿尔克劳（Archelaus）生活在公元前五世纪，是历史上最早的一批哲学家之一，他曾简明扼要地指出：'决定事物正义或卑劣的并不是其本质，而是习俗。'"

孟弟已经在我前面走了一会儿，现在他转过身等我，或许在害怕那只罗威纳藏在暗处，或许在急于寻找我构建的尼采、摇尾巴狗、相对主义者迷宫是否有出路。

但你说的这些问题都是有答案的，对吧？

"答案？最好不要过早评判这些事。哲学说穿了就是寻找，是探索。这有点儿像你走进阁楼去找旧相框,或找一双你确信最终还会流行起来的运动鞋。你可能永远都找不到这两样东西,但你可能会在阁楼发现各种各样酷炫的玩意儿:坏掉的网球拍、奶奶的假牙、点阵打印机、蚀刻素描……"

喂,你说得我云里雾里的……

"行吧。首先,我们来搞清楚问题是什么。比方说,狗狗之间为了一根骨头打架。骨头是这只狗狗的,但另一只狗狗也想要。"

这事的确会发生……

"比较强壮的那只狗打赢了。"

通常会这样。

"然后他就得到了那根骨头。"

也可能是她。住在四十七号家里的那只女腊肠尽管双目含情,但干起架来总使阴招。

"但最强壮的狗狗才能得到骨头,这没问题吧?"

对于我们来说是这样的……

"有些时候,对于我们来说也是这样,而且这个现象还有,嗯,传承性。我们发现柏拉图在《理想国》中对这一现象进行了激烈讨论。先来点儿背景知识。柏拉图(前428/427—前348/347)在一系列戏剧性的对话录中阐述了他的哲学,这些对话总计三十八次,很好地确立了我们使用'哲学'一词时想表达的意思。当你讨论哲学的时候,几乎不可能绕开柏拉图。有一种说法,即所有哲学都是对柏拉图思想的脚注,确实,几乎所有困扰我们至今的关键哲学问题,以及我们在漫步时会细细咀嚼的问题,最早都是由柏拉图在对话中提出的。然而事实是,两千五百年后的今天,我们仍然对这些问题感到困惑,仍然在咀嚼,这也有力地表明了柏拉图给出的答案很少像他提出的问题那样富有见地。这些对话录并不仅仅是哲学著作,还是伟大的文学作品。对话录的大多数篇章都以柏拉图的老师苏格拉底做主角(在我们漫步聊天的时候,只要我说'苏格拉底',我通常指的是柏拉图。苏格拉底本人从未写过任何东西,因此,除了柏拉图在对话录中呈现的哲学外,我们并不知道苏格拉底自己的哲学是什么)。

"在一些早期的对话中,苏格拉底常常碰到一些自以为懂得某些概念——通常有关美德,比如勇敢、虔诚、美等——的人。随后,他们之间的讨论往往遵循着类似的模式。苏格拉底总是声称自己唯一知道的就是自己一无所知,他会向对方发出质疑,表明他们对被问及的主题所持的观点是荒谬的或自相矛盾的。对话总是以困惑或沮丧收尾,用一个希腊单词概括便是'aporia',意思是僵局。被苏格拉底提问的人离开时,当初的自信不疑已经消失了,但并没有答案替代他们之前的想法。

"这些早期的对话通常被认为比较准确地描述了苏格拉底这个历史人物,而他最终激怒了雅典城邦,并遭到杀害。"

太惨了!

"没错,嗯,这件事通常被认为是国家对个人犯下的滔天罪行,但当时是困难时期。雅典刚在一场可怕的战争中战败。那场战争之后,建立了一个残暴的寡头政权——所谓的'三十僭主'。苏格拉底本人在政治上是中立的,但他的许多朋友站在僭主一边,而且他之前的学生克里底亚(Critias)就是他们的领袖。所以当暴政被推翻,民主政权重新建立时,苏格拉底就很可能因为朋友而受到牵连。面对这个局面,他的方式是继续质疑、刺激、惹恼他人,最终当权者决定让他闭嘴。他们以腐化青年、亵渎神灵的罪名对他进行了审判,走完程序后将他定为有罪。即便如此,苏格拉底还是有机会在略受惩戒之后息事宁人的。古代雅典的法律制度有个有趣而怪异的地方,在做出有罪判决后,控方和辩方都可以提出惩罚意见,由陪审团来决定哪个更公平。如果苏格拉底提出合理的建议——也许是放逐或罚款——他是可以脱身的。"

但是……

"但是他提议让他公费吃喝,作为他助力公民教育的奖励。"

天哪!

"因此,陪审团选择了控方提议的惩罚,毒杀。但我要说的重点是对话录。早期的对话录都在讲苏格拉底对那些自称有知识的人刨根问底,但你能看到的永远都是每个人都错了,而看不到苏格拉底（或柏拉图）对任何事情的看法。大多数学者认为后期的对话录已经不能代表苏格拉底这个历史人物了，反映的是柏拉图自己的观点。对话录中最伟大的一篇就是《理想国》了。"

他就是在这篇对话中说强壮的狗狗应该得到骨头吗？听起来不是很公平。

"记住，柏拉图写的是戏剧性的对话录。他赋予书中人物各种不同的观点，从而暴露出他们的不足。《理想国》开篇讨论了正义（或者也可以说'做正确的事'）的含义。苏格拉底已经讨论过有关正义是什么的不同观点。正义是说真话、是还债，还是帮助朋友、加害敌人？苏格拉底发现这些说法都有漏洞。有一个叫色拉叙马霍斯（Thrasymachus）的人物越听越不耐烦，最终他忍不住吼道：'正义不是什么别的，只不过是有利于强者罢了。'他气急败坏地说，'无论谁当权，都会制定有利于自己的法律。在一个富人统治的国家，法律就对富人有利。如果穷人当权，那法律就有利于穷人。正义就是权力，拥有权力就意味着你掌控正义。这就是一切的真相——其他都是假象，都是幌子。'这种说法是不是听起来很熟悉？"

尼采？

"正是如此。"

但你说的那个，柏拉图，你说他是最好的……他对那个色拉叙什么来着有回应吗？

"等时机成熟我再说。我们先继续热身。在另一篇对话《高尔吉亚篇》中,谈论的主题是权力、正义、幸福之间的关系。一个名为波鲁斯(Polus)的人坚称权力总能带来幸福。苏格拉底反驳说,人只有具有美德才能快乐,而那些利用权力来强取豪夺的暴君必定痛苦。如果不法者从未被绳之以法,痛苦还会加深。苏格拉底说,你能因罪受罚是好事,正如你的论点被证明是错的也是件好事,因为这意味着你离真理又近了一步。惩罚会带来如同偿清债务般的满足感。所以把敌人打入地牢的暴君并不比囚犯幸运。"

等一下,所以我在不知情的情况下吃了你一根香肠,或者下雨天回家在地毯上踩出漂亮图案的时候,你对我大吼大叫,我就应该欣然享受?简直在胡扯。

"首先,我只是说话声音稍稍大了点儿。'嘿,孟弟,我的晚饭怎么了?'不能这样就把我说成暴君吧……"

我内心很敏感的,有时候你吼得确实很大声……

"其次,你的这个看法和对话录里另一个人物卡利克勒斯(Callicles)挺像。苏格拉底认为受折磨、受虐待的囚犯比暴君更快乐,卡利克勒斯因此怒不可遏地上前表达自己的观点。他表示事实恰恰相反,自由即快乐,暴君可以随心所欲,所以他的所作所为无论多么残暴、多么堕落,他就是最自由、最快乐的人。自然的法律与人为制定的习俗法相对,自然的法律认为强者就应该统治，不管他们做什么，都是真正的正义。任何有足够精力和勇气的人都可以而且应该挣脱枷锁，将我们伪造的法律（他称之为'药方、咒语、魔法'）踩到泥里。"

天哪，苏格拉底怎么回应的？

"在这篇对话中，他的答案仍然是暴君无法快乐。暴君的欲望永无止境，因此不可能满足，就如同漏水的罐子，永远都装不满。或许是这样的。有多少暴君能够在床上安然去世，嘴角露出满足的微笑呢？试想一下在地堡里愤怒咆哮的希特勒，还有被击毙并吊上绞架的墨索里尼。

"但是想要反驳邪恶总会带来不快乐这种说法似乎挺无力的。首先，我们总能找到反例，比如，一些罪犯逃离法网，拿着非法所得过上了快乐的生活。其次，拿个人幸福作为美德的最终衡量标准总让人觉得有所欠缺。我们乐于接受行善会使人快乐的想法，但我们是否想把两者混为一谈，认为善就是幸福？或者即使我们把两者区别开来，那我们行善仅仅是因为想要快乐吗？如果我生来就不能快乐，是不是就意味着我不能做有道德的事了？如果做小小的坏事真能让我快乐，那我是不是应该纵容自己呢？柏拉图自己也不满意这样的答案。他对于善有着更为深刻的想法，我们一会儿就会谈到。"

我们快走出公园了，该给孟弟系绳子了。

"好吧，"我说道，"我们这次漫步从头到尾都在提出问题，但我们还没有得出一个像样的答案。我们已经了解到情绪主义者想把所有道德判断一股脑全甩掉。我们也了解到柏拉图反对的观点在尼采那里被赋予了积极的意义,即一切道德判断要么是无意义的习俗,要么是那些天生没有尖牙利爪的人篡取权力的手段。

"所有伦理学理论都必须解决这些问题。但我想再举一个例子,一套完备的伦理学理论必须对我例子中所提的东西有抵御能力。让我们把时间从柏拉图撰写《理想国》的时候往前倒三十年左右。

"雅典当时正和斯巴达处于战争状态。这场战争还要持续五十年,其间会有几段来之不易的相对和平期。大多数邻国不得不选边站。这是一场很难置身其外的战争。

"有一座岛屿——米洛斯岛试图保持中立。他们虽然同斯巴达渊源颇深,但雅典拥有最为强大的海军,米洛斯人深知作为一个岛国举步维艰。所以他们如履薄冰,尽量不轻举妄动。但雅典人不信任他们。这座岛具有重要的战略意义,而且雅典人认为,米洛斯人同斯巴达人的老交情最终会使双方图穷匕见。同时雅典人在战争中越打越吃力,所以他们可能有点儿孤注一掷了。最终,他们决定派军远征米洛斯,要求米洛斯人加入反斯巴达联盟,为雅典出力。

"斯巴达人是古代最伟大的战士,但他们并不,呃,友好。他们拥有一个名为希洛人的奴隶阶层。如果任何一个希洛人表现出智慧、主动性或勇气,就会被杀死。斯巴达人在艺术或文学方面没有什么成就,整个斯巴达文明就是把男孩子培养成高效的杀人机器。斯巴达人不仅强壮,还很狡猾。他们认为在战争中做任何事情都是合理的——只要能赢得胜利,说谎欺骗都行。

"相比之下,斯巴达人没有的东西雅典人都有:艺术、建筑、文学、民主政治,当然,还有哲学。大多数人听到雅典人与斯巴达人的战争故事后,都会认为雅典人是好人。但就是雅典人派兵包围了米洛斯岛的主城。摆出强势的姿态后,他们要求谈判,并且无意用华丽的辞藻来掩饰自己的目的。他们说:这不是因为你们做错了什么,也不是因为我们故意的,只是因为我们比你们强大,所以你们唯一明智的选择便是按照我们说的做——投降,加入我们的联盟并且向我们进贡。如果你们抵抗,我们会消灭你们。为什么?因为我们有能力这样做。

"但骄傲、固执的米洛斯人没有屈服,而是同雅典人理论。他们提出了几个完全合情合理的观点:我们对你们没有威胁,如果你们征服了我们,那其他中立国家就会意识到你们是一群危险的疯子,他们就会站在斯巴达那边抵抗你们;虽然我们在人数上占劣势,但我们顽强勇敢,战争是风云变幻不可预测的,我们或许会击败你们;而且,我们的同胞斯巴达人也可能来帮助我们,到时候你们会后悔的。因此,我们何妨碰碰运气,总好过投降后活在耻辱里。

"但对于这些观点,雅典人一一进行了反驳:除非雅典人软弱无能,否则中立国绝不能倒向斯巴达;斯巴达人或许同米洛斯人有血缘关系,但他们是个务实的民族,绝不会为了他人置身险境;而即便战争风云变幻,米洛斯人的确有微小的概率占上风,但绝大多数情况下,最终结局都是米洛斯的灾难。因此,怎么选再清楚不过了:是屈膝苟活还是盲目乐观地进行抵抗,最终面对几乎注定的灭亡。你注意到雅典人的论点有什么特征吗?"

并没有在争论对错,是吧?只是在讨论力量高下。

"其实在很大程度上,米洛斯人的论调和雅典人一样。只有一处除外,他们说诸神会惩罚雅典人的'非正义'行为。尽管这仍然是谈雅典人行为的恶果,但至少暗含了一些较为广泛的正义观念。而雅典人的回复是——"

我来猜猜——谁最强大谁就拥有正义?

"真棒!是的,他们说诸神不会干预事物的自然发展,而事物的自然发展就是强者支配弱者。现在看来我们谈到这一层了:正义等于具有随心所欲的能力。强权即公理。

"故事进行到现在,我们面临的挑战是说服雅典人放下屠刀,摒弃摇尾巴狗和尼采主义者。"

孟弟看着我,小脸上的眉毛微微皱着,马尔济斯犬泪腺下方很容易形成深色污渍,这常常让孟弟看起来像在沉思,仿佛一路皱着眉头边走边想。

如果我们做不到呢?

"那我们也学到了一些东西。有时候我们通过认识自己的局限而进步;有时候要想探寻我是谁、我拥有什么,就必须先分清黑白,而不是添油加醋。"

下山回家的路走了一半,我发现孟弟开始步履蹒跚。

"要抱吗?"我问。我注意到他已经有好一阵子没之前那样有活力了。他之前会在早晨蹦到我们床上,但这些天他只是把爪子搭上床沿,然后等着我们把他提上来。

好吧,但等到家门口那条街上就把我放下来。我不想让那只腊肠看见我……

尽管他身上都是泥,我还是把他抱了起来,等拐入家门口那条街的时候再放下去,这样他就能大摇大摆走回家了。我们快到家的时候,他突然停下脚步,抬头看我。

差点儿忘了。那些米洛斯人……怎么样了?

"哦,对。他们不接受雅典人的条件。于是雅典人攻城,最终占领了城镇。"

然后呢?

"然后他们杀了所有男性,把妇女和儿童卖为奴隶。"

天哪。

"是你要问的。"

怪我,怪我。

第二次漫步
柏拉图、亚里士多德,以及美好生活

第二次漫步，孟弟和我讨论了柏拉图和亚里士多德的伦理学，以及其他侧重快乐和美好生活本质的古代哲学。我们还讨论了道德是人们所拥有的特殊"感觉"或"感受"这一观点。

"公园还是墓园?"

墓园。但你得答应我别再发神经去想自己的墓志铭了。

"那是说着玩儿的,是爱好。人总要有个爱好嘛。"

我们当地的墓园是真漂亮。有些地方经过了精心修剪,如同亚历山大·蒲柏的双韵体那样整齐划一、间隙均匀,另一些地方则任其荒芜。我曾暗暗幻想要是自己家道中落,就折柳为棚、铺蕨为床住到这里,冷了就抱孟弟取暖,孤独了就来瓶变性酒精做伴。我们这儿没出过几个名人,但其中之一是消毒之父约瑟夫·李斯特,他在一块朴素的花岗岩石板下长眠。确实,我花了很多时间拟自己的墓志铭,并想象这几行字被整齐地刻上我朴素的墓碑。

> 石碑下方泥土中,
> 埋着苦命人阿东[1];
> 曾经血肉成白骨,
> 孤独终老一场空。

嗯,一点儿也不神经。

墓园另一头有把长椅,坐落在山楂树和老灌木丛中。乌鸫和苍头燕雀在树丛里歌唱,如果运气好,还能看见绿色啄木鸟沉沉

---

[1] 即作者安东尼·麦高恩。

地飞下来（它们飞行的样子总像吞了个派，而且喝得醉醺醺的），开始在草丛中寻找蚂蚁。这是一个探讨哲学的好地方。有一次孟弟沿着一排排坟墓拔腿狂奔，追逐某种不知道什么的气味：或许是狐狸，或许是流浪汉的味道。最后，他跑回来，湿漉漉地爬到我的腿上。

"屁股好些了没？"

就有点儿怪怪的刺痛感。不管了，话说我们讲到哪里了？

他说着想打哈欠，但忍住了。

"昨晚没睡好？"

这个哈欠是因为兴奋啦，我们狗狗会这样的。要不划几条重点给我吧。

"行啊。

"1. 道德价值观几乎没有共识，会因个体、时间、空间的不同而产生巨大差异。

"2. 有人说正因如此，所以道德的变化可以归因于权力、习俗，或心血来潮。

"3. 因此，我们面临的挑战便是找到客观的依据来判断对错，就像判断三角形或正方形那样判断你是好狗还是坏狗。

"4. 如果运气好的话，我们就能说服雅典人不要杀害和奴役米洛斯人……"

懂了，谢谢。

"曾经有许多人想尝试为道德提供一个客观的依据,而这些人的想法可以清晰地划分为,我想想,五类不同的伦理思想。"

要不帮我列一下吧?

"当然,但不讨论细节就列出来的话会不太好懂。第一类,柏拉图的极端道德实在论。这里实在论的含义举例来说就是,柏拉图认为善是一种独立客观、真实存在的实体。第二类,认为人类拥有类似视觉或者嗅觉的道德感。第三类,亚里士多德的美德伦理学,以及其他基于美好生活理念的伦理体系。第四类,义务论伦理学,即把伦理看作遵循规则,这类思想特别要提一提伊曼努尔·康德。第五类,功利主义,这是一种基于快乐最大化的伦理学。懂了吗?"

多多少少懂一点儿了吧。就像你说的,现在这些思想只是流于文字而已。但对于其中一些文字我有个小问题,你有时说"道德",有时说"伦理",这两个词指的是一回事吗?

"真棒——你现在的思维模式俨然像一个哲学家了。用词前后一致并且清楚地表达词意确实非常重要。到现在为止,我在使用你提到的两个词时有点儿随便,这两个词在我这里大体上都'与如何分辨对错有关'。但通常来讲,'伦理'指存在于特定环境或组织中的行为规范——因此,说到商业伦理,指的是在那种情形下为人们所接受的那类行为。但它也包括某个社会的准则。而'道德'通常指个人生活的原则。但这两个词的区别并非泾渭分明,因此就这样吧,不管这两个词我用哪个,我都在说'如何判断对错的问题'。"

了解。

"所以,关于上面那五类……我先说一些在我看来是胡扯的论调,这种关于伦理的想法对我们并没有什么帮助。接着我们再来看一些好的思路,看看能不能找到和我们一拍即合的想法。"

就这么办!

"我还是准备从柏拉图开始。正如我之前说过的,他是哲学家中的泰山北斗,这一学科便是他一手打造的,尽管如此,我还是怀有一个颇有争议的看法,我有点儿觉得他几乎把所有事都想错了。"

啥?

"在一些对话中,我们已经知道柏拉图把美德和幸福联系到了一起。但他的意思是美德会导致幸福,而恶习会导致苦恼。他并不是说这两者是一回事。那对于柏拉图来说,美德是什么呢?为了充分回答这个问题,我们得深入研究柏拉图的形而上学。"

他的啥?

"……要特别研究一下他的本体论。"

他的谁?

"好吧,我以后真要好好说说这些东西,但现在我们说的是形而上学和本体论,这两个哲学概念都涉及现实的终极本质。"

好……吧。

"柏拉图是伦理学中的超级客观主义者。他认为美德或善是真实的东西,他将这些实体称为**型相**[1],而其他类似概念——如美、正义、平等、勇气等——都存在于一个特殊而超越的领域中。

"柏拉图的型相论是极著名同时也极复杂的哲学理论,但现在,你就把型相当作我们周围世界理想、完美、永恒的模板就行了,我们周围的世界都是对型相拙劣的复制。"

老实说,我不太懂。

"你会弄懂的,确实很难,但你会越来越清楚的。跟着我的思路就行。在早期的对话中,可怜的雅典公民之所以如此困惑,无法回答苏格拉底'X是什么'的问题,原因在于他们不知道善以及其他概念的真实本质,他们只看见了眼前各种迷惑人的东西,这些东西是对真善的不完全反映。柏拉图认为,如果一个人知道了什么是正确的,他就一直会做这件事。邪恶的来源只有一个,即无知。因此知识是通往美德的道路。而这里所说的知识,便是对型相的了解。

"因此,如果一种行为类似善的型相,或分有了善的型相,那这种行为就是善。下一次漫步的时候,我们会用相当长的时间探讨柏拉图型相论的问题,但现在我们足以指出,鉴于无法直接

---

[1] 柏拉图的这个思想又被称为"理念""共相"。

进入型相所在的超然领域,很难合理地说明我们能够知晓善的型相。哪怕通过某种方式,我们能够发现客观的善,善的型相和具体善行的关系依然成问题。那坨完美的善存在于超越感知的先验领域,它又怎么来帮我决定我是该往街头艺人的帽子里丢一块钱,还是该把帽子顺走,大笑着跑进最近的酒吧?"

别看我,我只是一坨不完美的小狗狗。

"柏拉图的回答是,只要我们了解善的型相,所有的一切都会变得豁然开朗。柏拉图的哲学体系为所有道德判断都设立了一个三角形结构:分别是善的型相、世间的行为,以及道德判断。我们审视行为,对照型相,做出道德判断。就这么简单。"

听起来挺有道理。

"但柏拉图的理论存在一个严重的问题。十八世纪伟大的苏格兰哲学家大卫·休谟对伦理语言有着十分震撼的洞见。他发现道德命题有着两种截然不同的表达。一种用'是'字句,一种用'应'字句。'是'字句告诉你事实,也就是世上存在的东西。'应'字句是用来做道德判断的,也就是告诉你某事应该是怎样的。休谟指出两者之间并没有符合逻辑的转换方式。"

啊?

"休谟说他在阅读其他哲学家或者道德思想家的作品时,发现他们一会儿用'是''不是',而在没有任何解释或证明的情况下,突然之间就换成了'应''不应'。

"现在我们假定存在善的型相这一陈述是事实,那我们该如何将这一叙述性陈述转化为'你应该怎样做'这一规范性陈述呢?显然,并没有令人信服的理由能够飞越两者之间的鸿沟。能跟得上我的思路吗?"

我觉得还行吧。你说了善的什么相,然后又说了人的行为。你想通过这种什么相来说明人们做事是对是错。就算这种什么相真的存在,又凭什么可以拿它来说人的行为是对是错?是这个意思吗?

"差不多,或者用你的话来说,汪呜。"

但对于所有讨论对错的理论来说,这难道不是一件大事吗?在"是"与"应"之间,难道不是一直存在鸿沟吗?

"说得好,而且说得很对。休谟揭露了'是'与'应'、事实陈述与价值判断之间的鸿沟,这对于任何客观伦理学来说都是一大问题,而且我们对于伦理的讨论会一直笼罩在这个阴影之下。事实上,我们接下来要研究的大多数道德理论都在试图填补这一鸿沟。休谟自己的解答是:'是/应'之间的鸿沟无法通过逻辑或理性填补。风俗和习惯只是简单地把某些事实(偷街头艺人的帽子)和道德判断(停下!小偷)联系起来了。然而柏拉图并不满足于这些。他想在善的型相与我们模仿这一型相建立的道德要求之间建立一个必然联系。

"然而,有一个更根本的问题,即先验型相的存在本身便是极具争议性的——我们下次漫步的时候会尽最大努力来讨论这一点!

"在继续讨论其他伦理体系之前,我必须指出,柏拉图对我们应该如何生活进行了极为周详的规划,但这和型相论并没有直接关联。在《理想国》中,柏拉图描绘了他的理想社会,这种社会在组织上反映了人类灵魂的结构。对于柏拉图来说,灵魂由三部分组成:**激情**、**欲望**、**理性**。激情是勇气的源泉,也是愤怒的开端。欲望,毋庸置疑,是肉欲和饥饿之源。理性是老大,如同御马者,驾驭着其他二者的能量。

"理想国也有三个阶层:统治者——我们一开始就认识的护卫者,他们就像忠实的狗,照看房子里的居民,击退入侵者……"

听起来他们挺不错的!

"你可能会重新考虑一下这个说法……接着是武士(或辅助者),最后是生产者。护卫者对应灵魂中的理性,从小就接受智慧的训练,这种智慧将让他们能够认识和理解型相,并按照型相来管理国家,带领人们生活在宇宙内在美丽圆满的和谐之中。"

还有比这更好的安排吗?

"就像在人的灵魂中一样,理想国中的正义来自各部分(阶层)履行着各自职能,互不干扰。护卫者的职责是统治,辅助者的职责是战斗,生产者的职责是劳动。这是一个僵化的社会制度,体现了柏拉图自己对民主的不信任,他认为民主会带来无序混乱。

"为女性提供相对平等的权利是柏拉图的理想国中比较现代、比较具有吸引力的一个方面。女人也可以成为护卫者,而且柏拉图明确指出,她们和男人一样拥有获得所需智慧和知识的能力。护卫者的孩子应被集体抚养,以免厚此薄彼或任人唯亲干扰国家的正确治理。同理,护卫者会被禁止拥有任何财产。还有一件尽人皆知的事,柏拉图在理想国中取缔了大部分艺术、音乐、文学。艺术是对模仿的模仿,将我们带离现实;音乐除了在某些行军场合有用之外,其余时候会腐蚀人的思想。而文学则尽是谎言……

"说到谎言,或许理想国这个体制最邪恶的一面就是'高贵的谎言',有的译本翻译成'虔诚的杜撰'。这是为了防止生产者觉得比起为高等人日夜劳作,他们应享有更好的生活。柏拉图建议给他们灌输一些他自己都承认的虚假观念——每个阶层由不同金属构成,生产者是用铜铁做的,辅助者是用银做的,而护卫者(理所当然!)是用金做的。这个谎言的唯一辩护词是:促进社会凝聚力和爱国之情。"

你并不是真的在推崇这种谎言,是吧?

"当然啦。我们讨论的这个理想国是由精英通过武力和谎言来统治群众的国家。在那里几乎没有艺术,也没有太多乐趣。在现实世界中，最接近这种体制的国家便是斯巴达——民主雅典的宿敌。柏拉图的理想国家现如今并没有多少拥护者，这一点也不足为奇。柏拉图被卡尔·波普尔归为'开放社会'的敌人。有关卡尔·波普尔，我们在之后谈科学哲学的漫步时会涉及。其实也不是完全没办法为理想国这种体制辩护，毕竟专业知识在各个领域都很重要，这是我们大多数人都同意的。柏拉图自己呢，则用船长举例。一个船长受过多年训练，掌握安全航行所需的所有技能，另一人则没有掌握任何必要技能，仅仅说了一句：'可以啊，我觉得可以试试。'若要你在他们两个人中选一个，你肯定会和那个通过自己努力当上船长的人一起上船的，不是吗？这个道理同样适用于脑外科医生或桥梁建筑师。所以，将领导国家这一世上最重要的工作交给专家来做，真的就那么奇怪吗？

"柏拉图渴望社会稳定有序，这并不奇怪，因为他大半辈子都身居乱邦。对他来说，民主就意味着混乱。而其他政治制度——个人统治（君主制或专制）或财团统治（寡头制）或继承特权统治（贵族制），则有过之而无不及。

"但他的想法也乏善可陈。在涉及寻求一个可行的道德理论时，柏拉图的型相论是个失败之作。他的理想国也是，尽管以伦理原则为基础，追求美德和真理，但总让人感觉和二十世纪的极权主义政权没什么两样。"

所以，柏拉图出局。下一个聊谁？

"别担心,柏拉图还会回来的!我们现在要再次尝试为伦理构建一个坚实的基础,而这次尝试有点儿类似于柏拉图的客观主义。首先,大多数人都有一种判断对错的直觉。对于一些你心知肚明是错的行为,你可能会说:'我就是这么觉得的。'如果对方抓着不放,就是要问你的直觉是从哪里来的,你会发现自己可能会皱起眉头或把手放到胸前,翻来覆去地说:'我就是知道。'

"安东尼·阿什利-库珀(Anthony Ashley-Cooper,1671—1713)——第三代沙夫茨伯里伯爵和法兰西斯·哈奇森(Francis Hutcheson,1694—1746)等十七、十八世纪的哲学家率先提出人人都具备一种恒常的道德感,这种道德感同我们其他天生官能类似。对这种观点的解释可以侧重于宗教——善良的神在创造我们的时候,赋予我们认识善恶的能力;或侧重于人文——善良友好是我们的本性。如果有些时候,善的光暗淡了,那是因为受到了所谓文明的腐化。"

到目前为止,我喜欢这种观点。你们人类能分辨对错,这种想法不错。

"让-雅克·卢梭(1712—1778)也提出了一种对道德(和人性)的观点。在卢梭看来,人类天生只有两种道德情感。第一种是完全理性的自保,他称之为自爱(amour de soi)。第二种是对他人遭受苦难感到的恐惧,他称之为同情(pitié)。文明进程夺走了我们古而有之的自由,代之以现代世界常见的恶,把自爱腐蚀成自私之爱（amour propre）——一种极为不同的'现代'人的自爱，被嫉妒、被对权力和财富的欲望所驱使。

"这类道德观的最新版本是由乔治·爱德华·摩尔（1873—1958）在二十世纪提出的。摩尔认为善是单纯的实体，是一个我们不用定义便可以凭借本能认识的东西。事实上，我们只能指出善，而不能定义善。我们看到（或感觉到）善的时候，就能'领悟'它，就像本能一样。从这个角度讲，有点儿像颜色。你无须用复杂的理论去解释'红色'——任何一个视觉正常的人都可以看见红色（当然，红色也有科学定义，和某个频率的光波有关。但是当我们说'这辆车是红色的'的时候，绝不是这个意思）。所以，我们也是用同样的方式来'看'善的。或者用味觉来做比较可能更好。善就像甜味；恶就像酸味。

"这种观点乍听起来挺有道理的，二十世纪上半叶，艺术家和知识分子对其推崇备至（尽管在哲学家中推崇者不多）。事实上，上一次漫步时讨论的情绪主义论点最初就是为了驳斥这种思想而提出的。"

是吗？我不太明白。

"摩尔说的就是，只要你的道德感是正常的，那么你的判断就具有一种客观正确性，就如同色觉正常的人说苹果是绿的、天空是蓝的一样正确。情绪主义者同意道德感是一种感觉，但并不认为道德观与客观真理相对应。它就像比起咖啡，你更爱喝茶一样。"

好的，我懂了。

"所以我们得再细致点，去探寻一下摩尔口中我们很容易就能察觉到的善是什么。不出所料，摩尔和他的朋友们认为那些在他们的团体（布鲁姆斯伯里文化圈）中流行的东西就是'善'。他们珍视友谊、爱、艺术、自然，反对妨碍他们享受特殊乐趣的法律法规。"

听起来还行。那这种观点的问题出在哪里？

"我们可以将摩尔的道德感理论抽丝剥茧，一条一条来看。第一，说善无法定义，这是回避问题（记住，如果善是可定义的，那我们就能凭借智力找到善，无须道德感这种东西）。而人们为了定义善，做了无数次尝试。我们继续讨论下去，会碰到更多这样的例子。不管人们如何定义善，摩尔的回应都是：'哦，那不是真善，这些东西或许同善有关联，但善是另外一个东西，这个东西我能得到，而你，亲爱的孩子，显然看不到。'因此，摩尔的理论是用断言取代了论点：他并没有提供理由来证明善和颜色一样是一种简单、显而易见的特性；我们只是被告知，如果我们看不见善，那是因为我们缺乏智力或教育，就像有人欣赏不了歌剧或者芭蕾一样。

"但对这两种道德感理论更具根本性的挑战（我在这里把摩尔的客观主义同早期关于'道德是我们的内在能力'的观点放在

一起谈),来自那些直接否认人性、否认人性所反映的社会是善良的人。"

啥？你要告诉我人并非生来善良？要是我给吓晕了，你可要负责。

"许多哲学家发现人类一点儿也不善良。托马斯·霍布斯（1588—1679）提出了一个著名的论点，即自然状态下的生命是**一场一切人反对一切人的战争**，人的一生恶劣、野蛮、短暂，在卑鄙野蛮的人类心中，没有一丝道德感存在。因而他认为，我们需要一个强大、统一的政权来维持和平。在《蜜蜂的寓言》（1714）中，伯纳德·曼德维尔（1670—1733）向我们呈现了一个由自私和贪婪驱使的人性视角。他甚至颠覆了孩子是纯真自然的陈词滥调，他说，没错，我们能在孩子的心中找到人性最纯粹的形式……无情、自私、任性、欲壑难填、贪得无厌、残暴不仁。最讽刺的是，曼德维尔认为这些品质并不会给人类带来灭顶之灾，反倒能带来救赎。社会需要人类的自私、暴力、野心来运作。没有小偷，律师就会丢饭碗；没了律师，其他行业也会随之消失，成千上万的人将一贫如洗。爱慕虚荣、声色犬马的浪荡子雇用裁缝、厨师、理发师等人来迎合他的堕落行为。社会取得的商业成就离不开人们的贪婪和自私。所有私人的恶行汇集起来，便成了公共利益。

"因此，这种内在感觉派的伦理学之所以失败，是因为它看起来太像对某些先入之见的简单辩护,而无法提供一种客观基础,让人做出符合伦理的选择。这种伦理学派对于人性的看法过于天真简单。还有一种批评意见指出,如果对某种内在的对错感或简单的知觉产生依赖,那人类的理性就没有用武之地了。对于许多哲学家来说,道德之所以成为道德,必须经历一个理性的过程,必须使用这个人类最高的天赋,而非欲望或观念。这个观点康德论述得很精彩,我们一会儿就会谈到了。

"但是,在谈康德之前,我们还要再回一趟古典世界,谈一下柏拉图的得意弟子亚里士多德(前384—前322)的伦理观。"

亚里士多德?呃,他对狗狗友好吗?

"如果你说的友好是指通俗易懂的话,很抱歉,他的理论有些枯燥和专业。那是因为他传下来的所有东西(东西还挺多的)都来自他的讲稿。所以,不像是柏拉图,我们并没有他撰写的著作,而只是一些他在演讲的时候会对其进行详细阐述和解释的提纲。但他仍然是哲学界的常青树,活力四射、启迪人心。"

好的,我洗耳恭听。

"亚里士多德的思想代表了古代世界中一些以过上美好生活为理论基础的伦理体系。在亚里士多德看来,美好生活就是幸福的生活。亚里士多德在讨论美好的生活时,用了希腊词Eudaimonia,这个词出了名地难翻译。当我们使用这个词的时候,它意味着某种意义上的幸福,但又比幸福更加宽泛。Eudaimonia

不仅意味着幸福，还意味着过得很好，实现了理想，日子欣欣向荣。因此，这个词既能指物质层面，又包含心理层面。[1]一个幸福的流浪汉躺在公园的长椅上就足够满足了，但对亚里士多德来说，这并不算享受'幸福'。'幸福'也不仅局限于你个人的直接经验，死后名声受损也会对'幸福'造成影响，因为你的家人将会遭遇不幸。

"有时候我觉得英文里 doing well（挺好的）的意思和'幸福'差不多，就像当被问及孩子在大学过得如何或在新岗位做得如何的时候，我们回答'挺好的'。意思就是，没错，他挺快活的，物质待遇也不错，而且并没有因为头戴交通锥在大街上跳裸舞被抓起来。

"亚里士多德认为道德的目的是帮助我们达到这种'幸福'，即广义的幸福。亚里士多德这类伦理学方法叫作**目的论**（teleology），来自希腊单词'telos'，意思是目标或结果，而其中的 logos 的意思在这里是理性。[2]我们并不是为了做善事而做善事，而是为了达到某种目的。"

就像我坐下或到你身边去，其实就只是为了得到小零食吗？

"说对了。这就是目的论所说的行为。就像我说的一样，亚

---

1 下文中，将用带引号的"幸福"来指代 Eudaimonia，表达一个范围更广的幸福的概念。
2 目的论的"teleology"这个单词，来自希腊单词 τέλος（telos）和 λόγος（logos）的组合。

里士多德的理论不是达成'幸福'的唯一古代伦理体系。在古代，还有两个深远微妙的哲学体系有这种观念。以创始者伊壁鸠鲁（前341—前270）命名的伊壁鸠鲁派认为，幸福源于快乐，因此他们被刻画成享乐主义者，追求轻松满足身体愉悦。在古希腊确实也有这样的哲学家——昔勒尼学派（不要和犬儒学派搞混了[1]），那群人就认为肉体的欢愉是生活中的唯一要事。这个学派由亚里斯提卜（前435—前356）创立，他是苏格拉底的弟子，与柏拉图是同时代人。昔勒尼学派的享乐主义源于他们认为肉体感官是世上唯一存在之物的理念。因而，他们推导出肉体愉悦是唯一重要之事，而体验这种欢愉的唯一方式便是享受当下。抓住每一次感官体验，彻底沉迷其中，去陶醉，去爱。别迟疑，明天只是幻象，只有当下才是真的，只有此刻的感觉才是真的。尽情吃喝玩乐吧，因为明天你就会死去。"

听起来太棒了！

"伊壁鸠鲁派就受到了昔勒尼派的影响，却迥然不同。幸福可能源于快乐，但快乐本就是一件复杂的事，绝不是毫无顾忌地放纵本能就能完全得到的。对于伊壁鸠鲁来说，快乐是唯一的善，但他没有把快乐定义为积极的品质，而是定义为没有痛苦的状态。生活的目标并不是尽可能地塞进更多享乐主义的愉悦，而是缓解压力与不适。他所提倡的快乐是沉思、友爱、交流以及哲

1　犬儒学派的英文名是 Cynics，昔勒尼学派的英文名是 Cyrenaics，看起来有些相似。

学的实践——与昔勒尼派纵欲狂欢风马牛不相及。"

你还没试过，别急着否定。

"啊，好吧。我猜想你们狗狗都是昔勒尼派信徒——多少次你差点儿被鸡骨头哽死，都是我把你救回来的。"

就一次！可能两次吧？绝不可能超过三次。

"不管怎样，昔勒尼派都不是好榜样。实际上，伊壁鸠鲁相信人们最大的不适源自对死亡的恐惧和死后的惩罚。因此，他是第一批认为不应该畏惧死亡的思想家之一，因为没有来世，所以我们没有可以被惩罚的东西。只有痛苦是令人恐惧的，而死亡会终结痛苦（伊壁鸠鲁拆除死亡炸弹是他对柏拉图的众多微妙攻击之一，柏拉图曾警告过恶行者，等他们死后，可怕而应得的惩罚在等待着他们……）。"

我能说我不是百分之百地相信这句话吗？

"你继续说……"

我喜欢吃东西，食物给我许多快乐。我害怕的不是被一根骨头哽死，然后去一个食物很难吃的地方，或者去一个邪恶的你存在的维度，把美味的香肠摆在我面前，然后自己一口吃掉。我想要的是永远在这里吃东西。一想到再也没东西吃，我就很伤心。

"小家伙，你提出了一个很好的观点。伊壁鸠鲁对此会这样回答：未来的你并不会难过、痛苦、饥饿，因为这些并不存在。所以，你担心自己将来的感受是毫无意义的，因为并不存在一个能够在未来感受的你。但我明白，对于你的论点而言，这并不能算答案。你的论点是，你活得很快活，想让这种快活存续，这合情合理。但我猜伊壁鸠鲁会回过头来说，当你年老体衰、疾病缠身，再也无法享受生活的时候，对未来不应有所畏惧这个观点，就能说得通了。"

好的，我们能换个话题吗？

"当时，伊壁鸠鲁的主要竞争对手是斯多葛派，他们也教导人们不应该害怕死亡。"

我以为我们已经换话题了。

"放轻松，那只是一个铺垫。与其他任何古代哲学相比，可以说斯多葛派更多的是将伦理学与他们对宇宙本质的看法联系在一起。对于斯多葛派来说，宇宙是一个有序的、良性的系统，宇宙中每一个事件都是由神圣法则或理性原则决定的。神圣法则（可以简单当成神）从火中构造出了物质宇宙，并继续塑造了它的发展和命运。因为决定每一件事情发生的精神是善的，所以发生的一切必定也是善的。所有表面上的恶都是幻象，随着我们对宇宙的理解加深，幻象就会消失。"

真的吗？那你每次踩到一个尖头朝上的插头或者乐高积木，也真的是好事？从你的哀号中可听不出有多好。

"在他们那个年代显然没有插头或乐高。克吕西波斯（那个思考沙粒，结果被我们晾在一边的人……）认为，每一个表面的恶都是其所对应的善存在的必要条件。没有懦弱就没有勇气，没有痛苦就没有快乐。我踩到插头，让我因痛苦而尖叫的感官，和我抚摸着你，让我感到快乐的感官是一样的。从这个角度看，恶变得不可或缺，并能结合成更大的善。哲学家的任务就是理解自然，即使面对可怕的苦难，那种理解也能带来平静。斯多葛派的目标是平静地面对死亡、疾病以及其他灾难；平静使这一切变得可能，不仅仅凭借勇气，还凭借对一切最终都会变好的明了。这就是斯多葛派的'幸福'。"

我们该喜欢斯多葛派吗？

"这个问题有些难回答，我认为，他们的思想是否有用，取决于你所处的境况。如果事情真的毫无希望，而你又处于无计可施的地位，那么，我认为斯多葛派的心态堪称典范。人们常常会想象一个正义的人遭到诬陷，身陷牢笼，每天受到卫兵的拷打折磨。斯多葛派会说：我会忍受下去，因为世界就是这个样子的。从永恒的角度来看，我遭受的痛苦不值一提，无论如何，它们只是计划的一部分，只要我理解了它，我就会认为它是最好的安排。不止一个斯多葛派信徒把他们的信念付诸实践。哲学家塞涅卡涉嫌谋刺尼禄，但实际上他与此毫无关系，却被赐了自尽。他平静地划开了自己的静脉，躺在浴缸里口述了他的最后一封信和遗书。"

向他致敬。

"但从另一方面来看,斯多葛派倾向于保守主义,倡导不论陷入何种境地,都要平静地接受。而有些时候,接受命运是道德上懦弱的表现。"

这两种选择该如何拿捏呢?

"做这类选择是我们人类的天职。但这里我们或许也可以借斯多葛派的金句一用:如果你能改变它,就去改变它,如果你不能,就忍受它。"

听起来不错,亚里士多德还好吧?

"哦,不好意思,我们刚刚偏题了一点点。亚里士多德对'幸福'的分析始于一条显而易见的真理,即人类对一切善的东西都会渴求。我们想要食物,想要令人愉悦的公司环境,想要得到社会的尊重以及健康的身体。然而,亚里士多德说,所有的这些东西都是达成目标的手段:它们旨在实现一些其他的目标,达到某种更高层次的或终极的善。终极的善必须满足三个条件:它本身必须是值得拥有的;它不应被用来实现其他善;我们渴求的其他善应该被用来实现它。"

举个例子……?

"就拿财富举例好了。财富是善的,但一般来说,我们之所以认为财富是善的,是因为它可以让你去获得其他的善,而不仅仅因为它本身是善。只有疯子才会坐在一堆钞票上一动不动,对吧?"

我猜是吧。

"那终极的善，也就是一切其他善的归宿，是什么呢？"

买一张软床？

"哈，你这个回答很有趣。亚里士多德认为终极的善，即我们所渴望就是它本身的善，只有一个——幸福。你想幸福，并不是想借此达成其他的东西。相反，其他所有的善都只是让你幸福的一种方式。他甚至不觉得有必要证明这一点：他认为我们想要幸福是显而易见的，当然，我们要记住，我们这里谈论的幸福，是广义的幸福。

"因此，亚里士多德把'幸福'定义为终极的善。但这并没有告诉我们幸福对于人们来说意味着什么，在不知道幸福为何物的情况下，我们追求幸福就成了盲人摸象。为了深入探讨这个问题，亚里士多德接着探究了人的目的或作用是什么。我们有什么用？我们最擅长什么？他拿我们和其他生物进行比较。我们和动物甚至植物有许多相似的品质和能力。所有生物都会生长、繁衍、移动、感知。亚里士多德说，我们的灵魂都有滋养、行动、感知的能力。但是，人类是唯一拥有理性的生物。这就是我们的作用，是我们独一无二、区别于其他物种的品质：我们可以用理性来控制并且指导我们的活动。因此，美好的生活离不开理性。它能帮助我们甄别那些有助我们过上人类美好生活的品质。而这些品质就是美德。

"现在，我们要进入亚里士多德道德哲学思想的核心部分，也是他的理论中最具影响力的部分。亚里士多德是**美德伦理学**传统的开创者。美德是一个好人为了达到人类可以企及的最崇高、最理性的生活（'幸福'）所必须遵循的道德准则或品质。对于斯多葛派来说，最珍贵的美德是帮助理想化的圣人顺利度过痛苦经历的品德，如勇气、坚毅、决心。但亚里士多德的幸福观需要其他品质。"

比如……？

"亚里士多德所做的便是研究各种领域的行为或者各种类型的感受，从而展示人们的行为在品质过高或不足的情况下是怎么出错的。而在两极之间，我们会发现他说的**中道**——这个切中要害的点，便是美德。"

呃，这里举个例子可能会好一点儿……

"没问题。打仗的时候，有些人显露出极度的恐惧，想要逃跑，这就是懦弱的恶习，但是也有些人表现得过于自信，丝毫不考虑成功的概率，就急着冲锋陷阵，这就是鲁莽的恶习。在这两者之间我们找到了勇气的意义。勇敢的人会注意到危险，但不会惧怕危险，他会履行自己的职责。他并不是没有恐惧，但会以冷静和决心去面对恐惧。亚里士多德列了一张美德图表，对过度、不足、适中进行了展示。关于身体上的愉悦（希腊人对此都挺重视的），有纵欲和麻木两个极端——在一种极端下，人们囿于自己的欲望；在另一种极端下，人们所犯的错误是对真正的肉体之乐视而不见。在这两个极端之间，存在一种态度温和的人，他既不放纵，也会适度享受吃喝和身体上的愉悦（有趣的是，亚里士多德说，缺乏这种素质的人是如此罕见，甚至叫不出一个名字。希腊人显然是爱玩的。当然，我们身边确实有这类人：清教徒）。再来看看亚里士多德所说的自我表达：一边是夸夸其谈的人，这种人总是夸大自己的成就；另一边是刻意地轻描淡写、讽刺自嘲的人——而亚里士多德认为，这是另一种类型的虚荣，他对声称自己一无所知的苏格拉底略带嘲讽。然后，在这两种人中间，是诚挚而真实的人。

"然而，并非所有亚里士多德审视过的美德都是崇高的。正如我们所看到的，希腊人很爱说话。一边是小丑，自堕粗俗博人一笑；另一边是苦着脸的人，看什么都不顺眼，破坏所有人的兴致。而介于两者之间的，则是机智的人，能在保持品位的前提下让所有人都开心。亚里士多德认为所有的这些品质都存在于一个连续统一体上，大多数人会在某个时间点，在这个连续统一体上找到自我。而了解了中道，你便能朝着理想努力。"

听起来都不错。我喜欢这个公式。一边是丑大个，另一边是小不点，而介于两者之间的，则是我这样体形完美的狗狗。

"亚里士多德识别美德的方式有很多优点。在大多数情况下，我们可以看出极端的情况和明智的中道。慷慨不仅仅表现为做出与吝啬相对的行为，还在于引导人们远离庸俗和鲁莽。

"我们也有可能找到一些无法用亚里士多德的方法归类的美德。难道诚实真的是谎话连篇和说出太多真相之间的中间点吗？然而，对许多人来说，亚里士多德的方案具有说服力。值得一提的是，亚里士多德自己说过，伦理学和政治学不是科学，无法像几何学或（他宣称的）形而上学一样提供可靠的真理，它们是'软'科学，我们只能借此接近真理。

"那我们该如何获得美德呢？教育！教育！教育！亚里士多德说，我们通过实践美德而获得美德。如果我们向年轻人灌输良好的习惯，这些习惯就会变成第二天性。这个很像训练，呃，狗狗。"

汪。

"亚里士多德对实现美好生活的愿景是：我们都在追求一种'幸福'，我们的理性同幸福不可分割，而我们可以通过运用美德来实现最好的生活。这是一个很吸引人的方案，一直以来影响巨大。古代哲学家逐渐把注意力转向了智慧（或审慎）、勇气、节制、正义等美德，这些美德随后由基督教继承，成为基督教的基本美德。但一些早期基督徒认为，这些前基督教的品质需要进行补充，所以四种美德成了七种美德。每种美德平衡着一种相应的恶：贞洁—色欲；节制—暴食；慷慨—贪婪；勤勉—懒惰；温和—暴怒；宽容—嫉妒；谦卑—傲慢。与亚里士多德的现世幸福不同,基督教的目标是与神共享永恒的幸福。亚里士多德的伦理体系所做的就是为我们这种具有社会性、理性的生物奠定生活的理念,找到我们共同生活的方式。"

那缺点是什么呢?

"人们对美德的接受方式随着文化发展的需要而变化,既有好处也有坏处。诚然,这意味着伦理准则可以与时俱进,但也意味着美德看起来就像一份清单,列着你所处的社会重视的东西。如果问亚里士多德为什么勇气本身就是善的,他的回答会是:勇气,以及他所描述的其他美德,都是我们作为具有理性的、社会性的存在,想要在希腊城邦好好生活所必需的东西。再没有比这更深层次的原因了。所以,如果身在纳粹德国,过上好生活就会需要其他品质,亚里士多德会对此不予置评。

"美德的另一个问题是,在一些情况下我们可能不会将其视为美德,追求邪恶目的的勇气仍然是一种美德吗?"

我知道了,你说的是勇敢却很坏的狗狗。

"无论如何,我所了解的主要批评是,就我们通常对伦理的理解来看,亚里士多德的伦理学在某些方面是毫无伦理可言的。对于亚里士多德等古典幸福主义者来说,自身的幸福是重中之重。别人的快乐根本不关你的事。合乎伦理的生活就像精神上的去健身房锻炼或好好吃饭:你照顾好了你自己。尽管美德从本质上具有社会性,但理由却总是自私自利的:这对我来说是最好的,我应该这样活,才能不枉此生。"

我注意到孟弟轻轻地抖了一下身子。

"从伦理角度说,我觉得让你待在这个潮湿的地方不太好。不管怎样,我饿了,你呢?"

我是不会拒绝小饼干的。

于是,我们穿过古墓碑林踏上归途,墓碑下面的亡者有的被人深爱,有的让人恐惧,有的生前富贵,死后还享有大理石纪念碑。在这个墓园,有天使,有用布包着盛放骨灰的瓮,有庙塔,就仿佛有个被流放的巴比伦君主长眠在西汉普斯特德一样。

第三次漫步
敢于求知,做"对"的事

这次漫步，孟弟和我完善了有关伦理的聊天。这部分大多是讲述康德的道德哲学，该流派试图寻找所有理性之人必须遵守的普遍行为准则。随后我们讨论了功利主义者，这些人认为幸福是衡量善的唯一真正标准。最后，我们在之前讨论的所有道德体系中，尝试寻找能够解决我们人人都会面临的道德窘境的万灵妙药。

这一天，我觉得需要去重新找个地方来结束我们的伦理对话，但我仍想继续我们墓园对话的主题，毕竟死亡总能帮我们把思想聚焦到过怎样的生活上。于是，我们上山来到汉普斯特德村，前往美丽的圣约翰教堂。教堂里的墓园是市中心一片小小的荒野，杂草优雅地丛生着，古老的墓穴点缀其中，历经风吹雨打，许多墓碑上的字已经难以辨认。长眠于此的有画家约翰·康斯太勃尔，以及著名的"经度奖"获得者"钟表匠"哈里森。或许今天已经很少有人记得他了。哈里森设计了一款足够精确的钟表，能够帮助海员们测量经度，这款钟表很是坚固，经得住环境严酷的长途航行。哈里森因拯救了成千上万海员的性命而备受赞誉。这件事使哈里森成为一个道德高尚的人了吗？然而，如果没有他设计的这款钟表，一向依赖于制海权的大英帝国或许无法昌盛那么久。那我们是否要把持续二百年的殖民压迫都归结于这个钟表匠呢？我们个体责任的影响能有多大？究竟是做事的意图重要，还是后果重要呢？

我不知道，你告诉我吧。

"哦，抱歉，我没意识到我们已经开始这个话题了。我自言自语是不是太大声了？"

没关系，这儿就咱俩。

教堂墓园中有一把我常坐的长椅，软软弹弹的，被时间打磨过的靠背靠着很是舒服。长椅位于一块高起的河岸上，坐在那里，我的视线能够越过墓园的围墙，越过花园，越过汉普斯特德居民家的屋顶。我把孟弟拉到身边，让他在我外套底下蹭来蹭去。这件外套原属保加利亚军队，属于公开出售给公众的军用剩余物资。穿着它，我看起来就像个滑稽的流浪汉，又像是一场遭人遗忘的巴尔干战争中的生还者，或是个穷困潦倒的哥特乐队前吉他手。

"准备好了吗？"

来吧。要不先快速回顾一下之前的内容？

"当然可以。正如我们所见，除柏拉图以外，大多数古人想从'美好'生活中寻找道德。而'美好'生活在他们看来，大致指的就是过上幸福或殷实的日子。犬儒主义者要求我们过简单的生活，抛弃现代生活空虚的奢华。伊壁鸠鲁派把我们推向快乐的生活，但建议我们不要纵欲，而是要通过节制、平静、友谊、思考来使快乐最大化。在亚里士多德心目中的幸福生活里，我们会全身心投身哲学沉思，还要去过一种在理性指导中实践美德的生活。柏拉图的伦理观有一个更为客观的基础，在他那里，善行是与善之型相相对应的行为。《理想国》提到了这一点在实践中的含义，即正义是指每个人都在哲学家统治的国度中各就其位、各司其职，个人权利服从集体利益。这里面包含一种强烈的暗示，即这种生活和其他生活相比，一样是一种美好生活：它为人们过上幸福美满的日子提供了最好的机会。

"然而,对于一位伟大(或许是最伟大)的哲学家而言,这些对伦理的思考都还欠火候。伊曼努尔·康德(1724—1804)的哲学伦理观与幸福主义者的伦理观大相径庭。康德认为,行为合乎道德、做正确的事情、出于正确的理由,通常意味着按照某种规则行事。这种基于遵循规则的伦理学通常被称为**义务论伦理学**(deontological ethics)。这个词来自希腊词"deon",意为义务或责任,它与ontological(存在论的)或ontology(本体论)——关于本体或存在的哲学研究——没有直接关系。除非想卖弄学识,否则没有必要去记"deontological"这个词。

"康德以文字枯燥难懂著称。他赢得了以下名声:他最伟大的作品读起来极具挑战性,因为他使用最令人费解、最专业的语言去表达最复杂的思想。不难看出他的生活也是这样,哪怕谈不上艰难,也是枯燥乏味的。他在东普鲁士的柯尼斯堡度过了一生。有人会把这个地方说成穷乡僻壤,其实没那么糟,但也绝不是知识界的中心。普鲁士是一个受到严密监控和管制的社会,严格奉行教义的教会和高度军事化的政府渗透到了生活的方方面面。

"从外部条件看,康德似乎非常适合这种国家。他的行为完全合乎道德,并且十分正确(至少在他步入中年之后是这样的,传闻他年轻时有过几次无伤大雅的胡闹和一两次风流韵事)。他终身未婚,一直穿着普通的衣服。在他漫长的一生里,唯一有变化的就是衣服的颜色：轻浮年少时期他穿浅棕色衣服，成熟了以后则穿深棕色衣服。他以自律闻名。有一个我们耳熟能详的故事：康德午后漫步的时间非常准时，以至于当地人会依此来校正钟表的时间。虽然这个故事总是让我忍不住想，康德怎么知道自己的钟表就是准的？我觉得他一定是派自己的仆人去城里问的时间——而仆人询问的市民就是那些依照康德的漫步时间来校正钟表的人……"

别扯远了！我还等着和你商量怎么去救米洛斯人呢……

"抱歉！然而，不管他和外部环境多么协调，康德同时也是一个具有革命精神、能够启迪人心的知识分子，是一个不折不扣的激进分子。十八世纪，启蒙运动中的作家和哲学家开始挑战思想、社会、政治领域的现状。启蒙运动在许多方面都是一个难以捉摸且不断变化的概念，既有像卢梭这样的浪漫主义者原型，也有像拉美特里这样冰冷的唯理论者，坚信人是一台机器。但是所有人都在各个领域挑战、刺激、讽刺当时的秩序。他们的口号是消灭败类（écrasez l'infâme），即消灭那些声名狼藉的教会、贵族、君主。康德是启蒙运动中对人与世界本质思考的集大成者。他认为，人应当摆脱束缚自由和理性的枷锁，即摆脱专制社会的政治枷锁，摆脱传统思想、宗教、世俗对人们智力的枷锁。尽管康德并不是一个主张用暴力解决问题的人，但他也有自己的口号：**敢于求知**——接受能够拥有自己的立场的挑战，独立思考，践行人性的两大特征——自由和理性。"

我注意到孟弟奇怪地看着我，表情透出一丝尴尬。

"哦，呃，是的，我一谈到康德就会忘乎所以。尽管拥有最喜欢的哲学家会显得有点儿愚蠢和不成熟，但要问我最喜欢谁，我还是会说康德。之后我们会讨论他在认识论和形而上学方面的革命性贡献，但今天我们要讲的是他的伦理学。

"康德的伦理学并不是唯一基于遵循规则概念的道德准则。因此，我先来对这个概念提几个概括性的要点。有一个核心概念：你并不是因为规则适合你，或者喜欢遵守规则带来的结果，也不是因为遵守规则会给你内心温暖的感受而去遵守规则。你之所以遵守规则，是因为规则就是规则。事实上，你越不想遵守规则，越劳心劳力地强迫自己去服从规则，就越有道德。"

啊？

"好好想一想——如果你不管怎样都要去做某件事，那就不需要规则了。如果你遵守规则只是因为其结果对你有吸引力，那你就不是因为有规则而去遵守规则的，你是为了其结果而去遵守规则的。"

孟弟给了我一个困惑的表情。

你要是举些例子可能会有助于我理解。我们在说哪种规则？还有，呃，它们是从哪儿来的？

"这是两个很好的问题。首先，规则源于上帝。几乎每个宗教都有规则。其实在某种程度上,你可以说宗教就是规则:一系列你必须遵循的规则。"

你在说十诫,是吗?

"从十诫开始说也挺好。就说说其中最著名的一条吧。"

不可贪恋人的屁股[1]?

"你太搞笑了。不是啦,我要讲'不可杀人'。这句话振聋发聩、言简意赅。它并没有说除非能给你带来好处,否则不可杀人。也没有说除非用以防止更大的伤害,否则不可杀人。杀人是错的。就这样。为什么是错的?因为规则不允许。"

太好了。我从来没杀过人。所以我是只好狗狗。

"你忘了其他九条啦?我接下来想说的便是'不可偷盗'。"

果不其然,孟弟看起来有点儿尴尬。

她出门时就不该把奶酪蛋糕留在咖啡桌上的。

"还记得规则是怎么说的吗?只是因为某人没有看好奶酪蛋糕就去偷是不对的。"

呃……好吧,可是这些规则我们为什么必须遵守呢?

"你可以试着论证遵守规则(比如十诫)能够为所有人创造一个更好的社会。一个人类(或狗狗)肆意残杀的社会是不会让我们幸福的,不是吗?但是就像我说的,这种论点和遵守规则的

---

[1] 语出《圣经·旧约·出埃及记》(20:17):"不可贪恋人的房屋,也不可贪恋人的……驴,并他一切所有的。""驴"的英文为 ass,该词在俚语中也有"屁股"的意思。狗狗之间喜欢互相闻屁股,而孟弟在这里偷换了词义。

论点不同。我们之后会讨论这种基于结果的论点（这是一种被称为规则功利主义的论点）。遵守规则的论点并不做类似辩护。遵守规则的论点和结果无关，和规则本身有关。

"还有一条是'不可作假见证'。你可能会设想各种说谎看似正确的情形，比如说，一个小小的谎言可以阻止更大的伤害。但是规则就是'不可作假见证'，因此说谎就是不道德的。

"义务论伦理学有很多优点。嗯，其中一大优点，说真的，就是简单。你能知道自己是否在遵守规则。在我们讨论过的所有其他道德体系中，道德主体都要经过真正的磨炼。这种磨炼是要持续一辈子的。想要理解柏拉图的型相论，必须经过多年的教育和学习。想要把亚里士多德的美德转化为习惯，需要多年的谆谆教诲。对于斯多葛派圣人来说，完全理解自然难如登天。即使想达到伊壁鸠鲁派设想中的愉快生活，也需要仔细考虑采取哪些行为能使舒适最大化、混乱最小化。但遵守规则呢？人人都能做得到，而且数十亿人都在这么做——假设世界上大部分人都站在宗教的伦理立场生活的话。"

哇，说得真好，直截了当。我懂了。就这些吗？

"你知道的，铺陈后面总有但是。"

我知道。

"关于这些规则，一个显而易见的问题便是它们的起源。这些规则从何而来？"

你之前说是上帝啊……

"所以这个回答的问题在哪里?"

孟弟抖了抖身子。

上帝不是我的,呃,专长。

"好吧,首先,有人信上帝,有人不信,如果道德取决于上帝,那不少人直接不必去当好人了。"

我懂了。如果你叫我不要偷奶酪蛋糕,我问为什么,你回答因为上帝不让这么做,而我不信上帝,所以我就能去偷奶酪蛋糕了。

"说得对极了。但我们的老朋友柏拉图在后面指出了另外一类问题。就拿'不可杀人'这条规则来说吧。到底是因为上帝为我们定下不可杀人的诫命,所以杀人是不对的呢,还是因为杀人本身就是不对的,所以上帝才给我们定下不可杀人的诫命呢?"

啥?

"我不知道能不能把这句话表达得更言简意赅一些。我再说一遍。禁止杀人这条规则,之所以是规则,是否因为上帝将其定为一条规则?是不是不管什么事,只要是上帝定下的,就是对的?如果上帝的诫命是应该杀人,那么杀人就是正确的事情了?"

胡说!上帝为什么要那么说?

"上帝什么都能说。"

嗯，我不喜欢这个说法。上帝——如果存在的话——是不会叫我们做坏事的……不是吗？

"但有些神可能会。不少神似乎还会享受稀奇古怪的活人献祭……《圣经·旧约》里的上帝也有点儿这方面的嗜好。但你也已经触及了问题的核心。我们回避了一个想法，即这些规则是武断的——它们只是上帝的突发奇想而已。但我们想要去相信这些规则是更高道德原则的某种体现。"

你是说上帝之所以选择制定这样的规则，是因为这些规则本身就是正确的，而不是这些规则的正确是因为它们是由上帝制定的？

"完全正确。那你能看出这个论点的言下之意吗？"

哦，如果上帝选择制定这样的规则是因为规则本身是对的，那就意味着规则的正确性必定独立于上帝而存在。上帝不过是把已经存在的东西用语言表达出来了而已。那个已经存在的东西，呃，比上帝更伟大？

"是否更伟大不好说，但独立于上帝存在是肯定的。所以，你看，我们已经成功地把上帝从规则是否正确的方程式中剔除了。至少就目前而言是这样。看待这个论点的另一种方式是从不同角度设想。举个例子，多年以来，基督教理论被人们以不同方式使用和诠释。《圣经·旧约》和《圣经·新约》中有足够的材料来论证多种道德立场的合理性。如果有人冒犯了你，你是要以眼还眼,还是把另一边的脸也转过去由他打?

"这一系列诠释不仅适用于历史,也适用于当代。传教方式十分猛烈,想把同性恋打入地狱受永世折磨的美国福音派,和温和的自由派圣公会都在周末早晨布道,都会说他们谨遵上帝教诲,但每一方都只从《圣经》中挑选他们自己想要的东西。我自己也这么干过。那个行淫时被抓的女人的故事总能让我感动。文士和法利赛人来找耶稣。他们抓了一个行淫的女人。律法与刑罚一清二楚:须用石头打死。耶稣以崇敬律法闻名,但也以慈悲著称。这是个陷阱——他要么坚持法律而放弃原则,证明他是一个好犹太人;要么坚持原则,但这就表明他是一个坏犹太人。众目睽睽之下,他的解决方案令人称奇。他先用指头在地上写字。《圣经》并没有告诉我们他写的是什么。我觉得他是在乱涂乱画,试图想出正确答案。最后,他灵机一动:'你们当中谁是没有罪的,谁就可以先拿石头打她。'众人默默散去。耶稣对女人说:'去吧,从此不要再犯罪了。'"

故事不错,那你的观点是……?

"噢,对,抱歉,我的观点是,我之所以从《圣经》的许多故事中拣选了这个故事,是因为它符合我预设的道德框架。但我基本还是支持柏拉图的批判,即某事正确只因上帝(或《圣经》)是这么说的。"

嗯……道德只是遵循规则是不是就说到这里为止了?

"不不，就像我说的，哲学这个话题说来话长……现在的问题是，能否在没有上帝做后盾的情况下维持基于规则的伦理？而这个问题恰到好处地把我们带回了康德身边。"

嘿！

"康德试图找到一些适用于任何人、任何时间、任何地点且无须上帝的规则。这不是因为他不信教或者反上帝。他在成长的过程中一直是虔诚的路德宗信徒，虽然关于上帝在他的哲学中扮演多重要的角色有很大的争议，但他所写的内容同宗教世界观并不冲突。然而，他理论的核心原则是理性。康德认为，尽管道德能以普遍理性为基础，但如果将其限定在能够被知识分子掌握的理性原则里，必定是要失败的。

"康德在开始他的伟大计划时，总结并否定了以往所有的伦理体系，无论这些伦理体系是基于遵循某种内在感受或仅仅遵循习俗，抑或是基于所谓行善的实际利益。在所有这些情况下，道德行为都是有附带条件的：为了达成另一件事，或者几乎可以说恰巧是其他行为过程的副产品。但这个结论对康德来说还不够好。他想找到一种方法来证实，例如，无论在什么情况下，撒谎总是错的。

"康德说，理性要求法则既要普遍，还要简单。现实生活纷繁复杂，人类无穷无尽的渴求、欲望、需求都会妨碍并混淆我们对正确行为方式的理解。但如果道德能像数学那样以理性为基础，我们就可以化繁为简，看清事物的本质了（这与亚里士多德形成了鲜明对比，我之前说过，亚里士多德认为伦理学和政治学是不完美的科学，而形而上学和数学则是完美的。他认为我们最多只能把伦理原则制定得近乎完美，如同在昏暗的黄昏感知通往真理之路，而非在光天化日之下把真理看得真切）。这就是我们正寻找的一个普遍原则，告诉我们什么可以做，什么不可以做。"

好大的口气……

"正如我所说，他开始假设人类确实是理性的，并且可以通过清晰思考、仔细斟酌来悟出普遍的道德准则。他认为我们的确可以找到**绝对命令**。"

你说啥？

"不要慌！绝对命令指的是一种你必须遵守的规则，不是在特定情况下，而是在每种情况下都必须遵守的规则。它不同于假言命令，假言命令数不胜数，是你为了达到别的目的才遵循的规则。"

哦，这有点儿像亚里士多德说的次等的善？我们可以借助它们达到终极的善。

"很好，说对啦！如果我们为自己设定一个目标（目的）——比方说，从柜橱里拿盒小零食——这就需要我们在实践中遵循一些行为或手段，从而达到这个目的。这些行为即**假言命令**——之所以称它们是命令，是因为如果我们要达到目标就必须做这些；

而之所以是假言，是因为这些手段只适用于该特定目标。有的时候做这些事情是正确的，有些时候则不然。但康德想要一个不仅适用于特定目的，而且在任何时候都适用的命令。遵守绝对命令就如同履行一项义务，而非仅仅获得某种好处或达到某个目的。"

我还是听不太懂。

"到底怎样的规则可以适用于任意一种伦理状况？'做正确的事'只是在回避问题。'按上帝说的去做'已经被证明是循环论证，是愚蠢的。'遵循美德'已被证明只是符合现有的社会规范。'追求幸福'更多的是追求个人快乐和满足，而不是帮助你做出艰难的道德抉择。

"噔噔噔！绝对命令登场：**要只按照你同时也能够愿意它成为一条普遍法则的那个准则行动。**[1]"

好吧……那这是什么意思呢？

"嗯，比如说，你觉得偷吃奶酪蛋糕没什么关系，因为说白了，她已经吃了两块了，没人能吃得了那么多，可能她自己也不想吃了，而且今晚他们忘记喂你晚饭了，你要饿死了，很快就要一命呜呼了。"

所以呢？

"那康德就会说了，在你偷吃这块蛋糕之前，扪心自问：如果把这个行为推而广之，对不对？也就是说，是否无论如何，偷

---

[1] 此句的译文引用自苗力田的《道德形而上学原理》译本，上海人民出版社2002年版。

吃奶酪蛋糕都没关系？如果不对，那就不要做这件事。"

这听起来挺有道理。但总有些地方不太……我讲不清，我毕竟只是只狗，上面的说法难道没有缺点儿什么吗？比如，呃，为什么要这么说？

"不不，你提得很好。我们为什么要把它当作我们的道德准则呢？相比其他关于道德的思考，它好在哪里？让我们回到康德对理性的信仰上。要是我们假设人类都努力凭理性行事，那么我们就可以通过指出某人的行为不理性来纠正他们的行为。有一个让人们相信自己的行为不理性的方法，即证明他们的言谈举止是自相矛盾的。换句话来说就是，做某事的后果颠覆了做该事的理由。如果有人说他想要减肥，但他每天晚上都一个人边看电视边吃奶酪蛋糕，你或许可以说服他相信自己的行为是自相矛盾的。"

祝他减肥成功。

"康德认为一个**道德律令**（这只是他给道德规则取的名字，即那种因你认为是对的而去遵守的东西）绝不会引发矛盾，如果引发了矛盾，那显然不能拿它去说服一个理性的对象。我们不难看出它是如何应用在奶酪蛋糕上面的，但是，它是如何应用于伦理学上的呢？

"他举了违反合同的例子。如果你签了份合同然后违反了它，绝对命令会让你设想一个以违反合同作为自然法则的世界。在这个世界里，没有人会签合同，所有的契约制度都将分崩离析。所以，你的目的——通过违反合同来获益——将以失败告终。或者以说谎为例，在大多数人都讲实话的世界里，说谎只是一个有效的策略。但如果每个人都说谎，那你说谎就没有意义了，因为你说了也没人会信。

"因此，绝对命令会让你检查是否做了违反这一原则的事：如果每个人都这么做会发生什么？

"这种普遍性原则中有一种对正确性的直觉。我们都曾听过这样的感叹（或许在小时候听过）：'如果我们都这么做的话会怎么样？'这样我们或许能够感受到这句话的分量。"

嗯，佩服佩服。但我猜你接下来要挑刺了，是吧？

"首先，我要说康德的伦理体系至今依然有许多拥护者，但是，他的观点也不是无懈可击的。有个抨击者说康德的理论空洞无物，实际上没有任何伦理内容。有的只是一种规则，即如果我使某事（不管什么事）普遍化，某事便成了。我为什么就不能把'除非你是安东尼·麦高恩，否则你永远都应该说实话'作为律令呢？我十分愿意把这条律令普遍化。"

康德会怎么说？

"他会先谈律令的定义。康德认为律令必须是通用的规则，具有广泛的适用性，而'除了安东尼·麦高恩之外某事成立'并不符合以上定义。他还会说他已经做过以下假设：人们都拥有所谓的**善良意志**，即做正确的事的欲望。康德假设，我们具备理性，意味着我们必定想要找到最好的律令并赖以为生。任何想做对的事的人都不会去设定那种例外情况。如果你真的是个从虐杀小狗的过程中获得快乐的心理变态，那除非给你穿上约束精神病患者的紧身衣，不然单靠道德，是很难将你约束起来的。不过，许多哲学家都在寻找能够颠覆康德理论体系的例子，并且乐在其中。

"我总觉得有一个例子可以批判康德的理论，即所谓的'约塞连诡辩'，出自约瑟夫·海勒的《第二十二条军规》。小说的主角是第二次世界大战期间一个美国轰炸机飞行员，他十分理所当然地害怕死亡。为了不执行危险的任务，他想装精神病。上级问他：'如果人人都这样怎么办？''如果人人都这样，那我不这么做就是疯了。'约塞连大概是这么回答的。"

哈。

"然而，回过头来讲，既然我们的社会中人人都怀着'善良意志'，那上面那种情况就可以排除了。更重要的是，康德还制定了另外一条与第一条绝对命令一起发挥作用的绝对命令。"

等一下，有两条绝对命令？我以为绝对命令应该只能有一条。

"康德说它们是同一事物的两面。第二条规则相当美好：**在任何时候都不要把别人当作达成目的的手段，而应把对方当成目的本身。**把斧头、马或者奶酪蛋糕当作达成目的的手段是可以的，但人是与众不同的。我们拥有理性，这意味着我们绝不能够被当作工具或得到其他事物的手段来对待。即使除去康德式道德理论的其他部分，单单这一点也是一个十分值得秉持的原则。不要利用别人满足你的一己私欲；不要把别人视作能够让你平步青云的阶梯。如果你把它和绝对命令的第一个版本一起使用，并假定你生活在人人都真心想过上道德生活的社会，那我们的理论体系便很完善了。"

所以，康德胜出了？

"康德是个种子选手……但要强调一下，第一，我们要看看康德的理论能否经得起考验。记住，对于康德来说，他的理论之所以被归为伦理学，是因为按他的说法，只要我们找到了一个能够普遍化的律令，我们都要遵循，无关我们的爱好或可能导致的后果。所以，打个比方说，我决定以'帮老奶奶过马路'为律令。然后来做个绝对命令测试：没问题，我可以很高兴地宣称，我们所有人在任何时候都应该帮老奶奶过马路。现在设想有两个人：一个叫托尼，他很喜欢帮老奶奶，他满怀喜悦地护送92岁高龄的多丽丝过马路（多丽丝奶奶有时候会犯糊涂，弄不清自己在哪里，但她依然能在报纸上玩数独游戏）。

"现在再设想一下托尼的对立面，托比。托比很讨厌老奶奶，他觉得老奶奶身上有一股怪味儿。托比之所以会这样，可能是因为他小时候，有个刻薄的老奶奶给了他一块硬糖，并对他说这块糖是她含了五分钟后吐出来的,这件事让他从此再也不爱吃硬糖了。"

等一下,这难道是你吗?

"这不是重……哎,尽管托比不喜欢老奶奶,他还是决定'帮老奶奶过马路',因为绝对命令要求他如此,他的灵魂在痛苦和折磨中哀号,他勉为其难地帮87岁高龄,但头脑依然很灵光的梅维斯过马路,取治疗心绞痛的药。所以,摆在我们面前的便是好心人托尼和刻薄鬼托比。现在,根据康德的理论,我们可以得出两人中只有一人做出了符合伦理的行为:这个人就是托比。"

啥?

"可以推理出来的。对于康德来说,善就意味着出于责任而遵循规则。让你乐在其中之事必然不是合乎伦理之事——或者说不能拿这些事来检验符合伦理与否。这是因为,如果你喜欢做坏事怎么办?比起帮老奶奶,托比更喜欢用石头砸鸭子。康德不会因为你享受做善事而给你加分。

"单单这一点,就足以让一些人质疑康德的理论。因为它似乎有悖于我们对于好人和坏人的基本观点。如果连好心人托尼和刻薄鬼托比都无法辨别,那这套理论又有什么意义呢?不仅如此,这套理论还有更令人尴尬的一面。还记得绝对命令的第二种说法吗?我们是否能把托尼坚持要扶老奶奶过马路,视作违反了不要把他人当作达成目的之手段的命令?他这么做,难道不是为了满足一己之乐吗？这和一个虐待狂以扯下苍蝇翅膀为乐又有什么分别呢？

"但我觉得上面说的这一点其实是绝对命令的优势。这当中其实有种特别的美德，因为你抵抗住了为实现你所追求的理想而做下错事的冲动。谁最需要道德引导呢？当然是那些被邪念蛊惑的人。

"还有比这些更为深刻的批评。回想一下，我们必须无条件服从绝对命令，但当一个哲学系学生听到这个概念时，他们的第一反应便是设想出一个情境，在这个情境中，服从绝对命令是极端愚蠢的。他们基本都会想到以下情形：一个手持利斧的杀人魔，正敲着门，询问他追杀对象的行踪。绝对命令告诉我们绝对不能撒谎，但谁能摸着良心说出那只被追杀的小狗狗躲在哪里呢？"

说什么呢！

"只是确认一下你有没有犯困啦。最让人惊讶的是，康德仔细想过这个问题，连凶器都想的一样。"

那他连小狗狗都想到了？

"不不，他想到的不是狗，是人。他的答案是忠于原则。他说你不能对拿斧头的人撒谎。"

脑子有问题！

"他的推理其实也解释了为什么他认为你不能基于行为的后

果来建立道德体系。按照定义来说，以后果为基础有个问题，即后果是属于未来的，而未来是难以预测的。当你知道他是个拿着斧头的杀人狂魔的时候，你可能会对他撒谎，告诉他你的狗狗或朋友不在家。但你的朋友可能一看到持斧杀人狂魔就从后门溜走了，然后在街上撞见了杀人狂魔……对于康德来说，说实话所导致的后果，你是不必承担道德责任的，但你要对说谎导致的后果担责，而且康德也不禁止你选择拒绝回答持斧杀人狂魔的问题，或者将他拒之门外，然后报警。

"当然，这种情况不太可能发生。绝大多数人终其一生都不必去面对这种进退两难的窘境。因为图方便或避免小尴尬而说谎的情况要多得多。事实上，我们通常会觉得自己说的是善意的谎言——'没错，你今晚好美'；'不，你穿这个一点儿都不显屁股大'；'绿豆芽千层面很好吃'。在这一点上，康德十分明确：不要撒谎。如果人人都撒谎，那你的奉承也会被一眼看穿。当然，这个假设可能就是现实。我们总能找到撒谎的理由，但这些理由常常是自私的，而且也不见得对自己有利。说实话需要勇气，而绝对命令则是这种勇气的后盾。

"但我依然被一个问题困扰。有些时候，我们似乎可以遵循绝对命令来做事，而且这种方式似乎真的帮助我们正确地规划了人生。但其他时候，绝对命令遗留下来的问题太多了。之所以会这样，是因为这套理论本身是'空洞'的——我们必须自己往里面填内容。有时候答案显而易见。不要闯红灯——如果人人都闯红灯,那就会造成混乱,你非但不能早点儿回家,反倒会回不了家。但碰到更为微妙复杂的道德问题又如何呢?这套理论如何帮我们决定诸如能否杀生吃肉这类问题?如果你想吃培根三明治,并将这件事定为普遍律令——吃动物是合乎道德的,那么其中就很难看出明确的道德成分。吃荤的人会举起手中的汉堡向你致敬,而素食者则会摇着山羊胡子抗议。在这种情况下,绝对命令如何帮得上忙?而我们不过是把问题重复说了一遍罢了。

"而且,你设定律令的方式也会产生巨大的影响。以死刑为例,设想那个持斧杀人狂魔找到了受害者并将其杀害,接着被逮捕,经过审判并被判有罪。假设你的律令是'不得杀人',这显然意味着在任何情况下都不能杀人,包括对杀人犯处刑。或者,假设你的律令是'唯有在经过正当司法程序并被判谋杀罪成立的情况下才能剥夺另一人的生命'。这两条律令似乎都能通过康德的考验,但产生的结果是截然相反的。但是,尽管'在任何时候都不要把别人当作达成目的的手段'这条绝对命令可能对杀人犯有利,也绝不能允许为了让世界更安全或为了满足受害者的复仇需求等目的去杀人……

"(其实,康德曾为死刑辩护。他的论据如下:为了确保我们的自由,人类必须建立起强大的国家,并建立合理的司法制度,否则保证我们享有自由的权利就无法得到保障,而且司法系统必须包含惩罚制度来制衡错误行为。康德认为人类会在让自身更加完满的社会中生生不息。因此，这反过来就意味着，从某种意义上来说，罪犯在对自己犯罪。而惩罚则是要将对自己犯的罪从理论上升为现实。杀人者必须死。）

"但我认为，以上观点最大的缺陷在于试图确立普遍化原则确切的本体论的地位。"

啥？本体论的地位？什么鬼？

"啊呀，不好意思。我们之前提过这个概念，但有关什么才叫本体论的，貌似解释得还不够，对吧？在当前语境下，所谓本体论的，指的就是某物究竟是什么东西？它的实体究竟是什么？具体来说，在你无论做不做某事都不会对真实世界造成影响的情况下，普遍化原则是否有意义？如果我把垃圾倒在路边，其他人的确有可能会学我，在这种情况下，绝对命令就有用武之地了。再回来讨论一下那个想要闯红灯的司机。当时是凌晨，她刚结束晚班，心急火燎地想要在半夜赶回家给襁褓中的孩子喂奶。路上一辆车都没有，就算她闯红灯也没人知道。其他的司机也不会突然开始闯红灯。康德在她耳边低语：要是人人都这么做的话……她会回答：但他们没有！如果你确实知道自己稍稍打破一下规则并不会在法律和秩序上引发灾难性后果，在这种情况下，你依然必须遵守规则吗？"

如果我会开车的话，我知道自己会怎么做。

"没错，我也是。这意味着我们都是康德的坏学生。

"我们来研究最后一个道德体系，如果从这个道德体系来看我刚才提出的情况，答案毫不含糊：冲，闯过去，这是最好的选择。

"这种观点认为人类（和狗狗）是享乐主义者，也就是说，对于我们来说，幸福和快乐是一回事。我们渴求幸福，所以被躲避痛苦、寻求快乐的欲望牵着鼻子走。我们在生活中所做的一切都因好恶而起。快乐是评判道德的唯一合理准则。确实，我们说某事是对的，我们无非是在说这件事能带来、增添或引起快乐，而我们说某事是错的，意思就是我们认为它会剥夺快乐或引发痛苦。"

终于，听到些有道理的话了！

"这种观点叫**功利主义**，是由杰里米·边沁（1748—1832）首先提出的，然后在约翰·斯图亚特·穆勒（1806—1873）那里得到了进一步发展。对于功利主义者来说，要让行为符合伦理道德，就得把个体行为的结果放在首位，而快乐和痛苦是唯一衡量标准。如果我给乞丐一块钱，会增加世界的幸福总量吗？如果答案是肯定的，那我必须掏口袋给钱。修建新地铁线路所增加的幸福感（由更为便捷的交通产生）是否大于其所带来的不快乐（由地铁在自家花园地下呼啸而过，惹人心烦产生）？如果答案是肯定的，那这条地铁线路非建不可。

"讲真的,功利主义就是这么回事。在我们讨论过的所有道德理论中,这可能是最容易理解的了。开诚布公地说,虽然我之前夸了康德,但功利主义才是深深吸引我的理论。它为我们提供了检验任何行为的客观标准。某个行为是增加了还是减少了世上的幸福感呢?如果增加了幸福感,就去做。如果增加了痛苦,就去做别的事吧。"

听起来依然是我的菜啊。这样的理论谁会反对呢?

"听起来是挺简单,但一旦深挖,问题就浮现了。比如找到正确的道德之路可能就会涉及对不同的快乐(和痛苦)进行比较。拿修地铁的例子来说,你该如何去比较地铁乘客和受打扰的房主的快乐和痛苦呢?还有,晚上吃大餐和去歌剧院该怎么比呢?再或者,足球赛和芭蕾该怎么比呢?(可能有人会说这些已经超出道德范畴了,而一旦你把善恶与快乐、痛苦等同起来,任何能够增进幸福感的事都属于道德范畴。)

"穆勒有一种观点,他认为快乐是分层次的,智力和道德追求在顶端,而大众的粗俗娱乐则在底端。这种观点的基石是他将真正的幸福感与仅仅感到满足区分开来了。他说:'做不满足的人,好过做满足的猪;做不满足的苏格拉底,胜过做满足的傻瓜。如果傻瓜或猪对此有异议,那是因为他们见识有限。'因此,不管怎样,建图书馆比建造足球场好。然而,这种观点显然来自穆勒自身的文化偏见,所以并没有流行起来,大多数现代功利主义者都会让人们自行选择属于自己的快乐。

"穆勒的老师,也就是边沁,认为你不能根据不同的快乐在文化或智力方面得到的尊重不同,来将快乐分级。快乐就是快乐,痛苦就是痛苦,不存在高级的快乐和低级的快乐。然而,他确实提供了一种评估快乐程度的方法,帮助你决定如何行动。边沁是个科学迷,他确信自己能够运用科学方法测量幸福感。他称之为'幸福计算法'(felicific calculus)。对于任何一种快乐,你都可以标出强度(快乐感有多强烈?)、持续性(持续多长时间?)、确定性(产生快乐的可能性有多大?)、临近性(过了多久快乐产生了?)、继生性(后续会有更多快乐随之产生吗?)、纯度(你有多大把握认为快乐之后不会产生痛苦?)、范围(快乐能够影响多少人?)。你拿小本子,把分数加起来,马上,你就知道该做什么了。"

呃,上面这些观点,你应该不会照单全收的,是吧?

"讽刺粗野的功利主义并不难——狄更斯在他的《艰难时世》中就做得不错。当然,还有一些反对意见更为深奥。康德在'功利主义'这个名词出现之前就对其表示过反对。我们之前就谈到过,康德认为我们不能把道德体系建立在结果之上,因为结果是无法全然知晓的,而且他认为,在引导我们去做该做的事情上,快乐是绝对靠不住的。你会把道德体系建立在缺乏理智且难以控制的性欲和饥饿上吗?他认为伦理不应建立在这些快乐之上,而应帮助你控制它们。

"功利主义所遭受的异议中,有一个切中要害,即在评估行为所产生的幸福总量时,并没有把人们当作拥有独一无二世界观、经历、权利及欲望的个体看待,而将他们一股脑混为一谈。如果伦理的唯一目的是产生最大数量的好处,那在这个过程中谁得到好处、谁吃到苦头就不重要了。如果我们通过仔细研究发现公开处刑对谋杀犯具有很好的震慑作用,比方说,处决一个人能使两个本来会遭人杀害的人得救,那么从功利主义角度来看,我们就有义务将人公开处死。如果处决名单上没人,那就必须从街上抓个人来杀掉。

"虽然这在我们看来似乎很荒谬,但许多令人发指的人道罪行正是基于这种粗野的功利主义思想。这种思想认为,为了让其他人更好地生活,杀戮和奴役都是合理的。为了震慑抵抗组织,纳粹党卫军围捕并杀害法国村民正是基于这一原则。即使是非极权主义政府也会根据功利主义来决定公民的生死。多年来,美国一直认为在使用无人机暗杀恐怖组织成员的行动中,杀害无辜平民(包括儿童)是可以容许的。"

这些问题貌似挺严重的。

"的确挺严重的,但功利主义能够在一定程度上做出解答。一个牺牲无辜人民的极权国家显然不是一个幸福国度,所以从功利主义角度来看,我们别去那里就行了。从总体上看,完全可以说，如果赋予个人免遭牺牲的权利，我们就会更加幸福。只要我们说自己的目的是使幸福最大化，那这种对于人权的捍卫必然在功利主义的范畴之内。在功利主义框架内巩固某些基本原则的理念被称为**规则功利主义**，区别于行为功利主义。行为功利主义只关注特定行为及其后果。规则功利主义就没那么激进，而是认为在让快乐最大化的过程中需要遵守某些规则，就算偶尔打破规则会带来强烈的幸福感，我们也要遵守规则，以确保得到更大、更长远的好处。

"接着说我们之前提到的母亲的例子，她着急回家，大半夜闯了个红灯，**行为功利主义**者会说：闯过去——在这种情况下，闯红灯不会带来坏结果。规则功利主义者则会说：别闯。'红灯停'这一规则在确保大多数人长期幸福最大化这件事上是如此有价值，我们必须遵守它。同样，规则功利主义者还会说：'不要仅仅为了得到更多的好处而去伤害别人。'这条规则，事实上会带来更多的好处。

"穆勒提出，先前许多的伦理体系都是功利主义的变相版本。尽管按照康德的说法，绝对命令和行为的后果无关，但绝对命令难道不是一套要求我们去想象自己行为会带来什么后果的规则吗？对于穆勒来说，耶稣也是个功利主义者：基督教关于爱、和平、宽容的伦理观是将快乐最大化的优秀指南。此外，将亚里士多德利己、个体化的幸福观转化成为得到普遍幸福的药方更是分分钟的事。

"还有一个问题使得功利主义更加复杂:谁的幸福才算数?通常,幸福的基本单位是个体。于是这个问题就变成,什么才算是个体?只有人类才算吗?还是动物也算?如果动物也算,那包含所有动物吗?还是只包含达到一定智力门槛的动物?如果是只有人类才算,那包含所有人类吗?要不要把未出生的胎儿纳入考虑范围呢?

"虽然这些问题很棘手,但似乎也并非无解。如果我们将幸福定为道德指南的话,那这些问题就是我们需要处理的一些细节。"

我蒙了。这些体系啦,想法啦,把我给搞糊涂了。我们该怎么做啊?怎么做才对呢?要怎么才能拯救米洛斯人?

"我们一开始是通过描述当代的争论中所看到的道德混乱状态而展开讨论的,不是吗?我们认为这种混乱是一个我们应致力去解决的问题。在伦理学史上,我们是否能找到一个让所有人团结一致,让我们为自己的道德判断感到心安的理论?但我越想越吃惊地觉得这种混乱并不是一个问题,其实是一种力量。"

啥?

"如果我们想一想符合伦理或道德描述的东西有哪些,我们会发现结果让人眼花缭乱。比如每种人际关系中都存在的小欺瞒;又如较为残酷的对于友情和爱情的背叛;再如犯罪,而犯罪又可以分为我们认为不必追究的（乱停车），以及让我们深恶痛绝的（杀人、强奸）。此外，还有对公民生活影响巨大的政府决定，比如把钱投到医疗上还是武器上，又如用这些武器去轰炸谁。这些伦理问题，有一些会对他人产生影响，另一些则与这个世界毫无关联，超越了我们自身。

"如果只靠一条（或一套）伦理规则就能处理所有这些情况，是不是有点儿奇怪呢？当然，历史上出现过将单一伦理体系强加给人们的时期，但总体来说结果都不太好。所以我们拼凑起来的道德情感或许在一定程度上能与现实以一种特定、权宜的方式相契合。

"哪怕在我们的法律系统中，也存在伦理理论的矛盾。犯罪既需要犯罪意图（mens rea），也需要犯罪行为（actus reus），这在某种程度上与康德的观点一致，但民事犯罪仅需要证明犯罪行为即可，这就很有功利主义的味道；然而被告的性格——他自身所具备的美德或堕落的程度——对他的量刑也具有影响，这就接近亚里士多德的观点了。

"我们现在要谈的东西在之后漫步时还会一而再，再而三地谈到。事实上，我们具备某些智力和能力，并且掌握了某些分析工具——主要就是语言，这让我们能凭借其理解世界，而且这些东西多多少少是起作用的。这让我们无须跨越悬崖或惹恼邻居（这事常发生），以至于他们要到地下室去找斧头，就能安然地度过一天。但这不能改变一个事实,即存在两类截然不同的东西:一边是现实,不仅包含纷繁复杂的物质世界,还包含他人更加千头万绪、棘手晦涩的思想;另一边是我们为了建构、理解、分析世界所做的尝试。我们为世界建构的模型是好的,但做不到涵盖一切。每当我们试图抓住现实,现实就如细沙般从我们的指缝中溜走。

"之前漫步的时候,我们谈到了客观现实和主观现实的区别。客观属于绝对的、无条件的真理领域,而主观则涉及依赖个体有限洞察力的问题。大卫·休谟发明了一种道德哲学,旨在这两个极端之间寻找一条折中道路,这条道路后来被称为**主体间性**。休谟称人类具有一种与生俱来的共情能力(他当时用的词是'同情',但他指的是能够体验他人喜悦和痛苦感受的能力)。正因为拥有这种有限的能力,我们才能了解自己成长的文化中的规则和行为标准。休谟告诉我们,当看见某类行为在我们所在的特定社会得到肯定或遭人侧目的时候,我们就会将当时的感受同'善恶'联系到一起。

"休谟认为,从事件本身是无法发现善恶的,善恶存在于我们处于特定情形下所产生的情感。但由于人的社会性,由于我们在共同的信仰和习俗背景下成长,加上我们与生俱来的同理心,在特定文化下,人们会对同样的道德刺激做出同样的回应,做出一定程度上共通的判断,这就是主体间性。这就使它同我们之前讨论的简单的情绪主义区别开来了。由于社会环境和共享的特性，情感被赋予了意义。

"我们之前讨论过，有关伦理道德，人们存在许多分歧，尽管如此，刚才我们说的这种理念依然解释了在同一文化下，人们对于道德问题还是存在许多共识的。同时也解释了为何相距甚远、缺少共同道德语言的文化之间，伦理的架构天差地别。我们和阿兹特克人会以同样反感的态度看待对方。然而，所有文化或许存在足够多的共通之处，从而让各个伦理体系具备些许共同元素。只要人类是群居生活，就总需要遵循一些规则和行为标准，没有它们，我们根本无法形成集体。就比如信守承诺、欠债还钱……"

还有爱你的狗狗。

"对，爱你的狗狗。但哪怕在同一文化下，人们的经历也千差万别，加上做出道德判断实在是件复杂的事，因此普遍认同的文化共识并不能做到普遍适用。它会被磨损，会破裂。

"我们渴望建构一种道德体系，能像广谱抗生素那样杀死所有细菌，治愈所有疾病。但就像在医学中那样，伦理学中也有太多病原体，太多患病的途径，用一种药物将它们全部消灭是不现实的。因此，我们才建立了超多伦理体系——每一个都有缺陷，但每一个都涵盖了道德的某些方面。政府所制定的政策应当（有时甚至的确做到了）为绝大多数人谋福利。'不要说谎'这条规则是好的，值得遵守，即使它有时候会让你陷入水火之中。那个母亲或许应该闯红灯（假设这么做是安全的）；我们的确应该赞赏勇气、节制、大度、谦虚等古典美德；或许也该赞赏那些基督教美德，如信仰、希望、慷慨等。因为从根本上说，善与恶的概念是模糊的。而模糊性是我们要回过头去讲的东西……

"关于善恶，或许还有一点挺微妙的。我们评判道德时，可以从两个方面进行检验。我们可以研究行为，也可以研究人。我们可能会认定某个人的行为很可怕，但他本人是无辜的，比如由于一个不经意的错误导致一场始料未及的大灾难降临；我们也有可能认定某个人很可怕，尽管他的所作所为会带来好的结果。"

我感觉你要举怪例子了。

"设想有个想做连环杀手的人，爬到了高楼顶端，手握步枪，对准街道上的人肆意开枪。但他的枪技很烂，所有子弹都打偏了。只有一颗子弹恰巧把一位中年女子脖子上的痣刮走了。子弹神奇地把痣给打掉了，却没有给女子造成严重伤害。现在有消息透露，这颗痣处于癌症化边缘。如果没有这颗幸运子弹，该女子就会死于恶性黑色素瘤。"

这故事有点儿扯。

"是的，我知道，但有时候极端的例子有助于阐明观点。因此，在这个例子中，我们可以毫不含糊地将这个男子描述为坏人，同时认定结果是好的。功利主义对结果表示肯定，而康德则对枪手侧目而视。我的观点是再一次强调：我们可能需要从不同的伦理视角来捕捉道德世界中的所有复杂性。"

真棒，那米洛斯人……？

"啊，米洛斯人，尼采应该会为雅典人欢呼。事实上，米洛斯人输掉这场战役，意味着他们是弱者，而超人法则规定胜者可以对败者为所欲为。我认为柏拉图的正义观会使他争辩道：'米洛斯人不应该被毁灭。'《理想国》中设想的理想国家只会在两种情况下开战：抵御外敌、保家卫国，以及在世上传播正义。如果节制的美德没能让雅典人收敛暴力的话，米洛斯人就不能对亚里士多德的伦理学指望太多。但亚里士多德是亚历山大大帝的导师，而后者的天赋可不节制……我在亚里士多德的幸福概念中看不到任何会让雅典人放敌人一马的东西，尽管他确实认为希腊人应该停止自相残杀，团结起来抵抗野蛮人。

"行为功利主义者会说雅典人应该严格运用'幸福计算法'。这种暴行是否会带来更多幸福？当然，雅典人不仅要计算自己的幸福，还要将所有受其影响的人纳入考虑范围。如果斯巴达人赢得伯罗奔尼撒战争的罪恶大到超过雅典人对米洛斯人施暴，那么屠杀米洛斯人就是正确的。这就是同盟国在第二次世界大战中，决定轰炸德国城市时所采取的算法。杀害妇女和儿童的恶'买来了'打败希特勒的善。然而，总的来说，我不认为对后果进行客观评估就能允许雅典人大开杀戒。规则功利主义会更为明确地拒绝这一行为。从长远来看,如果我们发扬节制的美德,控制这种行为,那么客观地说,世界将会更加美好。

"康德的态度最为明确。你不能屠戮、奴役米洛斯人。因为'要是有人妨碍你赢得战争,你就可以将其屠戮、奴役'这条绝对命令是绝不可行的。你还可能因此惹上杀身之祸。几年之后,同样的事情就发生在了雅典人身上。发生在西西里岛叙拉古城的大战就以雅典人惨败告终,生还者寥寥无几。哪怕幸免于难,也被迫在矿井中慢慢劳作至死,哀叹着还不如战死沙场来得痛快。最终还是斯巴达人赢得了战争。"

到头来啥都没了?

"是啊。"

真是因果报应。

"是啊,因果报应。咱们回家吧。"

第四次漫步
给自由找个理由

这次遛孟弟，我首先思考了他人心灵的问题，也就是说，我们如何确定他人并非人形机器，而是和我们一样，有思想活动，能体验世界呢？之后孟弟和我讨论了自由意志的问题：人们是否能够自由地做选择（道德选择或其他选择），还是我们所有的思想和行动都是由不受我们控制的东西决定的？

这一天，我临时起意决定带孟弟沿泰晤士河漫步，从里士满前往草莓山。这就是说我们得先搭火车前往里士满，但孟弟很喜欢坐公共交通工具，在上面很少出洋相。我在拥挤的车厢里看书，孟弟便坐在我膝盖上，把鼻子搁到两页书的中间，俨然也在读书的样子。我抬起头，希望有人能欣赏这一景象，若是那样的话，我们就能相视一笑，彼此交换"他很乖吧"之类的共识。但其他乘客都全神贯注于自己的手机，在屏幕上点点划划，因为聊天软件上的俏皮话或油管上熊猫打喷嚏的视频笑逐颜开。

正是在这种时刻，在所有人都沉浸在自己世界的时刻，我发现自己开始思考所谓"他人心灵的问题"。这个问题（其他人是否和我一样拥有思想）是少数无法追溯到希腊人的哲学问题。在十九世纪约翰·斯图亚特·穆勒提出该问题前，似乎没有人为此感到困扰。但是，坐在列车上看着身边的人，让我止不住想知道"他人对这个世界的思考、感受、体验和自己相同"这个再普通不过的假设是如何被证明的。我无法体验你的痛苦和快乐，体会不到你挠头或者因为鞋子太紧而扭动脚指头的感觉。你的幸福与我相同吗？你的悲伤和我一样吗？

当然，真的不相信他人与我们一样拥有心灵是发疯的迹象：精神分裂症和其他人格障碍的人往往确信他们周围的人已经被没有灵魂的克隆人或机器人替代了。正常人则相信人类拥有相同的意识，我们之间的差异就如同主旋律中的变调而已。但信念与知识不是一回事。我们能否知道彼此是一样的，或者至少像解剖学家了解人体那样，对人类同伴的心理活动有同样的把握呢？

这个问题可以拆分为有细微不同的两个方面来看。一方面，我如何知道你头脑中在想什么？有什么可以作为证据或证明？另一方面更加概念化，即要想真正了解我们是否相同，我必须思考他人的想法，体会他人的感受，这怎么可能呢？我的想法和感受怎么都无法包含或概括你的想法和感受。除非在科幻小说中，否则这样的事绝不可能发生。

我得直截了当地说，哲学对于上面这个问题的第二种表述至今没有答案。对第一种表述的解答也不能令人满意。但至少对于第一种表述，哲学试着做了解答，尽管答案味同嚼蜡……

哲学家们就他人心灵的问题提出了三个不同的解答。第一个解答基于类比论证。我知道我有这样的心灵。我会感受、会思考、会打算、会痒、会疼。我清楚地观察到其他人的外在与我有如此多的相同之处。因此，他们的内在肯定也和我一样，不是吗？

这是我们大多数人的本能想法，属于一种归纳法。归纳法是我们试图从特定实例中形成通用法则的过程。你发现一定数量的 X 后面跟着 Y 的案例，然后通过归纳来了个飞跃，说所有的 X 后面都跟着 Y。我注意到自己有着某些心理进程和体验，因此就形成了一个普遍规律，认为所有人都会以同样的方式来体验我所体验到的东西。

归纳法的种种问题我们暂且不谈（之后漫步的时候我们再详谈），先说类比论证存在的重大缺陷。通常，归纳法就是你从许多案例中收集证据，形成普遍法则，然后用它来预测未来的情况。但是在他人心灵这个问题上，类比论证几乎逆转了这个过程。我们手上可以用来归纳的例子只有一个。但我们把它应用到了地球数十亿人身上。尽管乍听上去很吸引人，而且得到了普遍采用，但这个论点实在难以服人。

第二个解答听起来和前一个很像，但实际上截然不同。是一种推理论证，而不是类比论证。这种方法并非简单设想因为我有这种心灵，所以其他人肯定也有，而是基于观察他人的行为，并尽可能做出最好的假设去解释它。如果我们看到带轮子的交通工具沿街行驶，就会认为它是由发动机而不是魔法或者被巧妙隐藏起来的马所驱动的。我们看到人们的行为千差万别，他们行走、交谈，或爱或恨。如果我们现在试着解释人们的行为，那会存在各种不同的可能性。正如前面提到的，他们可能是逼真的机器人，并不像我一样拥有意识。他们的一举一动可能都是计算机模拟出来的，也可能由其他未知的机制引导和驱动。但最合理的解释是，他们有心灵和意识。同其他解释相比，该解释最为符合我们所观察到的事实。

但这种解释的问题是，我们充其量只能得出这样的结论：对他人行为最好的解释是他们拥有与我们或多或少相似的心灵。然后，接下来就靠类比法了，假设他人体验的本质与我们是一样的。而我们都看到了该论点的问题所在。

第三个解决方案是最简单、最诱人的（至少对我来说是这样）。该论点认为精神状态绝不是隐藏的，你的所思所想都写在了身体上。一痒就会挠，一思考就会表现出沉思的样子，一开心就会笑。从某种意义上来说，该论点打破了心灵/身体的二分法。心灵和身体并不是两个东西，而是一个东西，即统一的思维有机体。这个观点预先假定了我们已经进化成能够读懂彼此的社会存在。意识并非我们心灵的私室，而是彼此共享的公共舞台。

与该论点相关的一个观点认为，只有我们的心灵以同样的方式运作，语言才可能起作用。语言总是共享的，依赖于我们对世界的共识。字词体现想法，沟通是不争的事实：显然，正由于传达了准确的信息或指令，各种事情才会发生。正如维特根斯坦所说，如果狮子会说话，我们也是听不懂的，因为狮子的心理和社交世界与我们有着天壤之别。但人类说话，我们是听得懂的。

当然，这种观点也存在问题。我们会互相欺骗，会误解思想所产生的生理反应。我们会不动声色地思考，凭表情来读心是做不到的。

但有规则必然有例外。欺骗之所以可能，是因为我们通常不会被骗。

很多人会说，只要在验尸室里待一小会儿，很多有关他人心灵的怪异想法——机器人假说等——就会不攻自破。只要能熟练运用骨锯，只需几分钟就能看到每个人的头颅里都有大脑，再稍稍动一下手术刀就会发现每个大脑的结构都是相似的，并没有隐藏的电路或外来植入物。这样的调查能够解答大多数人的疑惑，但依然缺少实实在在的证明。我们看到的器官中是否含有高科技有机材料？我所看到的一切会不会是在做梦或者是我的幻想？我怎么知道我所看到的大脑交叉样本具有代表性？也许打开第一百个头颅就会看到芯片了？而且，就算我把其他所有人的头颅都挖空，坐在尸骨山的顶峰，我又怎么能知道自己的头颅里也有一个和他人一样的胶状器官呢？会不会我就是那个头脑中装有哔哔作响的电路的机器人？

以上讨论对于解决他人心灵问题起了什么作用呢？哲学常常帮助我们理解问题，却没有给我们一个圆满的答案。我觉得我们可以凭借深刻有力的推论继续将身边人视作与自己一样，尽管我永远无法真切地知道你的痛苦是否与我的痛苦一样，你的快乐是否与我的快乐如出一辙。

下次遛孟弟的时候我们会讨论什么是知道，什么是怀疑……

我感觉孟弟在我腿上挪了一下，然后跳了下去。我看了一下周围，车厢里空空荡荡，火车到了终点站，如入睡了一般。一个清洁工提着一大袋垃圾朝我们走来。

"对不起,伙计。"我说道,"我肯定是睡着了。"

从里士满出发,我们沿着河边蜿蜒狭窄的步道前进,在柳树和桦树丛中穿行,来回走了差不多两个小时。这条路线我过去每周都会走上几次,当时我在一所规模不大,也不太出名的学院里有着一份还算体面的工作。但我最终离开了那个岗位,距上次来这里,已经过去了七年。

天空万里无云,灰得似是而非,在其映照之下,河流也死气沉沉。奇怪,我想着,真安静啊!人总会觉得流水是嘈杂的。显然,隆隆的湍流或澎湃的大海确实嘈杂,但你会觉得,即使像里士满的泰晤士河这样一条宽阔而苍凉的河流,也总得发出些声响吧,或汩汩,或潺潺。但我闭上眼睛,却听不到一点儿水声,耳中只回响着10月枯叶的沙沙声,以及不知从哪里传来的孩子们的欢笑声。

前苏格拉底时代有个名叫赫拉克利特的哲学家(就是那个因患水肿而全身肿胀,裹着牛粪被狗吃掉的人),他说过一句著名的话:人不能两次踏进同一条河流。这句话的传统解读是一切都处于变化之中,没有什么是固定不变的,根本不存在可知的东西,你刚把注意力放到一段河流(或人生)上,它就不再是原本的样子了。这种对易变性的强调符合赫拉克利特的理念——火乃构成宇宙的基本物质,是万物显现的基本实在。火既不稳定又具有转化性。你发现河流改变了,但其实是火改变了你。

这就上升到人格同一性这个问题上来了。这些年过去了,重回泰晤士河的还是同一个我吗?我们的细胞死亡并被替换,旧的记忆随着新记忆的产生而消逝。我们的观念也会改变,年轻时一腔热血,年长后因循守旧;或者原先拘谨,经过生活的历练,心胸变得愈加开阔。

我记得去伦敦动物园的时候,看着小猩猩们围着圈舍欢耍嬉闹,前一刻还在拥抱对方,下一刻就开始打闹。而在遥远的角落里,无精打采地坐着只年迈的雄猩猩,瘦弱的胳膊交叉放在硕大的肚子上。一张扁平的大脸,皮肤如皮革般粗糙,仿佛是爱尔兰泥炭沼泽里被献祭的凯尔特人。它流露出一种怀带恶意的尊严,仿佛在内心深处留存了关于丛林、野果,以及树梢上同金红色毛发的情人们寻欢作乐的遗传记忆,它知道这一切已然失去,因而心怀怨怼。

一只小猩猩太过兴奋,跌滚到"怪老头"身边,只见它伸出长长的手,干净利落地拍了一下小猩猩的后脑勺。但是,它自己也曾年少轻狂。将它现在与当年联系到一起的纽带在哪里?

新旧老幼之间的冲突也是赫拉克利特关注的核心主题。他说,战争无处不在,冲突就是正义。这个世界仅有的和平就是各方力量的暂时平衡:就如张弓搭箭,蓄势待发,在箭离弦之前全然安静、平衡的那一刻,就是和平时刻。

但一些哲学家已经开始质疑赫拉克利特的观点。他是个令人捉摸不透、内心黑暗、刻意写晦涩文字的作家，以蔑视大众著称，他作品的残卷难以解读。他所谓不可能踏进同一条河流其实说的是水在变化，而非河在变化。这仅仅意味着河流与其他所有事物一样，包含连续性与变化，确实，有连续性，就要有变化。如果水不流动，那河就成了湖。如果人不改变，那他就不是人了，而是石头。

所以，重回故地，河还是那条河，我还是那个我。或许吧。

我抽掉孟弟的绳子，他撒起欢来，蹦过来跳过去，尽情挥洒在火车上压抑已久的精力。

"我一直在思考几天前我们讨论的话题，就是关于伦理学的那个。"我说道，孟弟一下子放慢了脚步，和我并排走着。

他抬起头，似乎在说，你继续。

"我认为我们得出了某种结论，是吧？如果我们在谈论行为的道德价值，那么关注该行为所指向的结果，或者说终点、最终目的，是在情理之中的；如果我们因某个行为要表扬或责备做出该行为的人，那么检验这个人的意图，及其遵守规则或原则的程度，也是在情理之中的。这么说有点儿杂乱无章，我的意思是针对好坏对错的问题，我们秉持着两条截然不同的研究路线，但这已经是我们力所能及的最好处理办法了。"

孟弟抖了抖身子，表示赞同。

"不过,有个问题。"我说。

我就觉得会有问题。

"问题在于,一旦我们动用第二条研究路线,即判断一个人,而不是评估行为时,我们就是在假设某样关键的东西存在。"

有人在乎这一点吗?

"没有。"我坚定地说,"我们假定自己有选择,假定自己能够自由选择去做对的事,或者错的事。"

孟弟摆出他特有的困惑表情。

"我相信你会明白这有多重要的。我们来设想一个我必须做出道德抉择的场景。"我环顾四周,捡了根从树上掉下来的细树枝,"我想我们都承认,在缺少某些严格衡量标准的情况下,用树枝抽打可爱的小狗狗会——"

呃,什么情况下……

"嗯,如果打你是为了让你免遭更大的伤害,比如你正准备往马路上蹿……这不重要啦。从我们讨论过的所有伦理体系来看,无缘无故地用树枝抽你都是不能接受的。"

行吧。

听起来孟弟仍然对挨树枝抽这个场景耿耿于怀,我开始想有没有别的例子能用。

"所以,在通常情况下,我会因为打你而遭责难、被批评,并可能被推上刑事法庭。"

这么说也没毛病。

"现在来设想一下我行为受限的各种情形。我要么被约束，不能做想做的事情，要么被强迫去做我不愿做的事情。我在梦游，在睡梦中我舞动魔杖，变出一桌宴席，或是一个漂亮的……还是宴席吧。但事实上，我是在挥舞树枝打你。或者假设我得了一种丧失理智的狂暴的病，失去了自控能力。比如说，狂犬病……"

狂犬病？

"哦，这种病的来源是疯……不管这个，或许精神病犯了，觉得你不是狗，而是只吃人的老虎，我正试图把你从罗西身边赶走……"

或许因为想到了老虎或者其他想要伤害他最爱的罗西——我女儿的东西，孟弟低吠了一声。

"或者我产生了幻觉，以为你身上着火了，所以想用树枝打灭你身上的火。在这些情况下，你觉得我应该遭受指责吗？"

当然不应该。

"在以上的情形中，你之所以不指责我，是因为我伤害你实属无奈？"

对，听起来没毛病。

"但上面举的例子都是特殊情况，不是吗？通常你做出某个行为，比如打狗或撒谎的时候，你没有疯，同时也没有尝试去做其他的事情。要是不存在我们刚才讨论的例子中那种行为受限的情况，而你依然不是自由的，会怎样呢？要是自由选择自始至终是一种幻想，会怎样呢？"

孟弟看上去不为所动。他把腿一会儿在路的这边跷一下，一会在路的另一边跷一下。以他的方式说我们可以随心所欲地跷腿。

"所以你的立场是，在通常情况下，也就是我醒着，没有外界强力或内心紊乱来阻止我做想做的事情，或逼我做不想做的事情的情况下，我可以自由选择去做符合或违反道德的事？"

孟弟叫了一声表示同意。

"这是常识的观点，我猜想大多数人都是这么想的。但这个观点面临一些强烈反对。"

反对反弹！

"首先，我们生活的时间和地点都是特定的，有些事情我们可以想象，有些事情我们无法想象。就好像我们手上都有一份菜单。菜单上列了许多菜品，比如说，有各种各样的比萨，还有意面，各种意面都有。我们这次就走意大利风吧。当然，你可以自由选择想吃什么。如果你想要吃四季比萨，没人会强迫你吃红酱比萨。但你的菜单也不是无所不包的，没有哪家厨房能什么菜都做。所以，你的菜单上没有咖喱，没有冰岛人吃的那种腐烂发酵的鲨鱼肉。没有斯巴达人行军时用以补充体力的猪血黑汤。"

听起来就挺恶心的。

"是的。一个非斯巴达人尝了一口就吐了出来,说道:'现在我知道为什么斯巴达人不怕死了。'知道我想说什么了吧。时间和居住地以各种方式限制了我们的道德选择。三百年前,就在我们所处的社会中,没有人会觉得打狗是一个伦理问题。男人认为女人在智力和道德方面都是低等的。儿童在矿井下干活,直到死去。奴隶制被人们所接受,与之相关的种族歧视几乎无处不在。

"你可能会说,有些个体能够打破这些传统和做法,进行独立思考,这就是为什么我们已经超越了上述显然不道德的观点。但这些思想上的革命往往发生在社会出现根本变化的时候,更深层次的运动让新的思维方式成为可能。技术的发展让奴隶制的效率相形见绌。而让女性成为劳动力的需求促进了女性解放。马克思主义者认为,不论在何种社会,经济和科技的发展都决定了该社会的政治体制及意识形态。"

决定……?

"就是导致的意思,再无其他东西可以解释说明这一结果。我们崇拜什么样的神、组建什么类型的政府、创造怎样的艺术、遵守哪种道德准则都属于上层建筑,而这些都是由经济基础、生产方式和阶级关系所决定(导致)的。

"即使你质疑思想与经济之间决定性的联系,你也无法质疑——虽然思想孕育了思想,但思想并非自由地飘浮在空中,而是镶嵌在特定历史时期之中。我们讨论过的所有哲学家的作品（最早期的前苏格拉底的哲学家可能除外），柏拉图、亚里士多德、康德、功利主义哲学家们的作品，都是从思想传统、从现存的谈话和讨论中产生的。康德是一位职业哲学家，以教授他同辈和前人的作品为业。康德尽管批判并超越了同辈和前人，但他的思想无法脱离他们存在。对于比较平凡的我们来说也一样。此时此刻，我们做正确的决定，哪怕不刻意去想，你我依然无法逃避柏拉图、康德、基督教伦理传统，以及功利主义的思想。"

所以，我们不自由是因为我们思考的东西前人也思考过？因为这些思想其实并非"我们的"思想？

"我还得再斟酌斟酌。其实，不，不对，我不这么认为。恰恰相反，我认为，我们站在伦理思想队伍的末尾这一事实，要是真的与自由相关，也是使得我们获得了更多的自由，而非更少的自由。我们可以来思考一下亚里士多德、康德、穆勒，对比批判他们的思想，然后得出什么是正确的明智选择。你可能会提出，这些人物中的每一位实际上都是同一西方哲学传统中的一部分，所以我其实依然没能跳脱出我自身的文化限制来思考。但我们也能接触到其他文化的哲学思想——印度教、道教、佛教等，这些思想在伦理问题上有着截然不同的观点。我承认西方传统是我伦理思想的主要参考框架，但即使在西方传统中，也有评判性地思考这种传统基础的余地。所以，我要说的是，即使从逻辑上讲我们不能点菜单上没有的菜,但菜单上菜品的选择面特别广,品种足够多,多到让选择成为现实。"

所以,我们是自由的!耶!

孟弟撒起欢来,沿着河边的步道来回狂奔。他小时候经常这样,绕着"8"字形狂奔,直到累瘫。我们称之为孟弟式抽风。现在,能让他撒一次欢已经很不容易了。

"别跑那么快。"我等他冷静下来后说道。

啊?

"我们刚才仅仅探讨了自由选择对错的能力受限的一种方式。通常情况下,现在我们只要谈到决定论,想到的并非人们的观点受到历史文化所限这一事实,而是作为个人,我们完全没有自由选择的能力。"

听起来问题很严重。

"是的,而且我觉得我们得从哲学中跳脱出来,进入科学世界,才能把事情弄清楚。从牛顿到爱因斯坦,经典物理学在解释宇宙如何运作方面做得很好。我们生活在一个物质世界里。宇宙是由一些材料,也就是物质组成的。物质是由分子构成的,分子是由原子构成的。而原子又是由更小的粒子——质子、中子、电子组成的。在亚原子层面,存在其他更小的粒子——夸克、渺子、中微子、胶子、光子等。在一切的本源,可能还存在振动能量的超弦。

"而宇宙中正在起作用的力是有限的,这些力决定了事物如何相互作用。有两种力——强核力和弱核力——只在极短距离起作用,它们决定了亚原子粒子如何运动。接着还有电磁力,即带电粒子彼此的排斥或吸引力。电流通过电线或磁石吸附,都是电磁力在起作用,最后,还有引力——将一切有质量的物体拉向彼此的力量。

"对于宇宙来说,这样的解释已经非常不错了。科学家在物质和这四种力量的相互作用中找出可预测的、统一的方式来构建定律——从观察中得出一般陈述来描述某些现象,并且预测在相同的情况下,会产生相同的结果。因此,波义耳定律指出,气体的压强与容器的大小成反比。牛顿证明任意两个物体之间的引力与它们质量的乘积成正比(质量越大,引力越大),与它们之间距离的平方成反比(距离越远,引力越弱)。爱因斯坦说能量(E)与质量(m)和光速(c)有关,具体关系为 $E = mc^2$。

"在这个由物质、力、定律组成的宇宙中,任何事必定是由在其之前发生的某事引起的。没有什么事会无缘无故发生。

"总之,关于我们宇宙的这些'事实'具有强大的预测力和解释力。如果你拥有足够多关于当下宇宙状态的信息,你就可以回顾过去、推测未来,预测宇宙中每个原子在任何时刻的精确状态和位置。我们精确地预测日食,可以将一个金属盒子送往数亿千米外的太空,让它和处于太阳系外围的一颗遥远行星的小卫星相撞。

"这种看待物理现实本质的观点被称为**决定论**——因为在宇宙历史的每个阶段,宇宙每个原子的精确排列都是取决于前一个原子,无一例外。没有什么能跳脱自然定律。没有原子是'自由的':它精确的运动和空间中的位置是由它周围和之前的物质条件决定的。"

孟弟对科学不大感兴趣,所以我刚才的长篇大论准会被他当成耳边风。他又抖了抖身子,但这次更像是在说:**这和我有关系吗?**

"刚才说的原子,是包括宇宙中的所有原子。包括构成你我的原子。如果宇宙中真的只有物质和能量存在,那我们的心灵和思想就必定也包含在内——和其他一切事物一样,心灵和思想也存在于宇宙中,因为除了宇宙,没地方能去了。如果我们承认物质世界中一切事物的发展都是确定的,这就意味着决定论不仅适用于行星、彗星、沙粒,而且适用于我们,适用于我们的肉身和思想。"

我把树枝对折,直到它"啪"的一声断成两截。接着扬起手臂把其中一截朝河里扔去。树枝先在水花中沉了下去,但很快又浮了上来,一路顺流而下。

"我扔那根树枝的时候,物理定律已经精确地决定了之后会发生什么。树枝在空中飞行的距离和方向取决于投掷的力、自身质量、风和空气阻力的影响以及引力。任何人只要掌握了有关质量和力的所有数据，就能分毫不差地告诉你树枝会落到什么地方。接着他们还能告诉你水流会把它带去哪里。"

但往哪儿扔树枝是你自己选的。你是把树枝朝河里扔，而不是朝我扔……

"说得好。咱们来梳理一下你的观点。你觉得我可以自由地做选择，有某些涉及人类意志的东西，也就是心灵，不同于宇宙中其他事物，可以摆脱决定论的束缚？"

是啊。为什么就不能摆脱呢？

"这个观点——认为思想不受物质因果关系的束缚，不受原子互相碰撞的束缚——的前提是我们的思想与宇宙中的其他事物不同。这就是说存在两种不同的东西：一种是我们之前讨论过的，由原子和亚原子粒子组成的物质；另一种是精神物质，也就是心灵。这个观点的专业名称是以勒内·笛卡尔的名字命名的'笛卡尔二元论'，正是笛卡尔赋予了这个理论最符合逻辑的形式。从表面上看起来很吸引人。"

表面上？为什么我感觉二元论不会有好结果呢？

"哈，嗯，的确没有。但是正如我所说的，它似乎确实符合我们许许多多人对世界的看法。我们的心灵，我们的思想，似乎确实和桌椅以及在宇宙中旋转的行星不同。我们认为实物所具有的属性——延展性、质量、重量、颜色等——并不适用于思想。

当然，比喻除外，但在现实中，深沉的思想和轻率的思想在重量上并没有什么差别，而且我们会觉得思想并非由物质世界引起，思想的因果链是与之不同的。通过思考，我就可以让某些事情发生在我周围的东西上。我决定扔掉这根树枝。我挥动手臂，把树枝送上了天。"

我抛掷了剩下的半截树枝作为演示。然而，它卡到了茂密的柳条间，在半空中无助地荡着。

"下回漫步的时候我们再讨论这种二元论，"我说，"这个理论和我们今天的主题不相关。但我要说的是，没有人再相信这种理论了。这里我指的是，呃，专家们，也就是大脑科学家和心灵哲学家们。这种理论的问题太大了。"

比如？

"如果心灵不是电脉冲通过脑细胞的网络移动的话，那心灵究竟是由什么构成的呢？因为，如果思想可以归结为电脉冲的移动，那我们的心灵就会再次陷入物理世界的因果链。如果思想和物质是截然不同的东西，那它们又是在什么地方，通过什么方式相互作用的？"

这个问题简单，大脑啊。

"你说的是相互作用的地方，而不是相互作用的方式。笛卡尔相信灵魂（或心灵）和身体是通过松果体（一小块恰巧位于你的脊椎与大脑连接处的软骨）联结到一起的。但是这并不能帮我们解决根本问题，只是将范围缩小了。在某处，有某个非物质的东西与某个物质的东西互相传递了信息，而人们对如何才可能做到这一点一无所知。"

所以……

"所以，我们得出了以下结论：心灵——如果你想叫它意识也行——只不过是那些物理粒子和力的另一种效应罢了。思想充其量不过是人脑极其复杂的神经元网络中移动的电脉冲。一旦我们这么认为，就必然得出想法是被决定的结论，我们的自由只是幻想。当我们认为自己在做选择时——打你或不打你，撒谎或说实话——我们并不比在空中飞翔的树枝更自由。如果本就不存在自由，那何来对它的赞誉或谴责？何来道德一说？"

我还是不太明白你怎么就从原子碰撞扯到人不能自由选择，又扯到是否要用树枝去抽打无辜的小狗。

"这个嘛，决定论者会说，当一个人要做出道德选择时，宇宙已经把他置于这一境地之下，赋予了他某些能力和经验。我们假定人性是由经验和基因构成的——尽管这个假设在上面这个问题的讨论中并不重要。而不管是经验还是基因，你作为你自己，在这一特定的情形下，在历史的这个时刻，你的所作所为必定是由你的能力、观念、倾向所决定的，就如同物理定律决定被投出的树枝的飞行轨迹一样。你可能认为自己基于道德角度做了一些事情，根据康德或功利主义原则做出了选择，但你的所作所为都是由于构成我们的物质力量把你塑造成了会根据那些规则去做选择的人。其实,并不是你选择追随康德,而是世界为你选择了康德。或者说,如果你是那种会谋财害命的人,是因为世界把你变成了那样。

"当你看到许多罪犯的生平时,就会发现这个论点还是挺有力的。那些人的背景、教养、遗传让他们无法跳脱出自己的生活。如果你生长在贫民窟,父母都是小偷,上的学校就没人考上过大学,那你没办法选择去做个医生,只能成为小偷。如果你决定打狗,这不是你做的决定,而是宇宙为你做的决定。

"甚至某些实验证据也证实了我们的行为并非基于我们的意志。心理学家发现,人们在进行各种日常活动时——拿杯子或看时间——肌肉早在'拿杯子'或'看表'的想法形成之前,就由神经冲动触发了。所以,很奇怪,有意识地决定做出某个行为之前,该行为已经开始了。如果是这样的话,我们怎么能说自己的所作所为是具有理性的心灵自由选择的结果呢?"

这其实很像我们狗狗呀。我通常不会想,哦,我现在要尿尿了,当我意识到的时候,我已经嗅完尿完了。

"是啊,我也觉得是这样。但很多人会说,即使历史和遗传造就了你,然而,生而为人就意味着你可以改变。或许你没办法从小偷摇身一变成为医生,但至少可以不偷东西。证据就是有上百万的人决定改过自新,戒毒戒酒,不让自己一直沉沦下去。难道这不是我们自由的证据吗?"

嗯,呃,是啊,难道不是吗?

"我们来换种表述方式,从而证明上面的说法不成立。如果我们需要对自己的行为负道德责任,我们就必须对自己成为什么样的人负责,并且必须通过某种方式选择成为这样的人。这么说没毛病吧?"

孟弟没有否认。

"所以,你身上具有某种决定你成为你自己的东西。比如说,从一个满嘴谎言的人变成一个诚实的人,从此遵守康德的绝对命令。此时此刻你改变了自己,维护了你的自由,并基于这种自由承担起了责任。"

孟弟又点了点头。

"但你在做出选择的时候就表明你是可以做出那种选择的人。我们都同意,要想负起道德责任,你就必须对自己成为什么样的人负责。所以,你不得不选择去成为那样的你——那个决定做出选择的自己,但那个版本的你肯定原先就存在着,明白了吗?"

呃,可能懂了吧。

"而那个版本的你又是怎么出现的呢?要么是由你无法控制的力量造就的,要么是你自己通过意志创造的。如果是前者,那我们没有自由选择,没有道德责任。如果是后者,那必然是由在此之前那个版本的你所创造的……这就成**无穷倒退**了。"

啥?

"这个概念我觉得在以后漫步的时候还会碰上几次。在哲学中,所谓无穷倒退就是,当你相信某事的理由只能进一步由其他理由来证明时,你就会发现自己滑向了无穷的倒退。"

我懂了。

"这种情况下,阻止无穷倒退的唯一方法就是找到不可能存在的东西:找到某个你通过自由选择的方式创造自己的点,就像上帝创造了他自己一样。"

我们默默地走了一会儿。鸟儿停止了鸣叫,树叶沙沙作响,似乎都对我们讨论的结果(一个没有道德责任的世界)很是不满。这时孟弟打破了沉默。

有什么解决办法吗?我总觉得……哪里不对。

"你的意思是,我们能否以某种方式将自由地做选择——道德选择、晚饭吃什么、去哪里漫步——的感觉与充满因果律和决定论的残酷现实相调和吗?或许行吧,我们来列出选项。物质世界是被决定的吗?答案为'是'或'否'。如果是被决定的,是否可以推导出我们的精神状态也是被决定的?如果两者都是,那我们能否在某种意义上说是自由的?我们再好好研究研究这些问题,看看有没有回旋的余地。"

我以为我们已经确定物质世界是被决定的呢。那些原子撞来撞去之类的……

"嗯，针对这个观点有一些反对意见。其中一个论点来自物理世界可怕的复杂性，虽然科学一直想要简化这种复杂性，但这意味着凭我们的知识，永远无法推导出决定论，而这里的决定论是指在现实中知道将会发生什么。在十九世纪，物理学家詹姆斯·麦克斯韦和路德维希·玻尔兹曼不得不将气体粒子在容器中的运动归结于概率。预测原子动向需要考虑的因素实在太多了。近年来，混沌理论同样试图解释某些复杂系统——如天气、地震或太阳耀斑，在这些研究中，初始状态的细微变化会导致差之千里、无法预料的结果。尽管混沌理论家可以在混乱中找到周期模式和相对稳定的区间，但他们永远无法做出能够被我们认定为'真'科学的确定预测。现代用计算机预报天气或许比以前好多了，但我们只能确定明天出门漫步我要不要带伞，你要不要穿可爱的小外套。"

我恨透那件外套了。每次你要我穿，别的狗狗都把我当笑话看。

"我可不这么认为，你穿花格子衣服超酷的。我们讨论的混沌和复杂性所存在的问题是，即使我们实际上无法百分之百确定地预测未来，那也不过是我们知识有限罢了。如果我们有一台足够强大的计算机，而且有能力将宇宙所有细节都输入进去，那我们就可以精确地预测出一只蝴蝶在婆罗洲扇动翅膀对佛罗里达州天气的影响；我们可以预测麦克斯韦的气罐里每个原子的运动。

所以，无知并不会让我们摆脱决定论。我们无须确切地知道控制我们的各种力是如何达到平衡的，我们只需知道自己是被控制的就行了。

"但到目前为止，我们所谈论的宇宙都是经典物理学（爱因斯坦所发起的相对论革命也包含在内）所解释的宇宙。尽管爱因斯坦颠覆了我们看待时空的方式，但从大的尺度来看——上至宇宙下至原子——他的宇宙依然是完全可以预测的。但是，当我们将研究对象缩小到亚原子大小时，奇怪的现象就发生了。一些人指出，这些奇怪现象打破了宇宙决定性的本质。量子论试图（很大程度上成功了）解释这种怪异现象。现在谈论量子力学不太合适，但我要举几个非常简单的例子把问题引出来：当两个台球碰撞时，我们可以准确地预测出会发生什么；当两个电子碰撞时，预测所能做的就是构建一个"概率云"——电子将出现在云的某处。这与气罐内原子的问题或天气无法预测不同，这两者的不确定性都可归因于我们相对的无知。而电子撞击后的位置，是完全无法预测的。量子粒子的运动方式不是相对无法预测，而是绝对无法预测。这便可以联系到饱受争议的海森堡不确定性原理。若想预测电子的运动路径，你就要同时知道它在空间中的位置和动量（其速度和质量的总和）。如果这里说的是'我们的'世界里的汽车或树枝，或其他物体，这就不是个问题。但是，对于量子粒子，我们要么知道它们的位置，要么知道它们的动量，但永远不可能两者都知道。"

为什么不能知道呢？

"人们有时候认为，这是所谓的观察者效应在起作用。观察者效应是指，在测量某物的时候，由于与其产生了互动，而这种互动在某种程度上改变了你要测量的东西的一种现象。在'我们的'世界里测血压就是一个例子，你在测血压的时候，常常会产生少许心理压力，而这种心理压力会反过来让你的血压上升。在量子世界，测量电子的位置需要向它发射光子。光子与电子碰撞，会不可避免地改变其位置和动量。

"然而，量子的不确定性没这么简单。理论上已经证明，不确定性是量子粒子波动性的必然结果。实验也证实，即使测量过程不直接干扰粒子，测量仍然会改变粒子的状态，使预测变得不可能。"

所以，等一下，我们现在是在说，连物质世界都不是被决定的吗？

"一些人是这么认为的。"

一些人？所以不包括你在内？那你的想法呢？

"为了达到目的，我们其实可以通过几种方式规避量子的不确定性。"

规避……？

"可以说是应对吧。多少算点儿……首先，我们并不清楚量子效应是否可以扩大到影响生活的程度。从氢分子到热气球，较大的物体根本不会显示出量子粒子的波动性和不稳定性。量子效应之所以会在大型物体上消失，是因为一个名为退相干的过程。当量子物体与'正常'环境相互作用时，其独特的不确定性会逐渐消失。据计算，退相干发生的时间是一百亿亿分之一秒——以我们的度量衡来看，这种变化太快了，不会造成实质上的影响。

"其次，有人指出（尽管没有证明）量子效应之所以看起来呈现随机性，只是因为我们尚未发现深层规律，而这种规律将重新赋予世界可预测性和被决定性（爱因斯坦所持的就是这一观点）。该理论将使我们再次陷入必然性和被决定性的天罗地网之中。"

所以呢……？

"想要彻底搞清楚这些反对意见很难——况且我们不是科学家，这就更难了。似乎没有人十分清楚恢复决定论的新式统一理论会是什么样子——而很多科学家对于一个超越我们的理解力且无法预测的世界感到不满是显而易见的。虽然量子的不确定性在宏观世界中并不明显，但'世界的某些方面肯定是不确定的'这一事实至少将必然性的高墙砸出了裂缝，而自由之类的东西就能从缝隙中渗透出来。

"'一切都是被决定的'这一规则将不可避免地得出我们的道德选择是被决定的结论。'有些东西是被决定的'则没有那么大的影响力。尽管存在退相干问题，但一些科学家仍然坚持意识是大脑细胞中量子效应的作用，这样就解释了意识很明显的奇怪之处，即思想和宇宙中的其他东西就是不一样的感觉。

"但是，对于解决我们是否可以自由做出道德选择的问题，量子不确定性起不到多大作用。量子力学所做的无非是把不可预知性和偶然性引入物质世界。一个电子撞击另一个电子之后运动的方向似乎是完全随机的。如果我们把这一知识与我们做出道德决定的能力相结合，很难看出我们的处境能因此得到改善。道德选择就算存在的话，也不是依靠偶然性和随机性运作的。设想一下，当面临着要不要用树枝打你的选择时……"

什么？我刚刚就放空了一会儿，我们怎么又讨论起树枝了？

"有时候靠跟狗聊天来研究哲学，怎么看都是徒劳啊……我想说的是，即使物质世界并非全然确定，而是可能存在偶然性，但这对于我们有多大自由根据褒贬、赏罚来做出理性的道德选择这个问题，也并不能起到多大作用。所以，设想一下，如果我面临要不要用树枝打你这道选择题时，我抛硬币，面朝上的话，我就打你；底朝上的话，我就扔树枝，让你去捡。"

我可不喜欢那样，哥们儿，你知道的。

"好吧，面朝上打你，底朝上给你好吃的。"

这还差不多。前提是你不打我。

"我没打算打你啦。"

我挠了挠我家笨狗的耳后根。

"但问题是,你会把抛硬币的结果看成关乎理性和道德的选择吗?"

当然不会。

"没错。爱因斯坦说过,在道德问题上,上帝不会掷骰子,我们也不会。"

既然这样,我们的问题讨论到哪里了?

"物质世界是被决定的,这个结论具有很高的可能性。而如果不是这样,那科学能提供给我们的就是从必然性的巨轮中解脱出来的机会。我们继续说。即使秉持以上单调(我觉得也可以说是宏大)的观点,把宇宙视作一台巨大的机器,而我们只是这台机器上的小小齿轮,我们能否保有某种形式的自由意志呢?"

我洗耳恭听。

"决定论者往往自视为一心向着科学的现实主义者,致力于打破自由选择华而不实的谬论。但是,以决定论作为对世界运行方式的科学解释,存在一个大问题。让我们回到我是否会用树枝抽你的问题上……"

哈,傻了吧,你已经把树枝扔掉啦。

"那假设我扔的不是树枝,而是一个回旋镖,所以它又飞回来了。现在,如果我要用树枝抽你,决定论者就会说我抽你这一行为是被决定的;如果我不抽你,决定论者又会说我不抽你这一行为也是被决定的。无论发生什么，决定论者都会说这是被决定的。所以，决定论怎么可能被驳倒啊？每个结果都被预测到了，一样不落。我读书时认识一个女孩，她有句口头禅。只要你一张嘴，她就会说：'我就知道你会这么说。'而如果你说：'你知道才怪。'她还会回你：'我就知道你会这么说。'这样的对话会一直持续到你抓狂或上课铃声响起为止。"

这种人好烦啊。

"超烦的。但这种说法和一切都是被决定的一样，某种程度上都是科学的。等讨论到科学哲学的时候，我们再多说说这个话题。"

哦，好呀。

"会很好玩的，不骗你。但如果决定论是科学理论，那它的预测就应当能够被证实或证伪。它应当排除某些结果，将所有可能性缩小到一个。决定论做不到这一点，所以，它不是科学理论。"

所以决定论输啦，耶！

"呃，但它会说，如果我们的知识足够丰富，就能够做出可以证明其科学性的预测，从而为自己开脱。也许某一天，电脑真的能够聪明到准确预测出我们明天午饭吃什么。但是现在，将决定论称为科学理论的说法还不怎么站得住脚。它更像是神学信仰。

"但是,我们坚持对自由的信仰还有其他原因。一些哲学家不太关心物质决定论,他们认为你可以接受科学对原子和夸克的一切解释,但依然可以坚持认为我们是自由的,而且我们的自由是有意义的。有一个专门的术语形容这种思想:**相容论**。"

再多说一些……

"还记得那些我们一致觉得会影响我们自由选择能力的事情吗,比如精神疾病或睡眠?"

怎么可能忘?我在这些例子里被打了!

"我们可以在干扰我们自由做出理性选择的事物清单上再加点儿东西,比如说酒精和消遣性药物。以阻碍我们自由行动能力的程度给它们排个序并不难,接着以影响程度的大小来算出我们所要承担的道德责任。孰先孰后可以讨论,但我觉得顺序基本上就是这样,从责任最小到最大排列:梦游;严重的精神疾病,比如精神分裂;较轻的精神疾病,又如焦虑和抑郁;喝酒。影响我们的事物清单也可以增减——被世界局势误导、采取正当防卫等。我觉得没人会否认这些事情会对我们自由行动的能力以及随之而来的道德责任产生影响。

"这些情况在我们的法律制度中也有反映。梦游和精神失常在刑法中是可以用来辩护的,因为刑事犯罪既要有犯罪行为,也要有犯罪意图。但如果决定论者是对的,那人们所要承担的责任就没有高低之分了:是发疯还是吸毒无关紧要,因为我们同样都是被迫行动。而在我看来，责任有高低是不证自明的，这会让我们坚定地倾向于相信存在不同程度的责任，以及不同程度的自由。"

孟弟摇了摇尾巴。

"我们必须回到文字本身及其表达的意思上来。我们在实际使用'自由意志'一词时，是要说明什么？大多数人自然而然地觉得这个词意味着不存在那些我们讨论过的阻碍，自由意味着不受到明显的限制和约束。如果我们设想一个具体的选择情形，比如说一个人打算从珠宝店偷项链，你知道他的意识是健全的，能够明辨是非，了解当地法律，同时不存在其他限定条件——他的家人没有被扣作人质，附近屋顶上也没人用狙击枪掩护他——在这种情况下，这个人所具备的就是我们所谓的自由。就算有一股更深层次的力量决定我们做出选择，但并不会影响对于我们做什么，以及为什么去做的解释。

"我们每天都要做数以百计的小判断。我们感谢他人，我们会对自私的人轻蔑地发出啧啧声，我们会微笑、点头、挥手，也会无视、指责、回绝。我们这么做是基于对周围人行为和动机的理解。我们会在几微秒的时间内评估某人的过失有多大。有人不小心踩了你一脚。'哎哟。'你叫了起来，对方道歉了，于是你报之以微笑。有人把路虎停在超市的残疾专用停车位上，轻盈地跳出车门，迈着大步走向超市，甚至懒得装出一瘸一拐的样子，于是你暗骂他自私。生而为人，就必须做这些判断。有时候我们会误判，但我们依然还是善于判断的，而且多数时候会判断正确。通过某种方式左右我们选择的决定论，它的含义过于模糊，似乎和我们的日常生活格格不入。命运确实塑造了当下的我们，但也赋予了我们知识和智慧。我可以运用理性的道德准则来做选择，尽管会受到很多事情影响，但我做出选择的那一刻，徘徊于选项之间、决定何去何从的那一瞬间，是绝不能用决定论三下五除二一语带过的。决定论的巨大阴影是如此无所不包，如此含混不清，如此缺乏解释力，因此可以将其排除，不要也罢。"

我低头看了一眼，孟弟已经走到树丛里了。他看起来很疲惫，腿又开始瘸了。

"在休息前，最后再讲个科学小插曲。长期以来，基于进化论的生物学一直在试图理解动物世界中的利他主义，即通过降低自己生存和繁殖机会的方式帮助另一个生物体的行为。随着时间的推移，任何降低生物繁殖机会的事物都应被剔除。但在自然世界中，这样的例子有很多，在群居昆虫中尤其多见，集群中的个体会牺牲自己的生命来保卫巢穴，某一等级的成员会为了蜂后（或蚁后）而完全放弃自身的生育能力。我们在很多哺乳动物和鸟类身上也看到了这种现象。科学家最终发现，动物世界中的利他主义仅存在于某些特定环境中。通常情况下，利他行为之所以发生，是因为该行为的实施者和受益者具有很近的亲缘关系，共享着同样的基因。这一现象在群居昆虫中表现得尤为显著。工蜂豁出性命捍卫蜂巢其实是一种自私的行为,因为巢中的雌蜂拥有与它们相同的基因(从本质上来说,它们是蜂后的复制品)。所以从基因角度来讲,如果牺牲性命对集群的发展有利,那这样的牺牲就是值得的。

"共享基因假说解释了绝大多数(但并非全部)动物的利他行为。而还有一些利他行为发生在同一物种毫不相干的成员之间。在这种情况下,利他行为似乎是一种互惠承诺。一只成功狩猎归来的吸血蝙蝠会把血投喂给另一只无法离开洞穴的与自己毫无亲缘关系的同类,希冀着下回情况反转时对方会还这份情。一些灵长类动物会帮忙抚养非亲属的后代,也是为将来积攒福报。

"这种利他主义有利于生物体所携带的基因,是基因决定了动物的这种行为方式。所以从最严格的意义上讲,利他行为是被决定的。

"当然,以上提到的两种利他行为人类都会做。父母会为了孩子牺牲自己——要是我们碰到家长为了救自己而牺牲孩子的罕见情形,反而会大为震惊。在社交场合,我们会特别关注投桃报李的人际关系。我们会把善待我们的人记在心里,并借机回报。如果这是我们利他主义的全部表现,那对此理性的解释便是:从最极端的意义上来看,这种行为也是被决定的,就好像蜂巢如果受到威胁,蜜蜂别无选择,只能蜇你。

"但在有些情况下,人类牺牲自己的生命以及繁衍后代的机会,并不是为了帮助近亲或得到报答。有人曾让出自己在救生艇上的位置或跳入冰冷的水中,营救与自己毫无亲缘关系的孩子。有军人为了保护战友,扑向手榴弹。神风特攻队飞行员也曾驾驶飞机撞向美国军舰。从进化论的角度来看,以上异常行为可以解释为——人类通常会服从群体压力。那些神风特攻队飞行员同时受到了群体压力的负面(威胁)和正面(许诺的荣耀)的影响。难道这些不是使他们的选择具有决定性的因素吗?其实不是。并非每一个日本飞行员都会系上神风特攻队的白色头带,也并非每一个人都会跳入湖中营救溺水的孩子。但有些人会说,这种类型的利他行为往往发生在关系亲近的群体中,即使我们不是亲人,依然共享着许多相同的基因,所以这会不会是基因自私的一种微弱的表现形式?

"然而,还有一些人类利他行为的例子,哪怕用上面的理论都无法解释。我们很多人都会向慈善机构捐款,帮助那些生活在发展中国家的人,而这些人同我们并没有亲密关系,也不大可能来报答我们。只有人类会做出这种'纯粹'的利他行为,这也是进化论科学家无法解释的。"

我突然间意识到自己在一个人走,于是我回头张望。孟弟在离我十米远的地方精疲力竭地趴在地上,我走回去把他抱了起来。

"我忘了你是个小短腿。不管怎样,酒吧到啦。"

这就是我们的目的地:一家古色古香、墙壁刷得雪白的河畔酒吧。多年以前,我不管是一个人还是和朋友一起,总会进去喝上一杯。这家酒吧刚映入我眼帘,我一下子就意识到,这就是我的目的地。

"进去喝一杯吧。"我说。

再来些薯片。

现在还很早,酒吧外面的桌子有空位。我把孟弟拴好,去前台点了一杯啤酒和一碗水。

点薯片了吗?

"当然啦。"

奶酪洋葱味的?

我们坐了一会儿。八名桨手划着一艘超窄的划艇从我们面前经过。这八名桨手个个身强体壮,头也不回地一个劲往后划。我们是否真的像那艘划艇一样,被看不见的力驱动着,无法控制或决定自己的航线?不对,划艇尾部还坐着个人。那个不需要花力气划船的人,他知道他们要去哪里。

"你觉得呢,孟弟?我的意思是对于我们一直在讨论的自由意志,你怎么看?"

孟弟已经解决了为他准备的半份薯片。他一边舔着沾在嘴上的奶酪洋葱薯片屑,一边思考。

对狗狗来说不一样。我们是行动派。比如对着邮递员叫,对着灯杆撒尿,对着你讨零食吃。我们不会思考,嗯,这么做是对是错?我们要么去做,要么不做。这就是我们比你们人类聪明的原因。你们就像老电影里的那种电脑,你知道吧,有一个房间那么大。你问它一个问题,它的指示灯就开始忽明忽暗地闪烁起来,而且还嗡嗡作响,随后才能得出答案。但我们狗狗是最先进的,无须等待。数据输入,行为输出。

我挠了挠他的下巴。接着他四脚朝天躺下,我胳肢了他的肚子。

直截了当一次性给个答案吧。你们人类,真的自由吗?

"这个嘛,我想到最后再给出答案。我们生活的实质,无穷无尽的选择和判断,我觉得,唯有在我们是自由的前提下,才讲得通。而空泛含糊的一切都是被决定的理论总给人一种失焦的感觉……但是,好吧,我来告诉你我的想法,我的这一想法一半出自理性的哲学信念,另一半出自天真的个人愿望。我认为人类是独一无二的,因为我们完美地处于两极之间。一方面可以将我们想象成纯粹的伦理机器(你可以称之为天使)执行着永远做正确之事的程序。以彻底理性而冰冷的方式做计算。一台康德式机器,拥有纯粹理性,却没有爱。另一方面则是贪婪的野兽——不,你不是,孟弟,你是特例——总是依靠冲动行事,掠食、撕扯、打斗,被无法理解或控制的力所左右。这样的野兽令人憎恶,但也会怀有一些比较怪异的冲动。比如说爱,比如说大可不必的善意和不求回报的怜悯。而我们就处于两极之间。既有着野兽的欲望——想做可怕的事情,有的时候我们也确实做了——同时也受到明辨善恶的天使指引,但光有天使也是很可怕的。天使会为了行善,做出何等可怕的事情啊。啊,不好意思,我们讨论的话题应该是自由才对。野兽和天使都不自由,要么因光而目盲,要么因暗而眼瞎。但在两者之间,存在着小小自由的可能。赫拉克利特说过一句什么话来着?弯弓的平衡。跳水运动员从跳板上一跃而起的那一刻,双脚腾空,全然自由,那一瞬间,他征服了地心引力……"

然后就掉下去了……

我哈哈大笑。"回家吗?"

再来杯啤酒吧。

"好啊,可以。"

第五次漫步
逻辑小·遛圈

这次漫步，我的任务是：向孟弟解释一种名为三段论的逻辑论证方法。

牛奶喝完了。在家里我负责买牛奶，此外还负责关灯，以及人道地处理浴室里的蜘蛛。

"想遛个小弯儿吗？"我问孟弟，"就下楼去趟商店，然后回家。"

当然啦。呃，是单纯走走，还是边走边聊？

"光走不说话太可惜了，聊聊吧。"

好吧，不过请长话短说。

"好的。大部分时间我们都在讨论大问题，但或许这次我们可以把问题打包成小小的一个。我们可以讨论一下三**段论**。"

三段论是……？

"……亚里士多德发明的一种逻辑论证方法。很有用的。"

说来听听。

这个时候我们已经走在街上了。

"那个，三段论由两种命题构成，分别是前提和结论。经典三段论包含一个大前提（通常为一般命题）、一个小前提，以及结论。"

你要不举例子的话，我就像在听天书。

"好啦好啦。我们就举个经典的例子：

人都会死。（大前提）

苏格拉底是人。（小前提）

所以苏格拉底会死。（结论）

"懂吗？"

差不多吧。

"在继续讲下去之前，还得再添些专业术语。"

哦，老天。

"别担心，很简单的啦。'前提'是我们能够通过观察或探究建立起来的东西，它可能是真的，也可能是假的，不过具体我们之后再说。结论可能是有效的，也可能是无效的。有效结论必定是从前提中得出的。无效结论则——"

我来猜猜，并不一定是从前提中得出的？

"你对三段论兴致很高嘛。如果前提都是真的，推导出的结论符合逻辑，那么我们就用'可靠'来形容这样的三段论。举一个可靠三段论的例子：

狗都是哺乳动物。（大前提）

孟弟是狗。（小前提）

孟弟是哺乳动物。（结论）

"如果你承认所有狗都是哺乳动物，而且你也同意孟弟是狗，那么你怎么都逃不开孟弟是哺乳动物的结论。跟得上吗？"

当然，你刚证明了我是哺乳动物。

"你会注意到，大前提和小前提中有一个相同的词项，名为'中项'——刚才那个三段论里的中项是'狗'。而结论则会从大前提和小前提中各取一个词项，并将其结合起来。刚才的例子中，结论从大前提中提取了'哺乳动物'，从小前提中提取了'孟弟'。

"这种类型的三段论看起来会有点儿奇怪且死板，或者说过于正式，仿佛华丽的宫廷舞蹈，而且，无可否认，这种类型的三段论是有局限性的，因为这一整套精密的逻辑机器，其有效性取决于前提的真实性。典型的无用输入，无用输出。因此，三段论所能做的只是帮助把已知的东西组织起来，并从中得出正确的结论。但当它派上用场的时候，的确能发挥作用，它能帮你厘清看似无望的混乱局面。这样，你就会经常发现一些结论并非由前提得出的论点，或前提的真实性得到了认可，而结论虽然有效，却被驳回的情况。不论碰到了以上哪种情况，只要你指出对手的论点不合逻辑，就能赢得辩论。"

真棒。但我得跟你讲，我们狗狗之间，靠逻辑来争辩的不多……

"或许这种思维方式在你想岔了的时候最有用。我们来设想下面的论点：

1. 孟弟是狗。

2. 孟弟会叫。

3. 所有狗都会叫。

"在这种情况下，两个前提都对，但结论却是无效的。1 和 2 中没有任何东西能够让我们总结出所有狗都会叫。这里的错误出在两个前提都是'小'的,即两个都不是一般性陈述,但结论却做了一般性的总结,因此超出了我们依据前提能够推导的范围。

"我们之前说过,三段论的真实性取决于前提的真实性。再来看看下面这个例子:

所有狗都会咬邮递员。(大前提)

孟弟是狗。(小前提)

孟弟会咬邮递员。(结论)

"这一论证并没有成功,因为大前提实际上是错的。并非所有狗都会咬邮递员。因此,哪怕论证是有效的,但因为结论由前提得出,所以结论是假的。

"这就是三段论的全部内容了。还不赖吧?"

我还是不相信在和那只惠比特疯狗争夺南度烤鸡[1]包装纸的时候,我会用上什么三段论。

"以后我们讨论认识论的时候它就会派上用场啦。不管怎样,有时候,在脑子里装上一些之前没有过的新东西是件很棒的事,不是吗?"

街道上熙熙攘攘,都是刚刚放学喜笑颜开的孩子们,以及前来接他们回家却忙着看手机的家长。孟弟以他特有的方式无声而传神地抖了抖身子,作为对我的回答。

我买了瓶酒,买牛奶的事则被抛到了九霄云外。

---

1 起源于南非的烤鸡连锁店。

第六次漫步
形而上学101：鸟粪里白白的东西

在这次和接下来一次漫步的过程中,孟弟和我探讨了形而上学,我们谈了涉及现实本质的问题。这次漫步我们先介绍主题,接着讨论那些最早的哲学家——前苏格拉底派对世界基本组成物质及其排列组合方式的看法。孟弟最终明白了"本体论"的含义。

有时候，漫步是带有目的的。你心里有个终点，有个要去的地方，有件要做的事。而针对这种带有终点导向的行为，有个哲学术语，还记得吧，叫"目的论"。我说过，"目的论"（teleology）一词源于两个希腊词——"telos"和"logos"，telos的意思是终点，logos（逻各斯）的意思是理性。但逻各斯还有一些别的含义，这个词最基本的意思是话语、陈述，或说过的东西。这些都没问题。但到后来，这个词的含义开始扩大，变得难以界定。在我们那位涂满牛粪的朋友赫拉克利特为数不多的著作残篇中，逻各斯被用来表示"我的解释"，或"我对事情为何如此的看法"。再后来，经过引申，就不仅仅指解释了，还指能够用来解释的东西，即人类的理解力和理性。

到了现在，逻各斯可以指代任何东西。

斯多葛派认为，有一个智慧的实体控制并居住在整个自然界，该实体是普遍理性的精神体，也就是逻各斯。基督教给这个理性精神体赋予了人形，称其为基督：太初有道（逻各斯），道与神同在，道就是神。在这里，逻各斯的含义依然被限定为一种易懂的陈述，表明耶稣是三位一体的一部分，他让上帝不可言喻、不可理解的威严能被我们这些理解力有限的人类理解。

呃，你还好吧？

"哦，不好意思。所以呢，有时候漫步是带有目的性的，有时候就——"

就只是漫步而已。

所以孟弟和我漫步不带目的性,除了狗必须得遛是个事实,住公寓的话尤其如此。所谓不带目的性,在这里指的是,就算我们漫步有意图(避免清理餐桌下的那块地板,孟弟着急的时候就会跑到那里解决问题,相当于他的紧急卫生间),也是没有目的地的。我们只是在临近傍晚时分,在西汉普斯特德无聊、潮湿的街道上漫无目的地溜达罢了。

不过,当然啦,对于狗狗来说,街道怎么都不会无聊。他们一上街就特别欢脱,各种各样的气味就像新奥尔良的爵士乐一样此起彼伏、四处飘荡。与其他狗狗的相遇会带来无尽喜悦和焦躁担忧。嗅闻、低吼、亲吻、撕咬、示弱后退、自信前冲、寻欢求乐、半推半就。和出版人派对或新书发布会如出一辙。而遛狗则更为复杂尴尬,狗主人为了分开缠在一起的牵引绳,不得不绕着彼此手舞足蹈,投身于伟大的英式消遣活动:争相道歉。

所以今晚的话题是啥?

"呃……那个,从广义上讲,你可以把哲学的核心内容分成三大主要板块。有的哲学试图告诉我们应该如何生活……"

伦理学。讨论过了。

"还有一类哲学,研究我们是如何知道东西的,研究什么才能算作知识。这类哲学叫认识论,我们以后漫步的时候会谈到。"

那今晚嘞?

"最后一类哲学叫形而上学,但这个类别现在什么都能往里边装,只要不属于其他哲学类别就都算。所以,关于世界上存在什么,关于空间和时间的本质,甚至那些主要属于神学范畴的东西——上帝是否存在这类庞大而含糊的问题,都被归为形而上学。'我为什么在这里,这里有什么见鬼的东西?'形而上学讨论的差不多就是这种问题。

"最初,'形而上学'这个词的含义比较具体,是后世一些哲学家给亚里士多德一系列相关作品起的名字。这个词的字面意思是'在物理学之后',《物理学》是亚里士多德关于自然科学的著作,主要讲述自然界的运动和变化。形而上学既可能指这些作品胜过或超越了亚里士多德关于物理学的著作,也可能只是指读者应该在读完《物理学》之后再读,还可能仅仅指这些著作在书架上的排列位置在《物理学》后面。

"亚里士多德给研究形而上学问题的哲学起的名字是'第一哲学',并将其定义为对'存在本身'的研究。换句话说,研究的主题是存在:世界上存在什么,存在哪类东西。亚里士多德还说,他正研究'不变的东西',这与《物理学》所研究的变化'科学'形成了鲜明对比。他还说他研究的主题是'事物的第一因'。

"存在问题属于形而上学下面的一个子集,该子集现在通常被称为本体论,这个词很犀利的,只要说出口,就能让人觉得你懂得超多。来试试。"

本体论。

"怎么样——有没有觉得自己很聪明?"

孟弟竖了竖耳朵。

说实话,还真有……

"尽管拿本体论(研究存在是什么)和认识论(研究知识是什么)做对比是个复杂且棘手的想法(如果你觉得'存在'这个概念含混不清也无可厚非),但还是颇有用处的。所以,孟弟,你要是问我'晚饭吃什么',这个问题属于本体论范畴。如果我回答'不知道,我回家翻橱柜看看',那这个回答属于认识论范畴。"

再举个例子?

"可以。鸟粪里白白的东西是什么?这是一个本体论问题。你在研究物质的本质。"

我觉得我懂了。

"我如何能发现鸟粪里白白的东西,则是个认识论问题。你问的是知识的本质,而非东西的本质。

"但实际上本体论和认识论是紧密结合在一起的。我们会看到,你认为存在的东西(本体论)决定了你寻找它们(认识论)时所要运用的工具和原则。如果你对认识论有一定的看法——比如说,你认为真理只能运用理性来揭示,或恰恰相反,知识唯有通过感官才能被发现——那就说明应该存在一种关于什么东西正等待我们发现的理论。对吧？"

呃……晚饭吃啥？

"鸟粪。"

啥？！

"啊，不不，抱歉。我一直顺着之前的思路，一下子没转过来。我只是说，我们讨论本体论是从，嗯，鸟粪的问题开始的。具体来说，是从鸟粪中白白的东西是什么开始的。"

我不知道你在说什么。

"那个，有些人看鸟粪，看到的就是鸟粪；有些人看鸟粪，会好奇里面白白的东西是什么。想知道白白的东西是什么就是形而上学的开端。也可能是科学的开端。"

真的假的？

"当然是真的了。世界上有什么，这些东西又是如何组织排列的，我们称之为哲学家的先人们孜孜不倦研究的就是这类问题。"

你继续说……

"哲学，据我们所知，始于公元前六世纪的两座思想重镇。一个是爱奥尼亚，位于地中海沿岸，现在的土耳其境内。从公元前十世纪开始，雅典周边的希腊人就对这个地方进行殖民，建立起米利都、科洛封、以弗所等城邦，这些城邦最终通过商贸富裕起来。而财富创造了一种文化，让一些公民能够有时间和机会停下劳作，观察周围，开始思辨。他们把手伸进地里，接着让尘土从指缝间滑落；他们看着阳光在水面上闪烁；他们望着月亮发问：'所有这些东西到底是由什么构成的？'

"这些最初的猜测之所以被归为哲学，就在于提问者没有人云亦云，将现象产生的原因归结于宗教或超自然——例如，雷电是天神宙斯的夺命兵器，或地震是由于宙斯的兄弟波塞冬发怒了，拿三叉戟锤击地面造成的——他们尝试寻找理性、自然的解释，并且用证据来支撑自己的猜测，或者，如果没有证据的话，就诉诸理性。

"这些所谓的前苏格拉底派（因为他们出现在苏格拉底之前，虽然有些人跟苏格拉底处于同一时代，甚至有几个人还和他见过面）多数都很务实——米利都的泰勒斯是最早出现的一个，他是个精明的政治家、天文学家，潜心研究自然，而且可能（我其实有点儿怀疑）在公元前585年就预测了日食。

"关于泰勒斯，有个精彩的故事。和许多哲学家一样，他忙于思考高深的问题，以致没时间赚钱。世俗的米利都人纷纷取笑他，笑他衣衫褴褛、神情恍惚。他被比作吃不到葡萄就说葡萄酸的那只狐狸。随后，他运用自己的气象学知识，算出橄榄很可能会大丰收，于是他或买或租，把方圆数里内所有橄榄油压榨机都搞到手，并在收获季到来的时候高价卖出，由于橄榄油压榨机都被他垄断,所以他可以随意要价。这个故事的寓意是泰勒斯视金钱如粪土并非因为赚不到,而是因为他更看重哲学。

"但真正吸引我们的并非前苏格拉底派哲学家的实践技能,而是他们构建理论的能力。几乎所有前苏格拉底派哲学家都有着详尽的宇宙观,对宇宙的构造及起源进行了复杂的描述。对于泰勒斯来说,地球就是一块漂浮在无垠水面之上的圆盘。而另一位哲学家阿那克西曼德(前610—前546)则认为,宇宙是一片无限的空间,而地球则位于其中心,形状像一面鼓。上方平坦的鼓皮是大地,人类居住在那里,大地周围环绕着海洋。阿那克西曼德首开先河,提出地球自由飘浮在太空中,从而腾出空间给太阳、星辰,以及其他行星在下方运行。阿那克西曼德对于为什么地球在没有支撑的情况下,不会在太空中'下'坠这个问题的回答,体现了前苏格拉底派哲学家通过思考解决问题的风范。既然宇宙是向各个方向无限延展的,那地球就没有理由会向任何一个方向移动。拿阿那克西曼德的话来说,地球处于'无动于衷'的状态,就像一个挑食的小孩,对豌豆、胡萝卜、炸鱼条视而不见。这可能是**充足理由律**首次在哲学领域出现,所谓充足理由律,指的就是一切事情的发生必有其原因,必是由因所致,而且这些原因可对事情的发生做出充分解释。阿那克西曼德认为,因为地球没有坠落的充足理由,所以就这么飘浮着。

"阿那克西曼德有个名叫阿那克西美尼的追随者。在他看来,地球是一个由浓聚的气体构成的扁平圆盘,如叶子般飘浮在虚空中。对于巴门尼德(生于公元前 515 年)来说,一切实在是一个球体,亘古不变、不生不灭。"

啥?

"是的,没错,巴门尼德和其他前苏格拉底派的哲学家不太一样。别的不说,他并不是爱奥尼亚人。他来自我之前提到的前苏格拉底时期另一个思想重镇,位于意大利和西西里南部的希腊城市。出于某些原因,这里(大希腊[1])的居民相较于他们爱奥尼亚的同胞,较少受到现实的束缚。作为哲学家,巴门尼德首开先例,称我们不能相信感觉对于世界的认识,而应该一开始就依靠理性原则,并一以贯之,不论最后得出的结论有多奇怪都不改初衷。他认为不论结局如何,我们都应坚持理性原则。巴门尼德直接把我们带到了怪胎镇[2]。

"巴门尼德首先指出了在他看来的'存在'(他指所有存在的东西)和'非存在'(嗯,就是所有不存在的东西)之间的核心差异。他认为,因为绝不可能设想出不存在的东西,所以非存在不可能存在。懂了吗?"

呃,多多少少吧……

"如果非存在不存在,那就会出现一些奇怪但不可避免的结

---

[1] 公元前八世纪至前六世纪古代希腊人在意大利半岛南部建立的一系列城邦的总称。
[2] 加拿大喜剧电影名。

果。存在，也就是所有存在的东西，是不可能凭空出现的，因为那就意味着在它们出现之前，存在非存在，而我们刚才已经一致认为非存在不可思议，故而不可能存在。存在也不可能灭亡，理由一样，因为会引出非存在。因此，我们的宇宙是永恒的、不生不灭的。这种无限性不仅体现在时间上，还体现在空间上。要设想出一个有限的世界，就要同时设想出无法想象的东西：世界边缘之外的非存在领域。但怪异之处才刚刚开始。在日常生活中，我们会感受到身边那些互不相关的形状和物体：人、狗、路灯、汽车等。但我们'看到'的这些不同的物体，一定是一种幻觉。"

是吗？

"没错，因为一旦我不再是我，而你开始是你，那就意味着两者中间必然存在一个间隙，在那里，你非你，我非我。存在非存在，然后……"

非存在是不可能存在的！

"说对了！甚至不可能存在不同类型的东西，湿的、干的、重的、轻的，白鸟粪、黑鸟粪，诸如此类。你也可以将它们统称为物质。因为如果存在一种以上的物质，那么当一种物质不再是它自己的时候，就会出现我刚才说过的那种间隙。所以我们的宇宙是永恒的、无限的、不变的，只存在一种东西，一种物质。"

太扯了。

"哈，是吧，而且也不可能存在运动。如果我们动了，那一定意味着你去了没有东西的地方，进入了非存在的领域。因此运动和分离的物体一样，也是幻觉。

"巴门尼德对于'时间和运动体现出多元乃是幻象'的断言中，有一些得到了他的学生芝诺的引申。芝诺原本提出了大约四十个悖论，而流传到今天的已经所剩无几。其中最著名的是阿基里斯和乌龟的悖论：阿基里斯是出了名的飞毛腿，他贸然答应和乌龟赛跑。我觉得他应该明白，如果乌龟要跟你赛跑，其中一定有诈。但可怜又天真的阿基里斯让乌龟在他前方起跑。赛跑开始，他们都向前冲去。在阿基里斯追上乌龟之前，他必须先跑完两者之间距离的一半。而在这段时间里，乌龟已经慢慢往前爬了一些了，所以阿基里斯现在又必须跑完乌龟刚才爬的那段距离的一半。当他跑到时，乌龟又慢慢地往前爬了一段了。于是阿基里斯还得跑完乌龟爬的一半距离，但乌龟又已经往前爬了。他们之间的距离似乎在不断地缩短，但阿基里斯永远追不上乌龟。"

孟弟露出一副难以置信的表情。

"我知道你在想什么。阿基里斯当然会追上乌龟。所有的悖论似乎都经不起常识的推敲，一驳就倒。有一个悖论说，飞矢永远都射不中目标。因为飞矢如果要飞完一半距离，就必先飞完四分之一的距离，要飞完四分之一的距离就要先飞完八分之一的距离，而要飞完八分之一的距离就要先飞完十六分之一的距离。这么细分下去，永远没个尽头。

"我们的老朋友，犬儒学派的第欧根尼就通过默默站起来走出讲堂的方式'驳斥'芝诺。每当我读到这个故事时，眼前总浮现出这个性情乖戾的圣贤撩起裙子，露出毛茸茸的老腚，朝着芝诺摇摆以示轻蔑的样子。但巴门尼德理论体系的关键在于教导你不能依赖'常识'或对现实的感知。只有理性才能够引导我们找到真理，所以我们必须要运用理性和逻辑来解决悖论，而不是拍拍裙子愤然离场就万事大吉了。"

那解决办法是……?

"事实上，哪怕到了现在，这些悖论依然会让人抓耳挠腮。但有两种方法可以解决问题：一个是数学方法，利用微积分，但当时并没有微积分——得再等上两千年，莱布尼茨和牛顿才发明这种数学概念，所以搞不懂也不丢人；还有一个解决方案，不基于数学，而是基于物理学。芝诺的所有悖论都假定运动和时间可以被分割成无数个独立的静态瞬间，就像摄影机里的胶片一样。所以，如果你把电影暂停，一个移动的物体就会被定格在特定的时间、特定的地点。但在现实中，这些静止的时刻并不存在，因为根本就不符合运动的含义：运动的物体一直处于移动到别处的过程中。一旦芝诺设想中的运动的粒状结构被流体结构取代，那无穷倒退的可能性就荡然无存了。但我们讨论巴门尼德和芝诺理论的时候，不需要谈这么多细节，尽管以后还要讲到他们……

"前苏格拉底派哲学家之所以自成一派，是因为他们都渴望用简单的元素来解释事物的存在方式，寻找潜在的原理，或者说第一因，寻找构成所有其他东西的一个或多个东西。所以那些有趣的宇宙观，飘浮在无限空间中的鼓啊，等等，都是通过首先确定最基本的元素是什么，接着以符合逻辑的方式排列它们来构建的。这些人差不多就是这么想的。在泰勒斯看来水是本原：其他一切事物都来自水，无论是坚实的陆地还是稀薄的空气，都是由水构成的。泰勒斯之后，其他所有前苏格拉底派哲学家都加入了这个问题的讨论。阿那克西美尼认为气是本原，稀散成火，浓聚成云、水、石。克塞诺芬尼（约前560—前478）——又一个爱奥尼亚人——认为宇宙自始至终就是一场干与湿之间的史诗大战，两者轮流支配，只有在湿的时代，才可能产生生命。在这场大战中，生命——包括人类的生命——得到了无数次重生。阿那克西曼德则另辟蹊径，认为各种元素都是他称之为'无定'的更大实体的副产品。

"恩培多克勒（约前490—前430）吸收了一些早期思想家的理念，博采众长，构建出了自己的理论，而由于他的理论得到了亚里士多德的采纳和修订，所以对十七世纪现代科学的诞生产生了巨大影响。对于恩培多克勒来说，宇宙由四种元素组成：土、火、气、水，它们被两种永恒的力量——爱和恨——聚拢或拆散。这两种力量将循环往复、永无休止地让这些元素结合、分离。

"前苏格拉底派哲学家除了关于物质世界的理论之外,对神的本性也有着有趣而尖锐的见解。他们总是用拟人的方式来看待希腊诸神……"

呃?

"哦,就是说,赋予非人的东西人类的品质。"

这种做法一听就很奇怪。

"的确如此。但是,当我们谈论神的时候,似乎很难不这么做。所以希腊人将自己的神祇视作非凡的超人,但他们拥有神力的同时也怀带凡人特有的弱点,比如欲望、贪婪、愤怒等。也难怪努力揭示表象背后真理的前苏格拉底派哲学家对那些化身成天鹅勾引少女、因妻子善妒而惧内、为自娱而折磨别人的神祇形象不满意了。泰勒斯构想出一个充满神性的宇宙,或者也可以诠释为:宇宙万物皆为诸神所有。但认为只有动物和植物拥有生命难道不是一个错误吗?磁铁拥有吸铁能力,难道不正说明它是有生命力、有灵魂的吗?克塞诺芬尼声称,世界上只有一个神,一个无形的神。他嘲笑人类总以自己的形象来造神。'要是牛马或狮子拥有双手,能够画画的话,它们也会把神画成自己的样子',这句话就是克塞诺芬尼说的。"

狗狗呢……?

"啊,这个,克塞诺芬尼并没有明确提到狗,但是,狗狗肯定也会啦。我们的朋友恩培多克勒则另辟蹊径,声称他就是神,能治病痛、调风雨,还能逃脱死神的魔爪。"

所以他现在还活着,是吗?

"哈,并没有,我怀疑恩培多克勒就是在装神弄鬼。关于他,有个有趣的故事。他曾声称自己是神,不会死,但随着年老体弱,这个念头就成了他挥之不去的心结。古希腊人非常在意自己死后的名声——正如我们见到的,亚里士多德认为个人的幸福是一个足够宽泛的概念,甚至包含身后之事,要是死后为人耻笑,任谁都不会好受的。所以恩培多克勒要是如同常人一般死去,被发现他的遗体同样也会毫无尊严地腐烂,那他作为神的名誉就会遭到玷污。所以,在感到自己大限将至的时候,他悄悄爬上了附近的埃特纳火山,纵身从火山口跳了下去,希望自己的凭空消失能够证明自己的神性。不幸的是,恩培多克勒的一只铜底凉鞋被发现了,要么是火山熔岩回流所致,要么是它被斯文地脱在了火山口上,就像你脱下沾满泥的鞋子后进门一样。对于恩培多克勒的死,还有一个不那么尖酸刻薄的解读,即他跳火山是为了证明自己对轮回的信仰。'我一定会回来的。'他大喊着纵身跃入火红的深渊。"

孟弟转过头来,又给了我一个难以置信的表情。似乎在说:*对那些生活在很久以前的人,你了解得可真不少。*

"说得不错。虽然我自信满满地阐述了这些思想家的观点,但实际上,我们只掌握了他们大多数人支离破碎的二手知识。巴门尼德除外,他的大作《论自然》中大部分章节都保存了下来。还有恩培多克勒,他的两首长诗 [《净化论》(*Purifications*)和与前者同名的《论自然》] 中数百行内容都留存至今。我们对他们的了解主要来自后世哲学家们的引用:或争辩,或支持,或反对。这些后世哲学家中最为重要的人物当属亚里士多德,他引用前人的话的主要目的是指出他们的错误。"

听起来他们大多数时候都是错的……

"我们不应低估前苏格拉底派哲学家的激进思想,或者说低估他们尝试理解物理世界的重要性。他们的方法是通过分析来理解,从严格意义上来说,就是将某样复杂的东西拆分成构成它的要素,接着将这些要素结合或转化,使其变成我们所熟悉的周遭事物。在很多方面,他们取得了惊人的成就。他们并不接受前人或大多数同时代人对世界的描述,他们自己去看、去想、去推理,尝试得出比只说'这都是神的行为'更好的答案。你可以说,他们所做的一切更接近科学而非哲学。这既是他们的胜利也是他们的悲剧。因为没有人相信他们迷人而怪异的宇宙观:悬在空中的鼓、漂在水上的圆盘等。尽管芝诺悖论至今让聪明人抓耳挠腮,但没有一个研究运动科学的人会认为可以利用乌龟领先于阿基里斯的方法来让运动员有更好的表现。科学在进步,旧的理论被甩到了后面,而哲学从来不会这样。在哲学中,旧的理论从不会被彻底推翻。答案或许不能令人满意,但问题弥久常新。"

这是件好事吗?

"你是指哲学问题似乎没有确切答案这件事吗?不,我不觉得这是件好事,但或许也不全然是件坏事。别对我翻白眼,你这只老家伙。在哲学领域,或许就不存在那些能够用一个直截了当的答案来解决的问题。对于那些能够基于事实来回答的问题,比如宇宙的本质,嗯,人们都给出了答案。现代物理学几乎把我们需要知道的一切都告诉我们了,现代天文学家知道宇宙的形状、起源及其可能终结的方式。

"现代科学之所以成为可能,是因为凭借了数学的力量,而数学曾经就是哲学的一个分支。毕达哥拉斯(约前570—前500/490)是前苏格拉底派哲学家中最神秘的一位,他之所以至今被人们所铭记,主要靠的是他的数学理论,而不是灵魂转世说或吃豆子毒害身心的说法。柏拉图就深受毕达哥拉斯的影响,在他的哲学学校,也就是他的学园门口,刻着'不知几何,莫入我门'一行字。笛卡尔和莱布尼茨也都是杰出的数学家。

"所以,或许可以把哲学比作一家疯人院:我们接纳所有疯子,为他们提供居所,而他们一旦不疯了,就都离我们而去。我们并没有因为治愈了那么多人而获得赞誉,因为那些被我们治愈的人都纷纷进入社会,追名逐利去了。"

孟弟什么也没说,但我能觉察出在听到我的这句论断时,他的轻蔑。

于是我想起了前苏格拉底学派中的另一位哲学家。

"我们讨论过很多看似科学的理论，这些理论如今都成了思想史上的奇珍异宝。而其中有一个理论日久弥新。同样来自爱奥尼亚的德谟克利特（约前460—前370）与那些大希腊地区的哲学家不同，没他们那么天马行空，显得更为脚踏实地。他继承了老师留基波的思想，提出物质是由在虚空中运动的小而不可见的粒子组成的。我们周遭的万事万物是由这些原子构成的。你可以想象自己手持解剖刀把物质切开，一直切到任凭刀刃多么锋利都没办法再切的时候，所得到的东西就是原子。原子无法分割、坚不可摧、永恒不灭。原子有不同的形状，这些形状决定了它们所构成的物质的特性。重而密的金属，比如铁和金，就是由紧密结合在一起的原子构成的。与之相对，水的原子是润滑的，它们松散地结合在一起。而火和灵魂则都是由活跃的、球形的原子构成的。

"德谟克利特是一个唯物论者，意思就是说，在他看来，世上只存在原子以及可供其移动的虚空。在他构建的宇宙中，不存在奇奇怪怪的非物质，不存在天国，也不存在诸神。事实上，并非神创造了人，而是人创造了神这句话，就是德谟克利特的原创。

"尽管德谟克利特的理论从某种程度上看起来非常现代，从科学角度来看，他对现实的描述也更为准确，但从现代意义上说，德谟克利特的理论其实并不是科学理论。德谟克利特既没有进行实验，也没有对自己的假设进行充分验证。他只是看着世界，继而进行思辨。

"他的论点大约是这样的：我们身边的所有东西都会衰败——生物会死亡，岩石会崩裂，水会蒸发，木头会腐烂。但活着的生物、岩石、水、木头也一直存在着。这一定是因为构成它们的终极物质一直存续着。随着时间的推移，这些终极物质会重组，重新创造出新的事物。德谟克利特想象中的宇宙中充满了我们这样的世界，这些世界被不断地摧毁、再生，周而复始。

"如果德谟克利特的理论在古典思想之战中胜出，很可能会催生出类似现代科学的东西。但它失败了。牛顿出现前，恩培多克勒的宇宙观一直是标准宇宙模型：宇宙由火、水、土、气四种元素组成，不存在虚空——哪怕外太空也充斥着'以太'。

"恩培多克勒的宇宙观之所以长盛不衰，离不开亚里士多德的支持。亚里士多德关于物理学的著作（呔，他的作品几乎涵盖所有领域）塑造了古典和中世纪人们对自身的看法。在天赋和影响力方面能与亚里士多德匹敌的只有一个人——现在该是讨论柏拉图的时候了。"

现在该是讨论晚饭的时候了。

啊，我在小道上逛得太久了。街灯和车灯都亮了，为世界铺上了一层错综复杂的光影。第一批回家的上班族沿着人行道快步走着。现在没时间探讨哲学了。

"好啦,老弟,回家吧。"

回家吃晚饭。

"对,回家吃晚饭。"

不过,还有一件事……

"啥?"

鸟粪里白白的东西到底是什么呀?

"啊,嗯,也是鸟粪。"

第七次漫步
把让孟弟生无可恋的型相和共相问题聊完

这次漫步，孟弟和我再次就形而上学展开了探讨，讨论的主题是柏拉图的型相论以及与之相关的"共相问题"；换句话说，狗的一般理念和狗的个体之间存在什么关系？一般理念真实存在吗？还是只不过是句漂亮话罢了？此外，我们还谈到了海鸥。

即使在年轻力壮的时候,孟弟对一天中的最后一次漫步也从未表现出多大兴趣,在冬天的时候尤其如此。这些天,他对被我拖到寒冷的屋外表示愤愤不平。我像往常一样兴致高昂地喊道:"遛弯儿啦!"但我听不到他急切小跑时爪子敲击地板的声音,一片死寂,我不得不去窝里逮他。我发现他睡眼惺忪地躺在我们的床上,他把我的睡衣拱成了一个窝,在旁边陪着他的还有他的玩具小羊和他最爱的磨牙玩具(牙线盒)。我提醒自己要记得去买点儿牙线,虽然我知道自己可能会忘掉,并且只有当剔牙的时候发现牙线上一股孟弟的口臭味儿才会想起来。

"来吧,老弟,"我说,"我们形而上学还没聊完呢。"

他生无可恋地看了我一眼,表示只有虐待狂才会在这种鬼天气里拖他出去。

我们走到拐角处的草坪上,现在这里漆黑一片,杳无人烟。之前夏天的时候,流浪汉会把纸板箱压扁当床,睡在树下。但现在只有我俩,我坐在一条长凳上,沐浴在近旁街边霓虹灯投下的朦胧光晕中,这时孟弟一边嗅着无精打采的树,一边漫无目的地撒尿。过了一会儿他走到我跟前,把前爪搭到我的膝盖上。

"上来。"我说,盼着他能自己跳上来。但孟弟眼巴巴地看着我,黑黑的眼珠映射着街灯,于是,我把他抱到腿上。寒夜中,他暖暖地依偎着我。

"舒服吗?"

他叹了口气，继续往我身上拱，钻进我的外套。

"我们已经了解到前苏格拉底派是如何尝试着通过把世界分解成构成它的元素或成分，然后构建出各种复杂的宇宙观来解释我们在宇宙中的位置。有些观点很有趣，有些则很疯狂。而能够作为长盛不衰的哲学传统流传下来的寥寥无几。之前漫步时，我们也提到了柏拉图，还有他的老师苏格拉底。在讨论伦理学时，我们了解到柏拉图提出了一个善的实体，它存在于我们世界之外的神秘领域。柏拉图认为，我们的任何行为，只有在分有了这个实体（善的型相）的时候才是善的。当时我们得出来的结论是，在帮助我们决定如何做合乎伦理之事的方面，该理论并不是很有用，现在我们就来检验一下柏拉图的伦理思想中适用范围更为广泛的理论。

"我们还将讨论一个相关的问题——事实上，柏拉图的型相论就是试图解决这个问题的……"

那问题是……？

"狗。"

什么？

"狗的问题就是，你们的体形大小各异。没有其他动物能像你们一样表现出如此丰富的形态。如果有外星人的话，他绝不会仅凭外表就将你们这些形象各异的四足动物归为同一物种。只能凭借你们的基因序列，以及在我看来，还得加上你们喜欢往彼此身上爬的特点来将你们……"

好尴尬。

"……归为同一物种。那么问题来了,是什么使狗成为狗的呢?"

啊?

"我的意思是,为什么我们决定把你们归到同一族群里,叫你们狗,然后把狐狸、猫等动物归为其他物种?"

很明显嘛。狗就是狗。和我一样的都是狗。

孟弟短促地叫了一声,不知是在回应我,还是因为嗅到了埋伏着的狐狸的气味。

"回答得不错。我来把你的回答换一种说法。你对狗的定义就是:一种会嗷嗷叫的四足动物。第一次能回答成这样已经非常不错了。但这里我们要动用一些古老的辩证法。如果苏格拉底在这里,穿着凉鞋,裹着长袍走来走去,他就会举出一些不会嗷嗷叫的狗的例子,从而证明你给出的条件并非必要,他还会列举一些不是狗,但会嗷嗷叫的四足动物,比如说海狮,从而证明你给出的条件并非充分。

"现在似乎应该稍稍转移一下话题,先来谈谈必要条件和充分条件,因为它们常常比你想象中更加有用,不仅仅在哲学上,在日常生活中也是如此。我们这就把注意力集中到嗷嗷叫的狗身上。

"狗之为狗,一定具备某些真实的属性。比如,狗一定是哺乳动物。和近亲豺、狐一样,狗一定归于犬属犬科。你可能还想说,狗一定(或至少曾经)是活的,狗是存在的。这些属性是狗之为狗的必要条件。离开了这些条件,无论我们面对的是什么,都不能断定它是狗。

"但在这些条件中,没有一个是充分条件。我指的是,这些条件中没有一个足以凭借其自身来证明我们面前的东西一定是狗。有些活着的东西不是狗。有些哺乳动物不是狗。犬科中有些成员也不是狗。

"现在我在思考的是,我不确定除了用重言式来对狗作基因学方面的精确界定之外,是否还有任何单一的充分条件能够证明一个东西是狗。"

停!重言式……?

"重言指的就是你用不同的话把一件事情重复说两次。这可能听起来有些累赘,有点儿蠢,就像美国总统说'我们必须聚在一起、团结起来'一样,但重言式也可能是有用的,这种方式能够帮我们揭示出半隐半现的真相,或澄清一部分定义。如果我说人总是要死的,那这句话就是一句重言,因为死亡是人的定义中的一部分,但这句话仍不失提醒之用。"

谢啦,现在懂了。

"回到会嗷嗷叫的狗这个例子。假设狗是唯一会嗷嗷叫的动物。在这种情况下，嗷嗷叫将成为一个充分条件，并且我们能凭借此得出结论：孟弟是狗。或许我们应该把狗的问题放一放，先把什么是充分条件弄清楚。一个数字能够被 10 整除是能被 2 整除的充分条件。好吧，这么说有点儿枯燥。换个说法，利兹市属于约克郡。所以，在利兹市出生的人是成为一个约克人的充分条件（但在这种情况下，出生在利兹并非成为约克人的必要条件，因为约克是比利兹范围更大的实体，如果你出生在布拉德福德或者，希望这么说别遭人骂，谢菲尔德，那你也是个约克人）。

"我们说到哪儿啦？哦，对了，我们在谈论'狗'的抽象理念。'狗'这个词是否存在一种含义，这种含义能适用于一般意义上的狗，而非仅仅适用于某种特定的狗（比如西施和拉布拉多）？如果有的话，它必定和具体的、特定的狗的特质有很大的不同。因为这种含义可以同时适用于不同地方的狗——既适用于伦敦的狗，也适用于北京的狗。然而，尽管能在不同地方适用，这种含义依然是一，而不是多。由此看来，这种含义挺神秘的，是吧？"

孟弟似乎表示赞同。

"孟弟，作为狗的个体，你具备了某些品质，比如你又帅又勇敢……"

没必要挖苦我。

"而我们在汉普斯特德荒野公园遇到的那只罗威纳，则具备着不同品质……"

又大又丑，蠢得不行，一身臭味。

"还有草坪上那只贵宾犬……"

那只贵宾啊，她就喜欢闻自己的尿味。

"说得没错。不同的个体千千万，带着几乎无穷无尽的属性。但是，是否有一种'狗性'能够涵盖所有狗呢？如果存在这种狗的普遍型相或理念，会是什么样子的呢？该去哪里寻找呢？这种狗的理念和真正的狗之间的关系是什么呢？"

我不知道，但我觉得你会告诉我。

"我尽量。但这是另一个哲学问题，这个问题差不多从哲学萌芽的那一刻开始就困扰着哲学家们，直到现在仍是如此。它被称为共相问题。我能告诉你哲学家们给出了哪些解决方案，并挑出其中最好的，尽管所有的解决方案都算不上尽善尽美。不过，这次漫步时间会因此被拉得很长……"

孟弟并没有反对，所以我开始了。

"正如我们所见，在早期对话录中，当苏格拉底的辩论对手试图定义某些关键概念（比如勇气、德行、美等）时，苏格拉底都会让他们陷入困境。只要有人试图给所谈到的品质找出涵盖一切事例的普遍联系和定义时，无穷无尽的复杂和矛盾便出现了，于是我们不幸的知识追寻者只好认输打道回府。我们寻求的是一样东西，找到的却总是一堆东西。

"针对我们在试图定义这些一般性术语时陷入的窘境,柏拉图的回答是我们找错地方了。只顾盯着周围混乱的世界将会使我们一事无成。事实上,世界的混乱是一条线索,表明在我们世界之外,存在某种'更善''更真'的东西。柏拉图对于另一个世界及其与我们世界的关系最为著名的描述是洞穴的比喻,见载于《理想国》。在这个比喻中,他说人类就好像是被锁在洞穴里的囚犯,面朝墙壁,洞外燃烧着一团火。洞外有人拿着各种东西从火前经过,转瞬即逝、扭曲变形的影子便投射到了墙上,而我们只能看着眼前忽隐忽现的影像大惑不解。

"我们凭借感官所理解的周围事物就是这样的影子,是真实实在的复制品,而实在则隐藏在我们无法企及的地方。这种更高层次的实在(洞穴外经过的事物)是由真正的实体构成的,也就是型相,也可称为理念。这些型相并非我们头脑中的简单想法,而是一种实在,是真实存在于外界的。它们是不变且永恒的,也是完美的。只有通过了解型相,我们才能获得真正的知识和智慧,才能获得善。"

我看着孟弟,孟弟也回头看我。我觉得自己还得再加把劲,才能把柏拉图的型相论讲活。

"在《斐多篇》中,苏格拉底让我们想象有三根树枝。"

你怎么三句话不离树枝啊。

"别打岔,我接下来讲的很重要,而且树枝出现在哲学领域最为重要的论点中本身就是一件很酷的事。所以，你在想象三根树枝吗？"

再提供一点儿树枝的细节，这样我才想象得出来。

"两根有这么长，另一根还要长一些。"

明白了。

"现在，想象一下两根树枝一样长。我们可以说它们长度相等，或换句话说，它们具有等长的性质，正如它们都是木质的，都是棕色的，都是从一棵树上掉下来的。我会在这里使用一些术语，但这些术语都不太难，而且以后可能还会有用。在哲学中——特别是在逻辑学中——我们用'谓词'来表示你对于某事的说法。在句子中，既有主词也有谓词。举个例子，在'孟弟是白的'这个句子中，你，孟弟，是主词，'白的'是我们对于你的说法，也就是谓词。回到树枝这个问题上来，木质的、棕色的、等长（还有其他许多词）都属于对树枝的说法，对不对？"

应该是吧，起码那两根是等长的……

"很好。但是现在，你应该已经想到了，如果我们把这两根等长的树枝和更长的那根相比的话，它们就是不等长的。所以，不等长这个谓词和等长这个谓词一样适用于它们。那这就很奇怪了，为何一个东西既可以这样，又可以那样，而且这两个属性是截然相反的？柏拉图对热也提出了相似的观点：某物可能相对于一个物体来说是热的，而对于另一个物体来说是冷的。所以，热并不是一个简单的谓词,而是深陷在了一个复杂的关系网中。

"再回到我们大致等长的树枝上来。如果我们精确地测量它们的长度,就会发现它们其实并不完全等长。一根可能长 22 厘米,而另一根长 21.5 厘米。其他我们认为相等的物体,比如我们觉得完全一样长的直尺或卷尺,一旦我们使用更为精确的测量工具来测量它们时,就会发现它们的长度也并非完全相等,而是存在一些细微的差异。

"孟弟,在我们四周,有许多几何形状存在。你注意到了吗?这里的房子的屋檐构成了三角形,而窗户则构成了各式各样的矩形或正方形。"

孟弟快速地扫视四周,没有发表异议。

"尽管我们把它们看作三角形或正方形等图形,但如果我们测量一下,就会发现一些偏差。角的大小就可能有点儿不对。所以实际情况和我们以为的样子是有出入的。

"然后许多问题就出现了。第一个问题就是,既然所有事物并不是完全相等的,或并不完全是三角形的,那我们起初为何会认为它们是三角形或相等呢?事实上,我们从未接触过真正的三角形或相等的东西。但我们脑中存在着完美三角形的理念,而不仅仅是粗略三角形的理念。这么看起来,我们很有可能只是将脑中完美的三角形、正方形或相等之物的理念与所有这些近似物进行对比,从而将它们识别为三角形、正方形或相等之物。如果我们确实拥有完美三角形的理念,那这个理念又是从何而来?毕竟我们周围的世界极度缺乏完美的东西。"

不晓得。孟弟说,或者我觉得他说了。

"柏拉图的对话录中还有一个故事:《美诺篇》里的一个角色——嗯,其实就是美诺——他向苏格拉底提出了一条悖论:我想要知道什么是狮子,如果我对狮子一无所知,那在我满世界找狮子的过程中,就算遇到了狮子,我如何知道自己遇到的就是狮子呢?"

因为想要找到狮子的话,我必须首先知道狮子是什么。就是这么简单。

"那反过来说,如果你已经知道了问题的答案,那为什么还要问呢?如果你不知道答案,就算正确答案摆在你面前,你也会视而不见。

"柏拉图用型相论回答了这个以及另一个与之相关的问题,即我们是如何了解事物的,以及更为具体的,我们是如何定义通用术语的。我们之所以认为某样东西是美丽的、大的、相等的,或三角形的,是因为我们事先已经具备了这些事物完美型相的知识,所以我们才能认出面前的这些影子。"

就如同我们讨论伦理学时候说到的善的型相?

"没错。"

所以说,这些型相,如果我们在这里,它们在那里,不管它

们在哪里，我们这里只有它们投射的影像之类的东西，那我们如何知道它们是什么呢？

"问得好。柏拉图对此的回答，老实说，我觉得是哲学史上最尴尬的回答。"

你说什么？

"是真的。老实说，我认为作为一个有理智的人竟然说出这样的论点实在是愚不可及。这个论点和柏拉图的另一个执念有关，即认为我们的灵魂和型相一样，是永恒的。他和许多信教的人一样，相信灵魂在我们生前就有了，死后也是不灭的。苏格拉底如此乐观地饮下毒酒，多少也是基于这个原因——皮囊会逝去，而他的核心（真正的苏格拉底）则会安然无恙。

"但要怎么证明呢？

"很简单。苏格拉底在《斐多篇》中所做的便是对一个未受过教育的童奴提出了深奥的数学概念。经过一番循循善诱，最终苏格拉底成功地让这个可怜的少年构建出了一些复杂的理论，这些理论是在智力贫乏的世俗世界中根本学不到的。苏格拉底声称，之所以能够如此，唯一的可能便是少年在出生前就已经学了这些数学原理。曾经，他的灵魂接触到了型相，尽管我们在出生时，生前的记忆消失了，但仍然留存着关于型相的知识。这便是他对美诺悖论的回答。我们之所以能够找到狮子，是因为我们，或者更确切地说，我们的灵魂在我们出生于这个充满冲突和混乱的世界之前,就已经遇到了狮子的型相。"

你是对的。这回答烂透了。

"对吧?柏拉图通过创造一个文学人物,再让他说几句话,就'证明'了某样东西的存在。这就好像我通过描述你如何靠后腿站立,歌唱《今夜无人入睡》来证明狗能演唱歌剧一样。"

太蠢了。这首歌是给男高音唱的,你知道我是男中音。

"所以柏拉图提出了一个难以服人的论点来为一个怪命题辩护,这个命题就是抽象观念在另一个世界真实存在,而我们对世界的理解是建立在我们先前接触过那些实体的基础之上。

"但我们暂且先别把柏拉图的型相论淘汰出局,这个理论中的某些内容似乎确实能够解决真难题。完美三角形或完全等同的观念并不存在于我们周围,但我们又是如何获得这些观念的,就是个实打实的难题。不论参与什么形式的数学研究,都必须熟练掌握完美的概念、圆形、三角形、正方形等。甚至数字本身也是以理想化实体的形式存在的。数字'3'似乎与世界上所有具有'3的性质'的实例是分离的。就算我们的世界被太阳吞噬,宇宙最终也分崩离析,具有永恒性和纯洁性的数字还会依然存在。如果'3'能以这么完美的方式存在,那么美、爱、正义等理念为什么就不能呢?

"但到目前为止,对于型相是什么以及它是如何与我们周围的物理世界联系起来的,我们只有一个比较模糊的概念。必须一提的是，柏拉图在对话录中零星播撒了有关他的意图的线索，但从来没把事情说明白。对于这一点，或许我们最好从他的对话录《巴门尼德篇》开始谈。在这篇对话中，少年苏格拉底和老巴门尼德讨论了型相论的早期版本。巴门尼德不厌其烦地指出了型相论的各种问题和矛盾。"

以其人之道还治其人之身！

"确实。而事实是，这反而展现了柏拉图的厉害之处，他能够对自己的理论展开强有力的批判。在整个哲学史上，这样的事并不多见。"

看来你对柏拉图的态度有所好转哦！

"我得把一碗水端平……不管怎样，巴门尼德从三个方面进行了驳斥。他首先试图让苏格拉底说出到底什么样的东西是有型相的。苏格拉底说：统一性、正义、美。很好。那更普通一些的东西呢？比如人？人有型相吗？火呢？"

狗狗有型相吗？

"对话录中没有提到哦，但是，你说得没错，苏格拉底也必须回答这个问题。而对于上一个问题，苏格拉底并没有给出肯定的答案。在其他对话中，型相的理念被扩大到包括一些相对平凡的事物，如床和椅子，但《巴门尼德篇》中少年苏格拉底的思想还没有发展到这一步。那更卑微的东西呢？比如尘土和毛发，它们有型相吗？苏格拉底回答道：绝对没有。巴门尼德笑了，觉得苏格拉底过于大惊小怪。如果型相是赋予特定实例以意义的通项,那较大群体中的所有个体,是否都必须有一个型相?

"此外,巴门尼德还提出了一些更重要的批判。根据型相理论,型相存在于永恒的领域中。而在我们的现实生活中,看到的都是它们投射的影像。那么,影像和型相是如何联系起来的?是什么把善的型相同雅典城中的善行结合起来的?巴门尼德以'大'为例。有众多大的事物在我们身边,高山、大象、海洋等。如果这些大东西的'大性'能用大的型相来解释的话,那又意味着什么呢?'大'中的一小部分是否以某种方式存在于世界上的大东西之中呢?如果是的话,那'大'的一小部分是如何把大东西变大的呢?或者说,'大'是否就像一张巨帆,盖在所有大东西上面?这些说法似乎都没有什么说服力。我们只剩下了一个不尽如人意的解释,即'大'的个体实例以某种方式'分有'大的型相,或者说它们'摹仿'大的型相。

"但是,对于一种没有物质形态的东西来说,用'摹仿'这个词有些奇怪。我发现用色彩理念来替代柏拉图的一些含混不清的例子还挺有用的。柏拉图说:世界上所有蓝的实例都是蓝的,因为它们与蓝的型相有共通之处。

"但就在那时,巴门尼德提出了一个论点,这个论点给了型相论致命一击。这是哲学领域最伟大的论点之一,我们不得不详细讨论一下,不过当你理解它之后就会觉得很简单了。"

请开始你的发言。

"这个论点被称为**第三人论证**,因为当亚里士多德解释这个论点的时候,他拿人的型相举例。在《巴门尼德篇》中,柏拉图用了'大'的例子,但我还是想用蓝的型相举例。假设我已经列出了一系列蓝的东西:海洋、天空、蓝宝石项链、我心爱之人的瞳孔、翠鸟的双翼,斯蒂尔顿奶酪上的一排蓝色霉斑等。按照型相理论,这些东西之所以是蓝的,是因为它们分有或摹仿蓝的型相中的蓝性。明白了吗?"

孟弟哼了一下,表示同意。

"现在,由于它们摹仿了蓝的型相,我们便有了这组蓝的东西,而且我们还有了蓝的型相,但我们如何知道蓝的型相也与这组蓝的东西相似呢?这是由于,既然蓝的东西能够组合在一起,那么同理,我们用最初的蓝的型相和所有蓝的东西必然能够组合出第二个更大的蓝的型相。跟得上我的节奏吗?"

孟弟看着我,没有明确表示他跟不上。

"我们现在有最初的蓝的型相,加上一组蓝的东西,此外还有第二种蓝的型相。它们一定彼此类似,是吧?如果它们彼此类似,那就一定和另一种——第三种蓝的型相有关。没错,这就会没完没了,变成型相的无穷倒退。跟得上吗?"

老实说,我不知道自己懂没懂。你再努力一把?说一些狗狗听得懂的?

"好吧。比如说,我们有一堆美味的骨头。我们知道它们是骨头,因为我们有骨头的图片,图片上画着一根在动画片里会被狗狗吃掉的那种骨头。那是一根完美的、柏拉图式的骨头。我们依据这张图判断各种可能是骨头的东西是否真的是骨头。现在,我们手头有一组通过测试的骨头,加上一张骨头的图片。我们是怎么知道骨头和骨头图类似的?为什么?因为我们会有另一张表明骨头和骨头图类似的图片。我们又是如何知道最初的那些骨头、第一张骨头图以及第二张骨头图是一类的?因为我们又制作了一幅骨头图。"

孟弟摇摇头说:太扯了。

"嗯,没错,是很扯。而对于这个论点,柏拉图自始至终没有做出很好的解答。只要你说蓝的东西之所以是蓝的,是因为它们摹仿了一个更大的实体,也就是蓝的型相,那么你便会陷入无穷倒退。在这次对话中,苏格拉底对这个问题有解答吗?并没有。除了巴门尼德最终总结说苏格拉底思考的方向是对的,照这样下去,终将化解他所有的反驳。"

你觉得呢?

"嗯……如你所见,到目前为止,对于大多数这些辩论,要我说出肯定意见我都会有些迟疑。但我可以毫不含糊地告诉你,我认为柏拉图的型相论是无稽之谈。但这无稽之谈仍会在历史上持续很久。柏拉图死后数百年间,型相论不再流行,其他哲学流派先后登上了雅典，继而是罗马的舞台中央。但这一理论又在普罗提诺（204/205—270）和新柏拉图主义者的推动下卷土重来了，新柏拉图主义在基督教思想的形成中起着重要作用。完美型相居于另一个存在层面的理念与早期教会神父的观点一拍即合，上帝与善的终极型相联系到了一起。尽管新柏拉图主义不得不与亚里士多德的思想进行较量，但始终是文艺复兴哲学中一支关键的暗流，在许多旷世巨著中都能找到它的身影。不论在约翰·邓恩还是莎士比亚的作品中，都能找到型相论的迹象。其实，但凡把单调乏味的现世与（被认为更真实的）高阶存在进行对比，就是型相论。然而，哈，型相论就是胡说八道，根本无助于让我们理解世界的真实本质。"

天啊。那接下来呢？

"顺便提一下，因为我们的对话已经涉及许多内容了……我们仍然在尝试理解通用术语的含义，如'狗''三角形'等。柏拉图表现得很好，但失败了。继柏拉图之后……"

我猜是亚里士多德？

"你已经找到门道了！我们继续，根据柏拉图的理论，我们只能理解某样东西的个例，事实上，我们只能认识它们是哪一类东西，因为我们已经有了这种东西的抽象理念。我有一张完美骨头的图片，每当我觉得手头的东西可能是骨头的时候，我就拿出图片来对照，如果和图片上的很像，那我手头的东西就是骨头。

对于共相的问题,亚里士多德的回答是:没错,的确存在共相,或者说通用理念这种东西,只不过我们会通过截然不同的手段得到它,它的存在方式也全然不同。"

真的啊,说说看。

"梵蒂冈有一幅拉斐尔创作的著名壁画——《雅典学院》,画上描绘了一幅充满学术辩论乐趣的场景。许多古代大哲学家齐聚于此,有几个我们之前已经碰到过了——巴门尼德、赫拉克利特、伊壁鸠鲁、苏格拉底——都在那里谈笑风生。这样的哲学派对你一定想置身其中,尽管这场派对中没几位女士(我找到了一个:哲学界伟大的女性、非基督教的殉道者——希帕蒂娅,她于公元415年被一名基督教暴徒用锐利的蚌壳肢解而亡),也无美酒奉上。

"画的中心是两位正在深入交谈的人物。其中一位是柏拉图,他手指朝上,指着他天上的型相领域。他说:朝上看,真理就居于此。另外一位是亚里士多德,他向下摊开手掌。真理不在天上,而在地上。这个画面对两位哲学家截然不同的形而上学观点做出了精彩总结。

"亚里士多德是所有古人中思想最为现代的一个。他的兴趣极广,他的著作不仅涉及生物学、地质学、物理学、天文学等领域,还涉及逻辑学、形而上学、伦理学等较为传统的哲学领域。他的研究方法总是从收集感觉证据出发,对于他来说,所有知识都源于我们能够见到的东西。在收集完感觉的原始数据后,我们就能运用逻辑和理性来构建规律、推而广之了。

"不出所料,亚里士多德寻找的就是我们能够在世界中感知的通用概念的起源。首先,他将共相定义成能够适用于许多主词的谓词。(还记得这些概念吗?)所以,孟弟,我们有许多可以描述你的词,有一些是具体的,并且只适用于你:你的名字、精确的体形和体重,以及你的专属气味。这些东西让你成为你。但还有一些谓词不仅适用于你,还适用于许多事物。比如说,白色、狗等。这些都是共相。柏拉图说,这些共相在世上任何物体之外,有着与之分离的真实存在。这个观点有时被称为'极端实在论',但在我看来,这种观点极端脱离实际。亚里士多德的观点是:'白性'和'狗性'都是真实的东西,但它们只有在与事物结合时才存在。所以我们的确可以在谈论'狗'的时候,把狗定义为一种具备某些特质(狗的属性)的四足动物,但狗的属性只存在于真实的狗的个体身上。蓝色也同理可证,蓝是真实的东西,但我们不应该认为它存在于柏拉图型相论中的特殊领域中,蓝只存在于蓝天、蓝色的海洋、蓝眼睛中。此外,我们讨论的狗、三角形或蓝的共相,都是从显现出这些品质的真实物体中抽取出来的。"

听起来也不是没有道理。

"在柏拉图的理论中,我们之所以能认识自己周围不完美的三角形,是因为它与我们生前灵魂记忆中的完美三角形相似。而在亚里士多德的学说中,我们通过观察不完美的三角形,受其引导,从而理解并认识了理想的完美三角形。

"亚里士多德的观点被称为'硬实在论',而且从古典世界直至中世纪,一直是最广为接受的概念。

"让我们先回顾一下历史。我们一直讨论的哲学家——前苏格拉底派、苏格拉底、柏拉图、亚里士多德等——他们的思想都源于清晰的哲学传统。他们了解彼此的理论,常常以朋友、对手、老师、学生的身份直接认识对方。这一传统延续了下去,数百年来,柏拉图和亚里士多德创立的学派一直蓬勃发展,与伊壁鸠鲁派、斯多葛派,以及各式各样的怀疑论和犬儒学派一争高下。但随着西罗马帝国的衰落、内忧外患和大瘟疫的暴发,在经历了大约一千年的繁荣后,哲学似乎进入了漫长的沉睡期。基督教徒关闭了雅典的哲学学院,他们认为哲学与古代异教思想有着千丝万缕的联系。而且,蛮族军队就在家门口,威胁着要让他们尸骨成山,这时学者们再去争论骨头的一般概念和特定骨头之间的关系又有什么用呢?

"但哲学的源流从未断绝。在古典时代晚期,也就是从古典世界在蛮族的入侵下逐渐衰落直到一个相对稳定的世界(通常称为中世纪)出现之间的那段时期,哲学的火种都是由一些死忠分子传递的,如圣奥古斯丁(354—430)和波爱修(477—524),

他们都是柏拉图主义者,两人继承了先人衣钵,继续讨论先哲们日夜思考的问题。穆斯林学者保存了很多濒临失传的文本,并专门研究了亚里士多德思想的影响。当欧洲中世纪重新迸发出学习的热潮,哲学家们通常都要依靠这些阿拉伯文本才能接触到经典著作。在拜占庭,哲学继续繁荣,在东罗马帝国时期,虽然经历了波折,但依然坚持了下来。直到1453年,奥斯曼人最终占领了这座城市。尽管阿拉伯和波斯的大学者们被拜占庭人所救,但很多亚里士多德和柏拉图的文献都遗失了。

"所以对于哲学问题,正如它们很难被解决一样,它们也难以被消灭。而我们的老朋友——共相问题,就留存了下来,并让中世纪最伟大的思想家们困扰不已。经院哲学在巴黎、牛津、剑桥,以及欧洲其他地方建起的新大学中蓬勃兴起,讨论的话题也远不止针尖上能同时有几个天使跳舞。当然,神学问题是经院哲学家知识世界中的重要组成部分,而针尖上同时能有几个天使跳舞则完全是后人捏造的,目的在于讥讽中世纪思想。但当时最伟大的经院哲学家托马斯·阿奎那(1225—1274)和其他人的确讨论过天使是否具有物质形体,他们是否能吃东西,是否能做爱这类问题。然而,经院哲学家们的许多著作并不涉及神学。阿奎那提出了一条明确的教义,将信仰问题(教会教义在其中占了主导地位)与由理性和科学观察为主导的领域区分开来。

"以亚里士多德的哲学原则为基础,再加上一些柏拉图的哲学原则，经院哲学家们从逻辑学到伦理学再到认识论，对哲学的各个分支都做出了巨大的贡献。几乎每一个现代哲学立场都可以在经院哲学家的著作中找到根源。其中一个他们不断回头讨论的问题就是共相问题。

"解决这个问题的一种方法是将柏拉图和亚里士多德的实在论结合起来，而基督教教义则充当黏合剂。和柏拉图一样，波爱修、奥古斯丁以及后来的苏格兰哲学家邓斯·司各脱（1266—1308）都认为型相（或一般理念）是真实实体。但他们并没有像柏拉图那样拖泥带水地将纯粹的美、善、大、狗等型相扔到一个难以捉摸、如同另一个世界一般的领域，而是认为型相是上帝心中的理念。他们从亚里士多德那里汲取的观点是：这些理念可以通过把我们周围的世界抽象化并提取本质的方式来发现。

"从当时看来，这种改良版的实在论似乎赢得了胜利。但经院派学者们成天无所事事、争论不休，任何在《圣经》中没有得到明确阐述的东西，都足以让他们刨根问底、抽丝剥茧，把彼此批个体无完肤。而哲学史上最有效率的拆穿者就是方济各会的修道士奥卡姆的威廉（1287—1347），他发明了一个绝妙的工具来戳穿无稽之谈。

"**奥卡姆剃刀**如今已是一个被纳入了日常词汇的哲学术语。大多数人对这个词都有模糊的理解。这个词通常的含义是：当你面前有两种解释，而你不知道听哪种的时候，那应该选择最简单的一种。

"所以说,如果我早上起床,发现最爱的饼干被从橱柜里取了出来,包装被粗暴地撕开,里面的饼干被一扫而光,而且碎屑撒得满沙发都是……"

不管你说什么,我有权保持沉默……

"……而孟弟你呢,总喜欢把好吃的叼到沙发上,而且想不到啊想不到,在窗帘背面的角落里,还有一摊湿湿的呕吐物。与其假定我们家遭了贼,那个贼觉得有点儿饿,想吃些零食歇一会儿,于是坐到你焐暖的沙发上,吃相难看地拿着整包饼干大嚼,随后跑去窗帘背后吐了,然后回心转意决定不偷了,并悄悄地溜回了家,不如说,罪魁祸首是你,孟弟。"

你觉得只有我才会把饼干弄碎,然后在窗帘后面出点儿"小意外"。

"从这个角度看,在许多情况下,奥卡姆剃刀都是一个有用的指南。但也有一些时候,选择最简单的解释实际上是不对的。我戴帽子可能并不是因为我脑袋冷,而是因为我白天喝醉了,试图用指甲钳来剪头发,本想只剪掉耳朵周围的几缕杂发,却东剪一点儿,西剪一点儿,把头发剪得七零八落不忍直视。这已经不是第一次了。

"在奥卡姆的最初阐述中,剃刀并不是主要用来选出最简单或最明显的解决方案。在他的著作中,奥卡姆认为,在试图解释某件事时,'如无必要,勿增实体'。换句话说,不要增加不必要的东西,把问题复杂化。如果你试图解释一种现象,就用剃刀修剪掉那些不需要的东西。

"奥卡姆就是用这种方式来处理共相问题的。奥卡姆环视世界,他的眼中只能看见个体:狗的个体、蓝的个体、美的个体。我们只能这么说,也只需这么说。再加上神秘元素——蓝、狗或美的永恒型相——只会把事情复杂化,而实际上并没有什么用。认为它们通过分有或摹仿另一事物(理念、型相或共相)而联系在一起的观点,无论是如亚里士多德所说的存在于事物的所有范例中,还是说存在于另一个世界中,或是说存在于上帝心中,都是没有必要且令人困惑的。

"如果我们用奥卡姆剃刀剔除共相是真实存在的观点,那还剩下些什么呢?还剩下的观点便是共相不过只是名称而已——这个理论叫作**唯名论**。我们为了方便起见,把一些食肉四足动物的个体称作'狗',因为它们彼此类似。而另一群动物,我们可能称其为'猫'。取名只是为了方便起见:世界真正包含的是无数个体。"

好吧,我来试着把问题讲清楚。奥卡姆剃刀意味着我们不需要任何关于狗的了不得的大概念之类的东西。我们有的只是长得很像的个体,但这又不能表示什么。然后,"砰"的一声,出现了什么?极端实在论,认为普遍观念先于具体事物而存在,又

"砰"的一声,"硬实在论"出现,认为普遍观念存在于具体事物中……这个观点我能接受。我累了。我们回家吧?

"差不多啦,答案马上就要揭晓了。还差一点点。仅仅是因为实在论碰了壁,并不意味着唯名论获胜了。"

我怕的就是这个。

"唯名论使出了浑身解数来解释我们给一组事物命名为狗、红或蓝的机制。有一种解释使用了集合论。假设我们用'狗'这个词来形容一群彼此相似的动物。除了相似性,我们不认为它们存在更为深入的联系。所以基于相似性,我们开始构建'狗'的集合。过了一阵,我们搜集到了很多狗。唯名论认为该集合就是我们所谓的'狗'的共相,但还是有一些事情困扰着我们。集合中一个元素和其他元素具有相似之处,但也有不同之处。这个元素有着狗的外形和大小,但它有尖尖的耳朵,尖尖的嘴巴。"

它有毛茸茸的尾巴吗?

"有。"

它是红色的吗?

"是的。"

是只狐狸,对不对!

一提起狐狸,孟弟就很兴奋。他经常在街上闻到狐狸的气味,然后疯狂地嗅来嗅去,乱抓乱叫。我不觉得他能对一只真狐狸造成多大伤害,但在他心中,自己是狐狸的梦魇。

"经过再三考虑,你决定把这只红色的东西踢出集合,因为尽管它和集合中其他元素具有相似性,但毕竟不是狗。现在的问题是,你是基于什么来判断某些共同特征比其他特征更为重要,并将具备某些特征的事物命名为'狗'的?你一定对狗有一个大致了解了吧,是不是有个模板?这不就是实在论吗?"

我蒙了。所以,实在论愚不可及,唯名论要么没有什么意义,要么会变成实在论?你是不是要跟我讲第三种选择了?

"场上出现了另一个冲击冠军宝座的选手。它就是介于实在论和唯名论之间的第三种方式。如果这些一般理念不像中世纪柏拉图主义者所主张的那样存在于上帝心中,而是存在于人类心中呢?**概念论**认为共相以概念的形式存在。概念把一般理念应用于多个物体之上。'狗'这个概念确实好像覆盖了你,孟弟,以及其他所有的狗。而'绿'这个概念适用于树叶、青柠,以及我舒服的靠椅。我们不能否认我们拥有这些概念。'绿'是真实的。它只是不在事物之中,不在天上,而是在我们的头脑里。"

请告诉我这就是我们寻找的理论……

"我稍微思考了一下……"

好讨厌你说"稍微"啊。

"……概念论是很吸引人。它巧妙地安插在了经不起推敲的实在论和否认理所当然之事(比如蓝、狗、美的意义)从而让人摸不着头脑的唯名论中间。理念在我们头脑中。这些理念包括狗的个体——孟弟，以及一般的狗——狗。那我们能否接受这种皆大欢喜的妥协呢？"

行行好，接受吧……

"遗憾的是，不能。假设我头脑里有狗的概念，然后我把它应用到你和街那头的腊肠这两件事物身上。但我认为你碗里吃剩下来的热狗在这个意义上并不是狗。如果我对这个概念的运用是正确的话，一定意味着我所说的是，你和腊肠之间具备共同的品质，而该品质热狗并不具备。而这完全就是实在论所主张的观点——存在你和腊肠之外的第三者，让你和腊肠都分有了它的型相。因此，概念论也沦为了实在论。"

真让狗头疼。什么都是错的。你现在是不是要告诉我，世上本无狗，我并不存在？

"我觉得我们的问题在于试图运用基于语言构建的概念框架去网罗这个太过复杂的世界。你还记得连锁悖论吗？那个多少粒沙子能垒成沙堆的问题。"

你要花多少钱才能亲到希尔达……

"不是，是要给我多少钱。总之，我的观点是，这种论证之所以是悖论，是因为'堆'这个词是模糊的。它的含义并没有明确的界限，就像'秃'还有——"

亲嘴。

"'狗'！这些词在某种程度上都是含混不清的。在大多数情况下,尽管词义模糊,但上下文能提供足够的信息让我们明白它们的意思。我们在不同情况下使用这些词,它们会体现出'家族相似性'(这个表达是维特根斯坦[1]提出的)。因此,'狗'这个词可以指一只很可爱但时不时会暴躁的马尔济斯犬,也可以指一条体形巨大但脑子不太灵光的罗威纳犬,也可以指一条腊肠犬、一种香肠、一句侮辱、一个意为亦步亦趋的动词。尽管每个例子都和家族中其他成员有关联,但依然无法给出一个能够覆盖所有用法的定义。这里涉及了太多复杂的东西。外部世界是复杂的,试图理解世界的人脑是复杂的,试图在两者间调停的语言也是复杂的。我们会在以认识论为主题的漫步过程中,继续讨论这个问题。"

等一下,你是说我们这次说了这么多都在白费功夫,因为共相理念太过模糊,所以我们永远都无法回答"狗是什么"这个问题?

"在某种程度上,是的。但在另一方面……"

又来了。

"我会在回家的路上结束这个话题的。要抱抱吗?"

我自己能行。其实,也许,不太行,谢了……

于是我把孟弟抱到胸前,在回家途中边走边对着他松软的耳朵低语。

---

[1] 哲学家、数理逻辑学家。语言哲学的奠基人,二十世纪最有影响的哲学家之一。

"如果你直截了当地问我到底是（极端或硬）实在论者，还是概念论者，抑或是唯名论者，其实我是可以回答你的。但我会通过举例子来说明。很多时候，哲学问题是可以通过认真详细地研究世界上相对应的事物来解决的。对于中世纪哲学家来说，他们之所以相信共相存在，是因为他们相信上帝创造了不同种类的动物。如果上帝确实创造了它们，那它们一定首先作为理念存在于上帝心中。因此，共相必然存在。"

上帝先想到了"狗"，所以就造了些狗。我懂。

"很好。在达尔文之前，'每一个物种都是独立的'这一观点一直是共相的有力论据。当然了，黑熊、北极熊、灰熊，每种熊都是独立而完整的。"

听起来也不是没道理……

"我来给你讲讲银鸥好了。银鸥是一种体形巨大、令人印象深刻的海鸥，有着灰白的背、黄色的喙，眼里透着杀气。此外呢，还有一种体形稍微小的小黑背鸥，长得和银鸥有些像，除了一点，它的——"

我来猜，它的背是黑的？

"没错，但它们是两个不同的物种。在英国，它们不杂交繁殖。但是如果你看一下这两个物种在北半球的分布情况，你会发现一件相当奇怪的事情。在它们分布的大部分区域中，我们找不到纯种的小黑背鸥和银鸥，有的都是各种各样介于两者之间的鸟。没人能确定有多少种银鸥和小黑背鸥——一些鸟类学家说只有两种,也有人说有八种。但从根本上看,这些鸟就是个大杂烩,不能算完全融合,也不能算完全分离。"

有趣是挺有趣的,但我不太确定我……

"我认为这恰好表明了我们在定义一般类别的时候是有多随意。我们希望所有物种都能够被我们很好地描述出来。很多生物确实给了我们这样的印象,因为生殖隔离在某种程度上确实会发生。但生物的演化告诉我们,我们都在慢慢融入彼此。我们会继续使用通用的术语,继续思考共相,但事实上,它们不过只是文字罢了。"

孟弟抬起头,舔了舔我的脸,我觉得他是在对我表示感谢。

第八次漫步
你以为你知道的就是你知道的？

这次漫步，我们开始探讨认识论，也就是关于知识的理论。我们从希腊人开始，谈了毕达哥拉斯、柏拉图、亚里士多德所提出的不同认识论，然后我们讨论了怀疑论者，他们认为人不可能获得关于世界的确定知识。接着，我们逐步探讨了笛卡尔、斯宾诺莎、莱布尼茨等唯理论者的观点。

"出去遛弯儿啦!"我在玄关喊道。

我不该这么做的。

孟弟从藏身处一路蹦了过来。嗯,或许不能说是蹦。他蹦跳的日子已经一去不复返了。但他还是欢快地一瘸一拐地跑了过来。他用嘴叼起狗绳(我想着,这能算才艺吗?如果算,那他也只会这一种……),盯着我看,身体由于兴奋而颤抖着,活像一根被拨动了的吉他弦。

但问题是,我还要花五分钟来找东西:钱包、钥匙、狗便袋、鞋子等。我朝屋里大喊,问家人知不知道它们在哪儿。但没人理我,他们已经学会了在这种情况下对我苦恼的呼喊装聋作哑。而我则会气得直跺脚,大喊:"我的钥匙在哪儿?我的钱包在哪儿?"……麦太太把我的这一系列喊叫称为"在哪儿的咆哮"。

终于,我把东西找全了。钥匙就在原本该在的地方——托盘上(我没指望东西会放在该放的地方,所以我把其他地方都翻了个遍)。钱包在一件我本以为已经几个月没穿的外套里,显然这件外套我前不久穿过。鞋子则在大门外,我也不知道为什么会在那里。我特地检查了一下鞋底,难不成是因为……但鞋底很干净。

在整个过程中,我能感受到孟弟越来越心烦,越来越抓狂。在他不耐烦的吠叫声中,时不时夹带着哀怨的嘤嘤声。

为什么你老不知道东西在哪里？

"啥？哦，好吧，知道并不像你所想的那么简单，而且，就这个，我觉得我们今天有讨论的主题了。你想去哪里？"

那个有动物的地方……

"好主意。今天我们要谈一谈有关知识的理论，谈这个主题的时候，最好要时不时分下心。"

厨房里有人用尖锐的嗓音说道："你在跟谁说话？"这种语气能轻而易举地把一句平常的话转换为实实在在的训斥。当然啦，不用见着人我就知道说话的人是谁。

"没谁啊，我是说，就我一个人。一会儿见。"

"他就是假装听你说话而已。"

"谁？"

"孟弟。"

孟弟和我面面相觑，接着我俩一起耸了耸肩，悄悄地溜走了。

孟弟口中有动物的地方是戈尔德斯公园。这座公园是汉普斯特德荒野公园的一部分，但植物经过了修剪，成了景观带，此外，还建了个儿童游乐场，有家不错的小餐馆，还有个超大的动物园。我想，在一个高度一体化的世界里，小餐馆应该把死了（当然是自然死亡的）的沙袋鼠和食火鸡做成菜才对的，但我在店里的时候，从来没有在菜单上看到过这类菜品。

孩子们还小的时候，游乐场就是她们的救星。每天早晨我都会去那里，看她们用塑料小铲铲开沙坑上面的冰壳。等到她们的小手冻麻了，脏兮兮的脸上滑出了泪痕，我们就把她们带到小餐馆喝热巧克力。

戈尔德斯公园的缺点就是孟弟不得不被绳子拴着，但一些新奇的气味和声响足以当作补偿——一只娇生惯养的英国狗狗可没多少机会能在风中嗅到水豚的气味，或是听到圣鹦悠扬的鸣叫声。

我们走路前往那里，孟弟还是有点儿一瘸一拐的。我有些心疼，于是把他抱起来，卷到大衣里走了一段路。

"得带你去做个检查了。"我说。孟弟没吭声。他讨厌宠物医院。这一点还真不能怪他……

我们到了公园，找到一条能俯瞰满是异国水禽笼子的长凳。鸟舍外是个小围场，黇鹿在里面懒洋洋地躺着，呼吸在寒冷的空气中化成了白雾。它们的个头比我料想的要小一些。我想象自己骑在鹿背上的画面，就像牛仔竞技那样，然后马上意识到这个想法有多蠢，因为我如果骑上去，双脚都能着地了。而且这个想法不仅很蠢，还很残忍。鹿群中还有两三只美洲鸵鸟——鸵鸟在南美洲的亲戚。它们的特征就是带着一副怒目圆睁、双唇紧闭、义愤填膺的表情。

"当然了，我们要谈的话题是有名字的。"

孟弟抬头看着我，忘了我在和他谈哲学。

"认识论。关于知识的理论。我们如何认识事物？认识意味着什么？什么类型的事情是可以知道的？你怎么知道你知道了？诸如此类的问题。这一直是哲学的主要议题。它有时被称为'做苦力'，就好像负责清理建筑工地上的碎石和垃圾，这样你才能建造宫殿。这并非贬低了它的重要性。要是知识的地基没打牢，不论在上面建什么都注定会倒塌。而这也是人们会对基本问题产生根本分歧的领域之一。"

领域之一？你们人类有意见一致的时候吗？

对于这个问题，我选择装聋作哑。

"有些人认为，通往知识的道路是纯粹思维的，数学和几何学就是这种认识的模板。这些人被称作**唯理论**者，因为他们把理性当作基础。此外，还有**经验论**者，那些人认为我们唯一能知道的事情就是我们凭借感官获得的经验。还有**怀疑论**者，他们认为知识是不可能实现的幻梦。"

别告诉我，始作俑者又是希腊人？

"当然是他们。"

是柏拉图吗？

"我得把时间再往前推一点儿，谈一谈我们之前谈到过的前苏格拉底派哲学家毕达哥拉斯。毕达哥拉斯是第一位认为数学和几何是知识的理想形式的哲学家，他认为获得知识的最好方法就是不受约束地思考,将日常生活中纷纷扰扰的谬论一股脑去掉。

"毕达哥拉斯认为数学能够展现其本身的永恒真理,而且这些真理也能够适用于'外面的'世界。在学习正方形、三角形、圆形奥秘的过程中,你也能学到现实的知识。这是因为世界基于几何原理,是由理想的形状和图形构建出来的。后世所有试图将纯粹思维置于弄脏双手挖掘世界真相之上的尝试,都可以追溯到毕达哥拉斯,尽管主要原因是,毕达哥拉斯的思想被柏拉图吸收了。"

我就知道。那么,柏拉图对于这些理论作何评论呢?

"在他最重要的一篇对话《泰阿泰德篇》中,柏拉图主要探究了'知识是什么'这一问题。苏格拉底的主要谈话对象是与标题同名的泰阿泰德,他是一位聪明的年轻数学家,据柏拉图描述,此人几乎和苏格拉底一样相貌丑陋。苏格拉底说,自己在哲学中扮演着助产士的角色,把别人的观点引出来,因此他邀请泰阿泰德来帮忙理解知识是什么。泰阿泰德把他认为可以算作知识的东西列了出来:算术、几何、天文学、乐理,以及一些手艺和技能,比如制鞋。"

我来猜,苏格拉底是不是说泰阿泰德只是举了一些知识的例子,却没有真正给出定义?

"你真棒!于是苏格拉底使用了他'助产士'的手法,促使这个年轻人提出各种可能的理论。"

苏格拉底马上就接纳了这些理论,于是两人手舞足蹈、开怀大笑,结束了对话?

"这些理论被苏格拉底一一驳回了。苏格拉底首先回应的观点是'知识就是感知',即知道某样东西只不过意味着以某种方式看见或感知它。我们从洞穴的寓言就能看出为什么柏拉图对这个观点不满意。因为我们感知到的是影子的世界。在《泰阿泰德篇》中,柏拉图驳斥'知识就是感知'的方式是将其同前苏格拉底派哲学家普罗泰戈拉的名言'人是万物的尺度'合并到一起。所谓'人是万物的尺度',指的是所有判断都必须从主观验证开始,即'在我看来如何如何'。"

这两种观点是一样的吗?

"柏拉图认为两者在逻辑上相辅相成。如果我们都有自己的感知,而感知是真理的唯一基础,那我们肯定都有属于自己的真理,于是真理或现实的客观标准就不存在了。如果真理和知识仅同个人看法相关,那么个人就绝不会犯错。如果我说天是绿的、树是蓝的,这种说法对我来说就没错,就像我说我喜欢杏仁膏和寿司一样,对我而言也是没错的。因此,柏拉图耗费了大量精力来反驳普罗泰戈拉的观点,而且他还挺乐在其中的。他的一个论点是:如果我们都有属于自己的真理,那与普罗泰戈拉意见相左的人也是正确的。所以,如果普罗泰戈拉是正确的,那他就是错的!"

不错啊。

"他还提出了另一个类似但更为宽泛的论点。如果我们承认每个人都有属于自己的真理,那就意味着没有人会犯错或拥有错误的信念。但有些人的确认为这个世界上存在错误的信念。如果他们是对的,那错误的信念就是存在的,而知识并不只是人们认为的那样。如果他们的观点是错的,那他们本身就持有了错误的信念,这也就再次证明了错误信念的存在。

"柏拉图还试图展示我们最想知道的很多事情其实都是超越感知的——其中不仅包括很多人都一致认为是源于推理而非感知的纯粹数学,还包括一些'重大问题',如存在的本质和意义等。如果我们采了一朵玫瑰,我们会看到颜色、闻到芳香。我们同时也会说香味、颜色,以及玫瑰是确实存在的。但这种'存在'的品质是超越我们感觉的。这同样适用于其他品质,如相同或相异。柏拉图认为,这些根本不是我们能够感觉到的东西。这个论点和我们之后要讨论的康德的认识论很像,即存在的观念并非我们从世界中得到的,而是我们给予世界的。

"还有一种论点就要涉及全身沾满牛粪的可怜老头赫拉克利特了,在他看来,物质世界中的一切事物都处于运动中。这种运动既适用于'外部'世界,也适用于感知者自身。所以,如果说我们处在一个不停运动的宇宙中,感知者和被感知的事物在每一秒都是不同的,这样怎么会有知识存在呢?我在变化,知识也在变化。你刚认为自己掌握了什么,你所掌握的东西就不存在了。"

对于这个观点我做不到完全信服。好吧,或许河在变化,那些鹿也没办法站着不动,但前后还是有连续性的啊。比如我们坐着的这张长凳,它就没有动,不是吗?而且明天它还会在这里……

"关于这个我要再说几句。长凳是由原子构成的,而原子是在不断运动的,朝着各个方向飞来飞去。所以从分子的层面上来说,这张长凳到明天就不一样了。"

我呕!

"好吧,我懂你的意思,但我是认同这个说法的,稍后我会谈到。但如果你想要获得完美的知识(柏拉图认为除了完美的知识,其他知识都不算数),那也就意味着除非我们了解构成它的所有原子,否则永远不可能'了解'这张长凳,这当然绝不可能做到。但等式还有另一半。明天的你我会变,所以我们看到的这张长凳也会不同。我们设想在另一个公园里也有一张长凳,一对情侣约在那里见面,女孩向男孩提分手。那么对那个男孩来说,这张曾经美丽的长凳如今就成了他的伤心地。而每一次他重回故地,看到这张长凳的时候,长凳都起了变化。或许长凳带来的悲伤减少了,因为时间会让伤口麻木。或许伤痛会更深,因为这种事很难说。有些伤痛会被时间抹平,有些则会加深……不管怎样,长凳都会起变化。"

孟弟不是一只很懂体贴人的狗狗，但他现在却抬起头舔了舔我的脸，仿佛在安慰我。

"所以，"我清了清嗓子，继续说道，"知道和感知是不一样的。柏拉图接着探究了青年哲学家泰阿泰德提出的另一个观点：知识意味着你相信某个事物是真实的，同时该事物确实是真实的。所以，如果你觉得你最喜欢咬的玩具在沙发垫子下面，然后你过去看了一眼，发现它真的在那里，那就一定是知识，对吧？"

我已经找那根牙线棒找了好久好久了……呃，好吧，这个观点听起来不错。如果你觉得某些事是真的，而且它确实是真的，那你就是知道它了。

"虽然这个观点听起来是挺不错的。但柏拉图毕竟是柏拉图，他还是不太满意。"

想不到啊想不到。

"我们或许会遇到两个条件——相信某事而且它的确是真的——都满足的情况，但我们并不认为这就是真正的知识。打个比方，我朋友给我打电话，怪我好久不联系他。我回应道：'因为我把记着你号码的电话簿给搞丢了。'"

这难道不是一个赤裸裸的谎言吗？

"没错。可是挂了电话后，我去找那本电话簿，发现确实丢了。所以我对我的朋友说电话簿丢了，他信了我的话，事实上电话簿的确丢了。但他并没有获得任何意义上的知识啊,对不对?"

这个例子听起来像在解释我们之前漫步时讨论的主题:伦理学。

"好吧,那我给你举个更直截了当的例子。我抛了一枚硬币,并确信它会正面朝下。没有原因,我就是有这种直觉。最终它的确正面朝下。这种情况,我们不会说我的信念和与之对应的真相就是知识,对不对?

对。只是碰巧猜对了。

"所以柏拉图说我们需要三样东西:相信某样事物为真的信念、信念的真实性以及该信念的合理证明。对于柏拉图来说,第三样东西体现了型相论,所谓知识,到头来就是对于永恒不变的型相的知识。我之前就说过,在我看来这种理论就是垃圾,所以咱不用理会。但应当承认,柏拉图让我们把注意力放到了知识的问题上,还提出了一些解决这个问题的方案。即使这些方案漏洞百出,但对后世哲学家们的研究还是有所裨益的。"

我觉得你接下来要讲亚里士多德了……

"你都成我肚里的蛔虫了。亚里士多德认为,可以通过多种方式来找寻知识。其中,前两种方式——归纳和论证——是紧密相连的。亚里士多德与柏拉图不同,他有一个基本的信念,他相信归纳的过程始于感官知觉。这些感官知觉或观察叠加在一起，从而产生更多的一般陈述，也就是我们所说的归纳法，即从注意到几个特例到陈述出一个普遍原理的方法。所以，你看到身边许多人终有一死，你看到他们活着，也看到他们死去，于是你得出一般结论——人终有一死。这就是归纳。"

那你认同这个说法吗？我怎么觉得你会批判它呢……

"到时候我会的，但现在暂且认同它。所以，我们已经从具体谈到一般了。接下来，你可以将这些概括和其他一些更具体的观察运用到三段论中，接着就可以从中获取知识啦。你还记得三段论吧？"

当然啦。大前提、小前提、结论。小菜一碟！

"所以，知识等于观察，再加上逻辑。其目的是尽可能全面地理解事物，从而制定广泛的原理和法则。

"让我们来看看这是如何做到的。假设你是个生物学家，对动物的繁殖习性很感兴趣。你做了各种各样的观察，并将其中一些纳入三段论：

只有哺乳动物才会哺乳。

狗会哺乳。

狗是哺乳动物。

"这个没问题吧，再来一个：

所有哺乳动物都是胎生的。

鸭嘴兽产卵。

鸭嘴兽不是哺乳动物。

"但经过进一步观察,你意识到相较于爬行动物和鸟类,鸭嘴兽和其他哺乳动物有更多相似之处,所以它一定是哺乳动物。因此你要重建一个三段论:

鸭嘴兽产卵。

鸭嘴兽是哺乳动物。

并非所有哺乳动物都是胎生的。

"这就是论证。你重新梳理了观察所得,提出了关于世界的全新的一般看法。

"亚里士多德的体系在古代历经考验,但在受欢迎程度上输给了伊壁鸠鲁派和斯多葛派,但到了中世纪,它又东山再起,成为知识的主流,这一地位在十六世纪现代科学曙光出现之前一直屹立不倒。我们可以首先通过观察,获得可信的第一原理,再运用强大的三段论逻辑,最终获得有关普遍真理的知识。

"亚里士多德认为,除了论证和归纳,我们还可以通过另外两种方法来获取知识,不过我们最好还是把这两种方法视为前两者的补充。一种是**辩证法**——意思是与知识渊博的人讨论当下的问题。"

有点儿像你和我……

"就像你和我。在辩论双方交换意见的过程中,真理浮出水面。亚里士多德虽然不是民主的拥趸,却是第一个谈到群体智慧的人。所谓群体智慧,指的就是参与决策的人越多,效果越好。

"最后一种方法是**置疑法**(aporetic),主要应对现有理论中存在的问题。置疑就像是一个路标,指明我们现有知识体系中存在的问题、矛盾,或是缺口。提醒我们此处需留意。

"后两种方法是现代科学两个关键领域的前身。辩证法简单来说,就是同行评议的过程——科学领域就是这么操作的,科学家将实验结果或新理论发表出来,业内人士对此进行自由讨论。讨论的范围和形式越是广泛自由,真理就越有望浮出水面。而新理论的产生仅仅因为原本存在的理论开始没落的说法,便是在置疑,而置疑是当代针对科学哲学思考的核心——我们之后漫步的时候再好好探讨一下这个问题。

"最后,我再稍微说几句对于亚里士多德来说知道的含义是什么,以及紧随其后的经院哲学传统。若想真正理解某样东西,你得先知道它的起因。对于这件事,亚里士多德比我们想的复杂多了。他将事物产生的原因归纳为下面四种:**质料因、形式因、动力因、目的因**。质料因即构成事物的东西,也就是物质。孟弟,所以你的质料因就是血液、骨骼、肌肉还有身体里存在的那些其他细胞,简单明了。形式因就是这些质料排列组合的方式。所以,正是你体内的那些细胞组合在一起,才有了你这只小可爱。动力因就是我们所认为的原因——让事物得以产生东西。孟弟,对你来说,动力因就是你的父母。"

我的什么？他们怎么就……？

"啊，我们从来没涉及这个话题，是吧？我们先继续，目的因就是目的，或是一件事的结局。好吧，这一点拿狗狗来举例有点儿难。或许你的目的因就是成为我最好的朋友。"

哇哦！

"可能我举个简单些的例子会有助于你理解。拿桌子举例（直接用亚里士多德的例子）。质料因是木头，形式因是桌子的形状和构造，动力因是制作这张桌子的木匠，而目的因就是我能够在上面吃饭。了解一张桌子就意味着要知道以上这些东西。懂了吗？"

懂了。

"因此，对于亚里士多德和中世纪经院哲学传统来说，知识虽然复杂，但也是可获取的。通过观察、逻辑、归纳、辩论，我们可以了解事物产生的原因，这就是知识。"

听起来不错。讲完了吗？

"早着呢。总有些思想家怀疑获取知识的可能性。之前漫步的时候，我们已经把古代绝大多数的哲学流派都讨论了一遍，但还没涉及我最爱的流派——怀疑论。古代的怀疑论五花八门，但目标是一样的：通过主动对一切事物悬置判断，从而达到不动心的状态。幸福不是知道，或者说，不是独断。

"许多怀疑论者将苏格拉底视为先驱——苏格拉底在早期的

对话中，总是指出对方推理的薄弱环节，把所有和他交谈的人气得吹胡子瞪眼睛。但现在，人们普遍认为伊利斯的皮浪（前360—前270，生于苏格拉底死后约四十年）才是怀疑论真正的开山鼻祖。皮浪算得上是哲学家中最善于自我解嘲、最爱放空的一个了。他用怀疑论把自己彻底武装起来，拒绝接受最明显不过的感觉证据，哪怕面前是悬崖和迎面而来的车辆，他都会乐呵呵地向前走。要不是门徒上前阻拦，他早就跌落悬崖或被牛车撞飞了。

"那个时代的许多哲学家都说自己找到了开启知识大门的钥匙，而皮浪和其他怀疑论者则和这些人针锋相对，当然，他们肯定会反对亚里士多德和柏拉图的支持者，但对斯多葛派抨击得尤为激烈。我们之前说过，斯多葛派是唯物论者，认为世上只存在物质，而物质是可以通过感官去感知的。尽管有些时候，感官可能会被误导，但某些感觉是如此强烈、如此清晰生动，我们的心灵能够牢牢抓住它们。他们称这种感觉为'认知印象'，这一理论为斯多葛派的认识论奠定了坚实基础。

"但怀疑论者并没有理论基础。他们开发了一种类似工具箱的东西，用来和教条主义者进行哲学论战。"

教条主义者？这个名字我喜欢。

"很可惜，教条主义其实和狗一点儿关系都没有[1]，和灾祸的意

---

[1] 教条主义者的英语单词 dogmatist 里面包含狗 dog。

思不是猫会倒霉[1]一个道理。教条主义源于希腊语'dogma',意思是:你认为真实的东西。在怀疑论者看来,教条主义者就是那种想都不想就对任何事坚信不疑的人。怀疑论者的工具箱里装着不同'型号'的工具,一旦你在辩论中遇到持教条主义立场的人,你就可以从工具箱里拿出对应的工具,把它们的论点切成碎片。有些型号的怀疑论工具吸取了相对主义的观点,旨在削弱认为感觉证据是可靠的信念。或许我们会觉得香水很吸引人,但屎壳郎却很厌恶它(当然,它们会觉得便便很吸引人)。健康的人会觉得蜂蜜是甜的,但得了黄疸的人却会觉得它是苦的。许多我们认为是恶的(或善的)文化习俗,换个时间地点,人们对其的评价就会截然相反。这意思就是,如果你调查得足够仔细,就会发现任何一个简单命题都能找到反例。

"另一些型号的怀疑论工具能让你动摇对手的论点。比方说,我们可以向秉持教条主义的论战对手表明:同一个问题可能会存在许多不同的观点。该怎么解决这个问题呢?教条主义者这时就面临着多种选择(不论是谁,只要成家了,都会碰到这类情况……)。他可以仰起下巴,坚称自己是对的,但这并不是论点,这么做的话无异于认输。或者,他可以给出理由。但如果他说了理由,那这些理由就又会被怀疑论者质疑。如果他再给出理由来支撑前面的理由,怀疑论者依然能找到论点来反驳。所以,就又

---

1 灾祸的英语单词 catastrophe 里面包含猫 cat。

变成无穷倒退了,而最初的立场怎么都站不住脚。"

再举一个例子或许会有助于我理解……

"行吧。假设我说人比狗优秀,你回应我说:有人持不同观点,他们认为狗比人优秀得多。那么我要么重申我原来的观点,说'人就是比狗优秀',要么承认你的观点,说'人的确没狗优秀'。或者,给出理由。接下来,我会说人类显然比狗聪明得多,而更聪明就等同于更优秀。你要么对此表示质疑,说实际上狗要比人类聪明得多,因为狗能使唤人类养着它们,还用小袋子捡它们的便便;要么说我偷换了概念——拿'智力'替换'优秀'。谁说'更聪明'就是'优秀'啦?在这两种情况下,无论我说什么来支撑我的观点,都会遭到反驳,我们将处在这种无穷倒退中。

"另一种可能是,我避免了陷入无穷倒退,却发现自己在兜圈。如果我说人类比狗优秀,你就会要求我给出证据。然后我就会说,因为人类更聪明,你又会让我证明这一点。于是我说,因为人类更优秀。所以我们又回到了开始的地方。或者我们用一个怀疑论者举过的例子:'上帝创造了世界。'那你是怎么知道的呢?'因为我们所在的世界就是他创造的。'你怎么知道就是他创造的?'因为这个世界太完美了。'你怎么知道世界是完美的?'因为上帝创造了它,他创造的一切都是完美的。'

"我还想再多讲一个怀疑论者的论点。这是个哲学难题,专

门为你准备的。这个论点被称为'知识标准问题',直到现在,这个问题都会让人抓耳挠腮。它通常被表述为以下两个问题:

1. 我们知道什么?(或者说我们的知识范围有多大?)
2. 我们是如何知道的?(或者说知道的标准是什么?)

"问题是,要回答问题1,即我们知道什么,我们就要先回答问题2,即怎么才算知道。但想要回答问题2,我们得先有一些问题1的例子来佐证。"

孟弟从我膝上抬起头,小脸蛋因为疑惑而皱了起来。

"想要我举例说明吗?好的,没问题。

1. 狗狗中最好的品种是什么?
2. 我们怎么确定这个品种是最好的?

"为了回答问题1,确定狗狗中最好的品种,我们似乎需要一个理论或标准来定义什么是最好的。因此我们就需要问题2的答案。但为了回答问题2,即建立一个最佳狗狗的理论,我们难道不需要一些最佳狗狗的例子来佐证吗?而且这套思路并不仅适用于狗狗。比如我们要确定史上最伟大的小说有哪些。要解决这个问题,你就需要一个关于伟大文学的理论。但没有伟大的小说佐证,如何得出这种理论呢?但你又如何去找这些伟大的小说作为理论基础呢?我们在原地打转。"

别吊我胃口。有答案的,对吧?

"有几种回答,但都只对了一半,至今没人给出完美的解答。

这些回答中常会有反反复复的论证，也就是对每个问题做出一些暂定的回答，然后不断修正它们，直到我们或多或少感到满意为止。但我认为这是怀疑论者采用的又一种策略，为的是削弱我们对知识的信念。"

你还说苏格拉底很烦人。这些家伙……

"哈哈，我懂你的意思，但我想先回头谈一下我们一开始谈的话题。古代怀疑论者的目的并不是惹恼对方，让对方感到挫败。他们的目的是带去平静，带去美好的宽慰。如果所有争论正说反说都可以的话，那就没有必要生气或紧张了。深呼吸，放轻松，享受讨论的乐趣。要记住，不管怎么讨论，最终都是不会有结果的。达到不动心的状态——用希腊语来说就是"ataraxia"，可以翻译为平静、镇定。你认为的好事可能会变坏。坏事也可能最终变成大好事，说不准的。皮浪在海上遇到风暴，身边的人都惊慌失措，但他却保持着不动心的状态，沉着冷静地直面海上的风暴。虽然有一次有狗要来咬他，他确实退缩了，但他也说：'完全去除人性的弱点并不容易，'但是，'如果有可能的话，我们应该身体力行，尽全力对抗事实，如果行不通的话，至少可以用语言来对抗。'"

他可能因为否定了那只狗嘴里骨头的存在，从而把狗激怒了吧。

"他被狗袭击的原因并没有记载，有点儿可惜。尽管怀疑论的疑窦相继被斯多葛派和亚里士多德派摒弃,但到了十六世纪,他们的文献重现天日,他们的影响力也随之恢复。伟大的散文家蒙田(1533—1592)促成了怀疑论的复兴,原因部分来自在他所生活的时代,法国因为无休止的宗教争端而四分五裂。面对狂热的新教改革者和当权的天主教顽固派,他在怀疑论的古训中找到了慰藉:悬置判断,摆脱争论,承认并且接受这样一个事实:我们永远无法确定值得为之抛头颅洒热血的真理。蒙田有一块奖章,一面刻着 Epecho(希腊文'我弃权'),另一面刻着 Que sais-je?('我知道什么?')

"按照蒙田的说法,古代的怀疑论,归根结底是用怀疑的可能性帮助怀疑者找寻平静接受的方法,但我们的老朋友,虐狗的勒内·笛卡尔(1596—1650)以一种截然不同的方式,激进而令人迷惑地使用了怀疑论。在他看来,质疑一切就如同清除通往真理道路上的荆棘和杂草。"

你刚说他虐狗……?

"哦,呃,这貌似和我们讨论的主题无关。所以……最好直接跳过吧……所以呢,笛卡尔是历史上最伟大的天才之一,不仅精通哲学,而且精通数学和科学。他创建了坐标几何——在 X 轴和 Y 轴上绘制二维空间的想法——并且着手推翻了亚里士多德过时的科学观和宇宙观,他的研究被牛顿物理学推到了巅峰。但讽刺的是,一个在众多领域都学识渊博的人,居然是从怀疑一切开始的。"

一切?

"没错。

"笛卡尔首先怀疑感官传达给自己的感受。他把由亚里士多德构建的整个知识体系当作怀疑对象。我们之前说过,如果想要通过三段论产生知识,就需要真前提,而真前提会假定我们能够依赖感觉的准确性。然而,一座塔从远处看似乎很小,但我们走近再看,嚯!它好高大!(我不认同这个观点——透视法表明,在这种情况下,我们的感官准确无误地向我们传达了世界的真实状况——如果在远处看塔是大的,靠近时塔变小了,那才是值得怀疑的。)笛卡尔真真切切地看见自己坐在房间的火炉旁,裹着睡衣。这还不够确凿吗?他明明能感受到火的温暖、睡衣的触感,能看到墙壁和屋顶。但这一切都是梦,在梦里他是醒着的,而且正常地生活。实际上,当时他正赤条条地躺在床上。疯子会想象自己看到了并不存在的东西。我们都曾做过类似的梦,在梦里我们会飞,或者一丝不挂地站在一群观众面前演讲。"

对,但我们通常都知道自己是在做梦,不是吗?就像我在梦里捉兔子,每当我快要逮着它们的时候,它们就会跳起来飞走,像鸟一样。在这个时候,我就会意识到它们不是普通的兔子……

"当然,一般情况下我们是能够分清梦境和现实的。但我们每次都能分清吗?哪怕就一次,我们拿不准,或感到迷惑,那怎么才能坚信眼前的树木、狗狗、沙袋鼠等物质现实是真的呢？笛卡尔决定把一切他不能完全确定的事物都排除掉，而他有可能疯了或在做梦的可能性无论有多小，都意味着他无法全然相信感觉。所以感觉到的东西一概都排除。

"那数学或几何知识呢？二加二等于四这个事实并不依赖于易受蒙蔽的感官，是吧？还有三角形一定有三条边也是。这些事物并不依靠感官，它们属于分析性真理，是由自身术语的定义决定的。"

这种毫无疑问的，对不对？

"对的，但会不会是因为有一个恶魔在我脑袋里植入了这些错误的观念呢？我怎么才能确定自己的大脑不是被恶魔放进了一个泡满谬论的罐子里呢？每当我开始数三角形的边时，这个恶魔就会让我陷入困惑和混乱之中，让我以为是三条边，但事实上，三角形应该是八条边。再申明一下，笛卡尔的意思并不是说这些欺骗可能是真实存在的，他只是想说，我们不可能将它们完全排除。

"笛卡尔的激进怀疑论确实很富有挑战性。他是为了表明：几乎所有我们认为理所当然的事情，其基础并不牢固，而是像沼泽般柔软不可靠。对于古代怀疑论者而言，这就是他们想要达到的状态。他们会说：干得好，知识就是不可获得的，所以好好享受没有知识的生活吧。

"但笛卡尔的怀疑仅仅是开始,而非结束。他带着我们进入了怀疑的深渊,现在,他将带着我们向上爬,进入确定知识的光明中。"

耶!

"他发现那片光明之地并非存在于不确定的感觉世界中,而存在于纯粹思考中。我们可以怀疑一切,却无法怀疑我们正在怀疑这件事。因为,怀疑你怀疑,仍是怀疑。怀疑就是思考,即使你在思考一些不切实际的事,那也是在思考。思考无法独立存在:一定有个事物在思考,而那个事物就是我。**我思故我在**(Cogito ergo sum)。我是粉色的,所以我是块午餐肉。"

啥?

"我就确认一下。我思故我在。因为我思考,所以我存在。"

这么说就清楚多了。话说,午餐肉是什么?

"就是,呃,就是我们在没啥可吃的时候吃的东西。所以,心灵是确定的东西,比外在世界的存在更确定,甚至比物质更确定。这就引入了笛卡尔思想中的一个重要元素——心灵和物质是两种截然不同的东西。我们之后会看到,这个想法给笛卡尔带来了一些麻烦。但就目前而言,他已经表明了他的本质是思想:他是个会思考的事物。

"可他重建哲学体系的工作还没结束。笛卡尔虽然已经证明了自身的存在,但他并不满足。他想知道,究竟是什么原因让他如此相信'我思'是真实的。如果他能确认'我思'的'特征'，就可以找到其他具有相同特征的观念。他的结论是，让'我思'别具一格的关键在于它明白、清楚。于是，这一特点就成了试金石——如果他能找到其他同样明白、清楚的观念，那么这些观念就也是真实的。

"有一个观念符合以上要求，挺出乎人们意料的，即上帝的观念，他发现这一观念在他心中早已完全成形了。而上帝的观念究竟从何而来？要么是笛卡尔自己创造出来的；要么来自外部，通过感觉创造出来的；要么就是天赋。先来说第一种可能，上帝是完满的、全知全能的存在。可无限完满的观念是不可能由不完满且有限的存在构思出来的，因为类似的东西只能由类似的东西产生（这是亚里士多德的一个旧观念——运动只能通过运动来传递，热只能通过热来传递，等等）。很明显，人类并不是完满的，所以上帝不可能是由人类创造出来的。同样，上帝的观念也不可能源于我的感官，因为我们刚才已经说过：一切通过感官获得的知识都是可疑的。

"那就只剩下另一种可能性了，上帝观念是天赋的，是上帝自己在我出生时（或在娘胎里）植入我心灵的。这就是笛卡尔关于上帝存在的'标志性证明'——之所以叫这个名字，是因为上帝就像在我们的心灵中留下了一个标志，好让我们知道他就在这里。

"而一旦我们证明了上帝的存在……"

呃，这就算证明了？

"笛卡尔提出了很多证明上帝存在的论据，让当时包括他本人在内的很多人都深信不疑，但要是放到现在，就难说了。我们假定笛卡尔认定上帝是存在的。那么他怀疑论的其他问题就一下子解决了。至善的上帝取代了恶魔，上帝确保了感觉以及我们对数学和几何学推演的有效性。笛卡尔很爽快地承认物质世界中的物体——根据定义，指具备广延的东西——形成了我们心灵中的观念，而这些观念又是对外部世界的准确反映。万事大吉，怀疑的问题解决了！我们知识坚实的基础有了。我们知道了！"

这一切看起来太简单了吧……

"的确是这样，比起笛卡尔的积极建树，绝大多数现代哲学家对他哲学体系中的怀疑部分更为钦佩。笛卡尔非怀疑的部分是以上帝为理论基础的，他的这些积极的论证可以被推翻，并且已经被推翻了。约翰·洛克（一会儿还要说许多他的事）曾引用过一句话：我们都有关于上帝的天赋观念，这显然并不是真的。洛克认为，我们根本就没有天赋观念——我们马上就讨论——当然也没有上帝的观念。有些民族和文化中就没有上帝的概念，而更多的是有着非常不同的神祇观念，其中并不涉及无限和完满。而且，如果一个不完满的心灵不能创造出完满存在的观念，那么，即使那个完满的存在给不完满的心灵植入了完满的观念，不完满的心灵不也没办法理解吗?

"要不是上帝出手拉了笛卡尔一把,仅凭他自己的认识论,是无法解决他提出的那些难以反驳的怀疑的。

"笛卡尔的哲学思想中最浓墨重彩的一笔,是他重视纯粹的理性,并将其视为通向真理(和潜在必然性)的途径。'真观念'(如心灵和上帝的存在)最显著的标志应该是明白、清楚。而数学和几何学则是明白、清楚观念的典范,因此,数学和几何学被看作真理的典型,同时也是获得真理的手段。遵循这一传统的哲学家——唯理论者,最为著名的当属斯宾诺莎和莱布尼茨——强调笛卡尔对身体和感官的不信任,并像他一样,尝试把知识纯粹建立在心灵的运作之上,把数学和几何学当作通向真理的阶梯。

"笛卡尔也给后来的唯理论者遗留下了一个令人头疼的问题。还记得我们之前漫步时讨论过的身心问题吗,就是讨论自由意志理念的那次?"

多多少少记得一点儿。

"好吧,正好来复习一下。笛卡尔认为,身体和心灵是两种完全不同的实体。所谓身心二元论有以下这层意思:思想和三明治是全然不同的两种东西——一个有质量、颜色、味道,而另一个则没有。思想只是作为一种独立的精神实体而存在。但问题在于,这两种差异极大的东西必须要交流,世界上的物质实体必须通过某种途径进入思想的世界。眼前的三明治需要成为我心灵中三明治的观念才行。接下来，我的心灵（属于精神范畴）必须让我的手臂（属于物理范畴）伸出去，把三明治拿起来，再送到我的嘴里。

"对于心灵和物质是如何相互作用这个问题，笛卡尔的解决方案出了名地烂。他没有解释该如何，而是告诉了我们在哪里。就算换作平常人，应该也能说得出'在大脑中'，但咱们的笛卡尔可是做活体解剖的，对解剖学知识如数家珍，他的回答必然不会这么粗俗。他声称，这种相互作用发生于松果体中。"

对，我记起来了。大脑中的那个东西。

"没错。当然，这个答案只是缩小了问题的范围，却并没有真正地解决它。松果体仍然是物理的东西，必须通过某种方式与某种精神上的东西相互作用。事实上，实体问题更加复杂，因为笛卡尔认为世上有三种独立的实体——身体、心灵、上帝，虽然上帝的问题很容易解决，只要你认为，上帝既然是上帝，他能做任何事情就行了……但是，这三种完全不同的东西的问题依然悬而未决，如果我们要真正地去理解宇宙，就必须理解它们。

"我拿体育比赛打个比方吧。在笛卡尔看来，世界就像一支足球队。里面有球员，也就是'身体'，其特点就是具有空间上的广延性；接着有球，但这个球不是皮球，而是用光做的——是个全息影像球；然后还有上帝，他是球队的经纪人。任何球员想去踢那个全息影像球,都会遇到一个大麻烦——这个球没有质量,怎么才能让它动起来呢?笛卡尔给了个说了等于没说的解决方案:用脚去踢,或者更确切地说,用脚指头踢。我想我们都知道,如果我们承认脚和球是两种不同的实体,一个是物质,另一个不是,那这个全息影像球是怎么都不会动的。

"笛卡尔最有天赋的追随者之一,那个臭名昭著的踹狗达人,尼古拉·马勒伯朗士——"

什么?

"哦,没什么,真的。这不是重点。"

如果这家伙是个臭名昭著的踹哲学达人,你就不会这么说了。

"你说得对。不管怎样,马勒伯朗士认为他找到了解决办法。他赞同笛卡尔的二元论,并清楚地看到了这个问题。因为物理脚永远不可能让精神球动起来。所以马勒伯朗士说,是球队经理——上帝——用他神奇的力量,让球在脚接触到它的那一刻动起来的。甚至在解释人体与心灵的亲密关系上,这个繁重的任务他也交由上帝完成了。你或许会觉得,你的手指之所以能动,是因为你自己让手指动了,但马勒伯朗士认为,是上帝接收到了你的这一想法,并把它传达给肌肉,你的手指才动起来的。如果你用针去扎那根手指,你感受到的(精神上的)疼痛并不是由(物理上的)针造成的——这种相互作用是不可能存在的——而是由上帝造成的。"

这个观点我不信。

"的确如此。你可能会说,上帝做这种事太扯了。如果你接受基督教的观点,认为基督教成立前出生的人都要下地狱的话,那就意味着上帝花了很长时间造人,接着又把他们一股脑儿打入了地狱。

"这就是从身心二元论得出的荒谬结论。

"斯宾诺莎的解决方法就挺狡猾的。他断定——其实是用他自己的方式来证明——世上并非有三种实体,而只有一种。球员和球都只是经纪人的不同层面。球队才是一个实体,因此球队才是真实存在的东西。"

真是越来越疯狂了……

"相信我,这是黎明前的黑暗。斯宾诺莎(1632—1677)其实在哲学史上是个很吸引人的人物。"

他也是踹狗达人?

"不是啦。斯宾诺莎是犹太人,因为激进的宗教观而遭到犹太社团驱逐,甚至在十七世纪荷兰相对宽容的社会中,基督教界也从未真正接纳他。他大半辈子穷困潦倒,却拒绝朋友的接济,宁愿在廉价的寓所中独居,以磨制科学仪器的镜片为生。斯宾诺莎谦逊、勇敢、才华横溢,最重要的是,他愿意追随理性去往任何地方,无论结局如何也在所不惜。就这样,理性把他带到了某些非常奇怪的地方。

"斯宾诺莎认为知识有四种类型或层次。有些事情我们之所以相信，只是人云亦云，我们从未亲身经历过。还有些事情是我们从经验中学到的，如脚趾踢到台阶会痛、喝凉水能解渴等。接下来的一种知识就比较接近理性层面，但依然基于经验，如我们发现有些东西小，是因为它们离我们很远。有些东西小却是因为，呃，它们本身就小。但这些认识方式都不尽如人意，还特容易出错。这就是为何我们需要第四层知识，即理解、认识事物的本质，而该本质必然是真的。当然，理想的认识方式是……"

我来猜，算术？

"没错！通过几何学。几何学给予我们真知识，这些知识都是不可能错的。所以，斯宾诺莎就想赋予哲学如同欧几里得的《几何原本》（这本书两千年来一直是几何学的标准教科书）赋予几何学的确定性，于是他以《几何原本》为范本，撰写了巨著《伦理学》，但该书直到他死后的1677年才出版。"

等等，伦理学？之前漫步时不是聊过吗？

"对于斯宾诺莎来说，伦理学的含义比之前思想家们所讨论的更为广泛，和其他领域联系紧密。《伦理学》这本书的确涉及，呃，伦理学，但他的道德原则都是由形而上学和认识论为基础推演出来的。无论如何，欧几里得的《几何原本》的开篇，就给出了各种定义（'点是只有位置，没有大小的图形'）、公理（'跟同一个量相等的两个量相等'），以及公设（'任意两个点可以通过一条直线连接'）。欧几里得从这些任何理性之人都会认同的命题起步，使用再简单不过的工具，拿直尺画直线，用圆规画圆，一步步建造出华丽的几何学宫殿，每一个步骤都合乎逻辑并承前启后。

"斯宾诺莎在哲学领域也做了同样的尝试，他从基本定义和公理起步来构建复杂的命题，并对所有命题都加以'证明'。而他的整个定义和证明体系都是内在的——他从不用外在世界的东西来解释自己的设想，就如同你无须手忙脚乱地去测量外部世界的三角形来验证欧几里得的命题一样。

"《伦理学》博大精深，里面的数学结构令人望而却步，但概括起来却相当简单。根据书中的定义，实体是自因，即不由自身以外任何东西产生，亦不受影响。世间只存在一种无限且永恒的实体，该实体就是上帝，上帝就是一切存在的东西。上帝具有两种属性：思维和广延。我们都只是上帝的一部分。所有发生的事都是绝对确定的，这也就意味着自由意志是不存在的。人类自私地予取予求，只为获得更多的自身利益，但这种挣扎终是徒劳的，因为我们无法改变任何东西。我们充其量能做的（这便是《伦理学》中的伦理内容）便是安于现状。"

这让我想到了……

"是的，这个观点与斯多葛派的世界观非常接近，把世界、心灵、神联系在一起,再套上决定论。但斯宾诺莎对于上帝的看法和基督教或犹太教的上帝不太一样。事实上,斯宾诺莎概念中的上帝根本就不是上帝,他所说的上帝就是自然,自然中的万物都是上帝的一部分,这也就是为什么他在当时由宗教主导的社会中不受待见了。

"尽管这一套对于现实的观念似乎非常怪异,在当时甚至有点儿惊世骇俗,但放到现在来看,就没有那么令人惊讶了,它只不过是重新定义了我们已知的事物而已。斯宾诺莎用身体打过比方:在某种程度上,身体是由无数个独立体组成的——器官、血液、头发、皮肤等(斯宾诺莎并不知道还有细胞,因为细胞是在他死后不久才被发现的,不然他还能拿细胞来佐证)。然而,我们可以看到,把身体当作一个整体的东西是说得通的。同样,虽然我们觉得自己所在的世界里存在各种各样的物质和精神,但只要换个角度,就会发现这个世界其实是一体的,这个一就是上帝,或者你也可以称之为:自然。

"认为心灵和身体只是上帝(或自然)的属性,而非单独实体的观念,或许能帮助人们换个角度思考问题,但其实践意义并不明显。它所做的只是把思想和物质更紧密地联系在一起,从而绕过笛卡尔二元论的问题。解决身心问题的现代方法是把思想看作物质的副现象,而非不同实体。它们就像同一枚硬币的两面,斯宾诺莎的观点基本就是这样。"

斯宾诺莎听起来挺酷的。

"是的,嗯,他确实很有意思,但也有阴暗的一面。斯宾诺莎本人挺不错的,但他的哲学体系则不是这样。在他那里,世界对我们漠不关心,它只是一个巨大的引擎(或有机体),我们只是其中的部件,对一切无能为力。我们所能做的就是了解世界的机理,然后接受它。"

孟弟从我的膝盖上跳下来,伸了个懒腰向前走去。他走到了一棵白桦树苗旁边,这时我手中的牵引绳也伸到了极限,他快速地在树苗上撒了泡尿。

我有点儿迷糊。再提醒我一下,我们说的是什么来着?

"我们一直在寻找'知识是什么'这个问题的答案。我们先聊了希腊哲学家,现在我们正在聊认识论的两大现代哲学传统之一:唯理论哲学家,他们认为纯粹的思维是通往知识的大道。接着我们来看看经验论者,他们认为感觉和经验才是我们的向导。"

你的意思是我们才聊了一半?

"过半了,但我有点儿饿了。我们把唯理论哲学家讲完,然后回家。准备好了吗?"

孟弟爬回到我的膝盖上。

"我们的第三个——"

也是最后一个……

"……伟大的唯理论哲学家——戈特弗里德·威廉·莱布尼

茨(1646—1716),和斯宾诺莎截然不同。他和笛卡尔一样,是一位博学家、历史学家、外交家,或许算得上他那个时代最优秀的数学家。他平易近人、左右逢源,对权贵阿谀拍马,在汉诺威的宫廷里过着舒适的日子。他似乎属于那种尽力媚上的廷臣,却又常常拍马屁拍到马腿上,显得自己有点儿卑鄙可笑,而且他还是个小气鬼。每逢宫中的女士结婚,他的贺礼就是一本小册子,里面为新娘提供一些实用小建议和小妙招。"

不错啊!

"他因为同艾萨克·牛顿长年累月地大吵到底是谁发明了微积分而晚节不保。牛顿赢了这场公关战,其中一大原因是他自己偷偷担任了处理此事的学会[1]会长。而最有可能的是他们两人各自独立地创建了微积分。拿这件事来印证英雄所见略同是再合适不过的了(而且称这俩人为英雄也名副其实)。

"虽然莱布尼茨无疑是个天才,但他构建了一套极其奇怪且令人难以置信的形而上学体系。如果你能接受唯理论的知识观,那他的出发点还算是非常合理的。他认为所有的真理都是可以通过分析法得出的,也就是说,真前提早已包含在主体之中。"

啊,你每次谈主体和前提的时候,我总是很困惑……

"好吧,那我举些直观的例子。关于直角三角形的所有真理都包含于直角三角形的概念中——它有三条边、内角和为180

---

[1] 指英国皇家学会。

度、斜边的平方等于其他两条边的平方和等。所以，一切真理都是分析性的，即都包含于概念中。或者我们再来看看'孟弟是狗；所有的狗都会死；因此孟弟会死'这个三段论，结论中的所有'真理'都是分析性的，我们只是把潜在的真理内容提了出来。

"但对于世上事物的大部分陈述来说，情况就不同了。有些关于你的真理并不包含在'孟弟'这个概念中，而是偶然发生的，也就是你可能会做也可能不会做的事情。比如，如果我扔了个球给你，你可能会追它。"

才怪。

"你可能明天不爱吃东西了；你可能会在这根，而不是那根灯柱底下撒尿。所有这些真理（或前提）都是综合性的，也就是说它们并不包含在主体内，而是在主体之外。但莱布尼茨认为所有的真理，包括偶然性事件，都是分析性的。"

啥？

"嗯，他认为如果你充分了解一个主体，不论它是花园的墙、狗，还是人，你就会对已经发生或将要发生在它身上的事情全都了如指掌。也就是说，只要拥有足够的知识，所有真理都可以通过分析法得来——我们本就包含所有将会发生在我们身上的事情。而在现实中，只有上帝才拥有这样的知识，但从逻辑上来说，这样的知识依然是存在的。这就否定了自由意志的可能性：

如果我们的所作所为本就包含在我们的内部,那自由还有什么指望呢?但与斯宾诺莎不同的是,莱布尼茨(至少在出版的著作中)没有把自己的思想引向决定论,因为他总是害怕引起争论。

"莱布尼茨哲学的第二板块讨论的是我们的老朋友——实体。他认同斯宾诺莎(和亚里士多德)的观点,即实体的核心属性是单一性,也就是每个实体都是单一的,而实体就是这么定义的。但是广延——在笛卡尔看来是物质或身体的核心属性——则是众多的。有很多东西具有不同形状,它们之间彼此分离,如桌子、椅子、雨滴、狗、猫、人等。在斯宾诺莎眼中,多即是一。而在莱布尼茨看来,多就是……多。

"对于莱布尼茨来说,球队中的每个球员,包括球,包括上帝,都是独立的实体。笛卡尔哲学中不同实体如何相互作用的问题,在这时成倍增加了。莱布尼茨则对此欣然接受。对于他来说,世界就是由无数独立实体组成的——他称这些实体为单子。一个人就是一个单子,他或她体内的每一个细胞也是单子,每个显然是物质的东西都是单子。用莱布尼茨的话来说,每个单子都是'没有窗户的'——它们互不相连、互不作用。我们不应认为这些单子具有物理属性,它们并不占据真实空间。所以,空间和物质从这个角度来说,并不存在。"

尽管你确实提醒过我他的理论很怪,但万万没想到,竟然这么……

"是的。莱布尼茨的单子是按等级排列的,排在顶端的是人的灵魂,灵魂是所有知识之源。莱布尼茨坚决反对知识通过感官进入心灵的说法,在他的思想体系里没有'进入'的概念。"

因为没有窗户。

"没错!所以我们所知道的每一件重要的事都源自灵魂认识自身的功能,是灵魂在理解它自己可分析的内容。灵魂里有实体,所以它通过自省来获得实体的观念。灵魂里有存在,所以它能够了解存在。灵魂可以推理,所以它拥有数学和几何学的美感。这里有我们所需要的一切,如同金鱼缸一样的小小世界,我们的心灵能在里面遨游。

"但如果单子不能相互作用,那我们的球队怎么办?他们怎么才能进球?球必须被踢到对方的球门才对啊。球被踢进了,观众开始呐喊,球进了!那要是单子之间没有联系,这一切怎么才能发生呢?如果我只是瞎眼的单子,怎么才能看得见球呢?"

我来猜——通过上帝吗?

"对了!进球的就是你了!这是莱布尼茨最著名的概念,好吧,最多只能算第二著名,最著名的我们一会儿再说。世界确实看起来是在以某种方式运作,人们互相交谈,台球相互碰撞,狗对猫汪汪叫,盘子掉在地上摔得粉碎。但莱布尼茨通过仔细论证表明,事实并非如此——无数独立的实体不可能以我们所想的方式交流。

"要想解决这个难题,答案只有一个。那就是上帝创造了一个宇宙,这个宇宙中的事物看似都是由其他事物引起的,但事实上,它们只是很和谐罢了。他说,可以设想有两个钟,它们之间并没有联系,却同时响了。作为一个观察者来看,它们似乎是有联系的,一个钟响了,导致另一个钟也响了,就好像用羽毛挠,会导致痒一样。"

说到这个,你能不能帮我挠一下下巴,那儿……对对对,就那儿,谢了。

"但这只不过是上帝的**前定和谐**。他把世界设计成了这个样子,世界中的各个元素之间的相互作用似乎具有因果关系,但这只是作秀罢了。"

呃,他干吗要那样做呢?

"这就得谈起莱布尼茨实际上最著名的想法了。他眼中的上帝只受逻辑法则的约束。按照这些法则,上帝本可以创造出无数的世界。而他选中的世界有着最大量的'善'。是一切可能世界中最好的世界。"

但世上发生的那些糟心事……战争、疾病、猫……

"上帝本可以创造一个没有这些东西的世界。但这些坏事也会带来好事,恶让善有机会出现。在一个没有疾病的世界里,也就没人会照料病人。每一种恶不只是带来相同程度的善,还会带来程度大得多的善。

"上帝本可以轻而易举地把人类造成只会做好事的机器人。他本可以为我们植入程序,让我们个个都乐善好施。他本可以把我们自私自利、邪恶愚蠢的能力去掉。曾经有一部很火的电视连续剧:《吸血鬼猎人巴菲》,剧中有一个角色名为斯皮克(Spike),他是个一定程度上被改造了的吸血鬼。他的脑中被植入了一枚芯片,只要他试图伤害除了恶魔和其他吸血鬼以外的任何人,就会痛苦地休克过去。上帝本可以赐予我们内含一切美德的'芯片'。但那样的话,我们就会处于一个没有自由意志的世界,一个绝不可能有善的世界。所以他赐予我们一个并不完美,但善远远大于恶的世界。"

听起来都是废话。

"这个观点当然引来了嘲笑。伏尔泰在1759年就写了本《老实人》来讽刺这个观点。1755年,有十万人在里斯本地震中丧生。许多人就因为躲到教堂里而命丧黄泉。这件事的恶真的被它所激发的善(比如救援人员的善举)抵消了吗?又有什么能补偿一个在痛苦中死去的孩子呢?

"所以,并没有很多人为他的观点买账。但从逻辑上而言,这个观点其实没错。我们没有什么办法能够确切地知道我们所在的世界不是最好的世界,这种事情永远没有定论。但它的可信度应该说,很低……

"我应该说,一切可能世界中最好的世界这个观点,其实从逻辑上看与莱布尼茨盲目的单子和他的前定和谐并没有关联。当时许多神学家也没有把莱布尼茨的理论照单全收，而只是认为就善恶平衡而言，当下的世界就是最好的世界。

"但我们已经偏离今天的主题了，即关于知识的理论。莱布尼茨的理论体系仿佛一杯精美的鸡尾酒，要想弄懂它，就得先从莱布尼茨关于实体和真理的观点出发，运用逻辑一步步进行推演，但得出的荒谬结论提醒我们，他对于实体和真理的看法肯定是没有道理的。

"在这种情况下，我们就必须对蕴含于这一体系之中，那如同出了故障的卫星导航系统一样把我们领到奇怪地方的认识论提出质疑。如果我们的大脑没有窗户，对于外在世界一概不认，而只反映它内部的东西，那它所思考出来的东西，还值不值得我们信赖呢？这样的大脑就像个广场恐惧症患者，害怕出门，甚至害怕拉开窗帘，只依靠家中的东西度日，如厨房里风干了的食物残渣，壁炉上破旧的装饰，逝者的褪色照片等。

"有趣的是，虽然现在斯宾诺莎的追随者不多，但还有那么几个，而笛卡尔依然屹立于哲学辩论的中心。我们接下来要讲的哲学家康德也永不过时，但追随莱布尼茨的人一个都没有了。所以就让我们拉开窗帘，看看外面有什么东西进来吧……"

你说过下次漫步再聊的。我的小脑袋装不下了。

"哦，不好意思啦，孟弟，当然可以下次再聊啦。你能自己走回去吗?"

试试看吧。

于是,我们离开了沙袋鼠、水豚、圣鹮,往家的方向走。快到家的时候,我才把孟弟抱起来。

第九次漫步
经验论：我就是知道了

在第二次的认识论漫步中(说是漫步,其实我们就只是躺着),我们讨论了十七、十八世纪的经验论哲学家:洛克、贝克莱、休谟等,他们都认为知识必定源于经验。

第二天,雨水一阵阵拍打着窗户,于是我们进行了有史以来最短的一次漫步——径直走到孟弟最喜欢的那棵树下,然后折回空无一人的公寓,躺到沙发上。说实话,孟弟已经不像年轻时那么闹腾了,躺沙发成了他打发时间的首选。我躺在沙发上,他躺在我身上,沿着我的胸骨直直地趴着,活像一条毛茸茸的大鼻涕虫。要不是现在我读的这本书太重,我会把书轻轻地支在孟弟背上读。要是我总挪来挪去,孟弟会睁开眼睛,发出不耐烦的哼哼声。

"准备好聊认识论第二部分的内容了吗?"我俩都躺平后,我问道。

孟弟重重地呼一口气。与其说像叹气,不如说像被惹到了。但他并没有从我身上爬下躲到别的房间去,所以我默认他同意了。

"昨天我们讨论了古代的认识论,然后又研究了怀疑论的传统,最后还探讨了唯理论哲学家是如何用纯粹的思维力量驱逐怀疑论的。今天,我们来看看与唯理论分庭抗礼的经验论是如何尝试通过经验而非思维来建立坚实的知识基础的。

"虽然我们能在亚里士多德的理论中发现经验论元素,意大利文艺复兴时期的一些思想家和艺术家也曾明确指出经验比理性或古代权威更能鉴别真理,但经验论的真正开山鼻祖是英国思想家弗朗西斯·培根。但我想在下次漫步的时候再聊他,因为他主要还是被当作科学哲学的先驱。托马斯·霍布斯在其政治巨著《利维坦》（1651）中用简明的语言描述了经验论。他说，我们头脑中的一切，一开始都是通过感官进入的。记忆、想象、理性都离不开最初的感官输入。知识就是对事实的认识，所谓事实，就是外部世界的东西。唯一认识事物的方式就是亲眼看到它发生了。

"霍布斯著名的后继者约翰·洛克（1632—1704）则把经验论带到了常识的高度。如果去读他哲学领域的大作《人类理解论》（1689），那里面清晰的表达（通常情况下如此）和相对直白的思想会让你一次次点头，觉得，'啊，看起来挺有道理的'。

"然而洛克的经验论有个致命缺点，而这个致命缺点在他的后继者贝克莱和休谟手中，其怪异程度和唯理论者的胡思乱想不相上下。"

你在故意吊我胃口，是不是？

"或许吧。就一点点啦……虽然洛克反对唯理论者所说的必然性，但他并不持怀疑论。他的出发点是，我们显然拥有对这个世界的知识，问题在于，我们如何得到这些知识。他的攻击对象是笛卡尔。我们之前说过，笛卡尔认为我们的心灵包含着某些天赋观念，包括我们自身存在的观念、上帝的观念等，而这些观念反过来引导我们获得关于外部世界合乎逻辑的确定知识。

"和霍布斯一样，洛克认为我们来到世界上的时候什么都没有，头脑中完全没有观念。而我们的心灵，在出生时候是一块白板（tabula rasa）。虽然缺乏知识，但心灵带有某种天赋，它拥有思考和推理的能力，却没有任何**观念**。观念是洛克用来形容我们心灵中的东西的术语。观念是精神对象，与使观念产生的外部世界的物理对象相对应。

"洛克反对天赋观念的论点我们上次已经讨论过了。而他的论点同样也能用来驳斥那些认为心灵包含天赋的道德情感、良好品位或数学概念（比如相等或相异）的人。洛克并不是孤军奋战，他还借用怀疑论者的策略来排除天赋观念。他指出，如果这些观念是人类天赋的，那它们就应该具备三个特点：一、普遍性；二、处处相同；三、生来就有。而稍微做一下人类学的调查就能清晰地发现：在不同文化中，人们对于宗教、善行，甚至数学知识的认识都有着极大的差异。此外，任何接触过孩子的人都能确定孩子在受教育之前，并不具备这些观念。柏拉图可能会声称，苏格拉底能把潜藏在小男奴心灵中的几何学知识激发出来，但洛克说，心灵就是个空桶，等着往里面填东西。

"如果观念不是天赋的，那又从何而来？和所有经验论者一样，洛克指向了经验。我们的感官向我们的心灵输入了感觉，于是这些感觉就成了观念。一旦感觉进入心灵，心灵就会主动思考，把它们结合到一起，于是，由感官印象得来的简单观念被转换成了复杂观念。我看着你，孟弟，躺在我的胸前。我轻轻摸了摸你……"

摸摸不错……

"我又闻了闻你……"

喂!

"进入我心灵的是一些简单观念:重量、大小、温暖、脏兮兮的白色、柔软、毛茸茸,还有稍许发霉的臭味。这些简单观念组合成了'狗'以及'给他洗个澡'这样的复杂观念。"

我上个月才洗过!

"洛克举了个更为简单直接的例子。圆、红、甜全都是简单观念,但结合在一起就形成了复杂观念:苹果。"

没多复杂啊。就连我都知道苹果是什么。

"说这个观念复杂只是因为它是由几个不同的简单观念构成的,这些简单观念组合形成了一个复杂观念。

"现在我们说完了简单观念和复杂观念,但洛克又把那些原始的简单观念进行了区分。还是拿孟弟你来举例,洛克提出,我所感知的你的一些性质,你的形状、你的重量、你在世界中的位置、你是固体(通常情况下不是气体)的事实、你静静地坐着而不是到处走动的事实等,都可以说是真正在你'内部'或属于你的。而还有一些性质,你的颜色、你的气味,你的,呃,味道(如果我舔你的话)、你在我腿上感觉起来很暖和的事实等,这些东西更恰当地说,是属于我的。"

嗯？我不是很喜欢自己有部分是你的这种想法……而且，说实话，你要舔我是真恶心。

"马上，这一切就都能说通了。洛克认为属于你的一些品质：你的质量、重量、形态、体积等，他称为**第一性质**。这些性质实际上都体现在所观察的客体上，是与客体不可分割的。洛克说：没有身材和体形，我甚至不能把你想象出来。没有这些东西，你就完全不是你了。

"然而，气味、味道、颜色等性质的差别就大了。我可以再想象出一个孟弟，他没有脏兮兮的白毛，或者他的气味没那么浓郁。这些性质并不像刚才提到的那些性质那样核心，它们实际上似乎更像是存在于我的心灵中，而不是属于你。如果你问我：'我闻孟弟是在哪里发生的？'我说在我心中发生，其实是说得通的。

"所以洛克称这种性质为**第二性质**。第二性质是第一性质的产物，是由其触发的，但对于颜色和气味的实际感觉存在于我的心灵中。我们在之前的漫步中提到过主观性和客观性之间的区别。对洛克来说，第一性质是客观的：它们独立于任何特定个人或群体的意见。如果我们不存在，一块煤仍然是一块煤，有着一定的重量和体积。如果两个人对煤的重量有异议，可以自己去称，而最后双方都不得不一致承认煤的重量。但煤黑色的性质需要动用人的感官，因为黑色只存在于那些感知它的人的心灵中。

这同样也适用于橙色火焰，以及煤燃烧时产生的温暖。所以，第二性质是主观的，取决于我们观察后的个人感知。如果一个人说烧着的煤是黑的，但另一个人说烧着的煤不是黑的，而是万紫千红、光辉灿烂的，这两种说法不好说谁对谁错。这就是主观性的本质。

"从某种程度来说，我们可以通过不止一种感官来识别第一性质，比如说，你可以看到并同时感觉到一个物体在移动，而狗狗小零食的味道你是看不到的。"

啊哈，说到这个，你不会刚好有……

"可能我还真有……我找找……来！吃吧。"

谢啦。

"可能有一两种情况你会认为界限不清。例如，热，你也许会把它看成第一性质——火是热的，毫无疑问，热既属于火，同时也是火可以被感觉的性质。洛克对此的回答是，认为火本身包含了温暖的观念是错的。就如同用针刺我，说针包含了我对痛的观念一样。

"所以现在，大脑中铺满了观念，有简单的也有复杂的。但对洛克来说，这并不等同于'拥有知识'。知识需要心灵主动去寻找观念之间的联系，找出它们之间的一致或不一致。打个比方，眼睛把黑、白两种简单观念传递给心灵。心灵把这两种观念进行比较，发现它们是不同的，这种对差异的理解就是知识。唯理论者认为，相异或相同等概念是天赋的,它们只是等待感官输入数据来填实而已。但对洛克来说,没有经验就没有概念。

"不同感官给我们传递了猫和狗的复杂概念,于是,我们看到了不同之处,同时也看到了相似之处。从这两种动物都是温血动物并且给幼崽哺乳的事实我们可以得出,猫和狗属于同纲——它们都是哺乳动物。观察它们的牙齿,我们会发现它们属于同目——它们都是食肉动物。但从差异上来看,事实是⋯⋯"

一个是邪恶的变态杀手,另一个是你的亲密伙伴?

"哈,或许吧,先不论其他不同点,我们发现你们属于不同科:一个属于犬科,一个属于猫科。这就是知识,是对感官独家提供的数据进行正确分类和整理后的产物。"

听起来很棒。这种说法有什么问题吗?

"洛克的想法听起来挺合理的,他诉诸常识,不自相矛盾,也不像奇谈怪论。但正是这种合理性使他陷入了混乱局面,而这种混乱局面,经验论自始至终没有妥善解决。我刚才其实掩盖了一种机制,只有在这种机制下,洛克才能说我们心灵中的观念是与外部世界客体相互联系的。洛克在《人类理解论》中写到,我们的心灵中只有观念,而知识就是在比较这些观念是不是在一致中形成的。我时常想象我的脑中有一个小人,仔细监视着一排电脑屏幕,屏幕上接收着各种各样的图像。这些图像可以存储、检索,帮助我们洛克先生完成比较判断的业务。但问题是,这个小场景完全发生在哲学家的心中。那个小人怎么就知道屏幕上的东西与外面的世界有关?如果她的工作就是负责心灵中的观念,她又凭什么说观念和外部世界有关呢?

"洛克后来声称,简单观念不仅因其反映的对象而起,还与这些对象相似,但我们如何才能通过电脑屏幕上的图像得知这些呢?毕竟洛克早就说过,在我们的心灵中,只存在电脑屏幕。将知识局限于经验的做法使洛克陷入了恶性循环。经验只能告诉我们,我们正在体验我们的经验。但根据定义,经验是不能告诉我们经验之外的东西的,是不能告诉我们经验是由什么导致的。我们后面会说到,大卫·休谟有办法摆脱这个窘境,但他的方法不能算哲学方法。而洛克面对这个窘境,就是不动声色地糊弄过去。

"但洛克的问题并不仅限于如何给经验建立基础。你经常会发现,一个理论中看上去最为可靠的点恰恰就是最站不住脚的。"

你也是这样的?

"呃,好吧,也不是都这样啦。笛卡尔的理论中最薄弱的环节很明显就是上帝。而莱布尼茨的理论中最薄弱的环节是他的这一整套破理论。关于他我还得再下点儿功夫……但不管怎样,洛克的理论中最薄弱的环节就是他对第一性质和第二性质看似合理的区分。杰出的爱尔兰青年哲学家乔治·贝克莱(1685—1753)就指出了这一点。

"起初,贝克莱似乎坚定地站在洛克和霍布斯(以及后来的大卫·休谟)一边,依循着经验论的传统。他一开始重申了洛克关于第二性质的主观性的看法。我们来回忆一下,帮助理解。洛克建立了这么一个观点:心灵所能拥有的只有观念,而观念由外界的东西引发。所以我们知识的对象并不是客体,而是这些客体在我们头脑中的反映。

"接着贝克莱更进一步提出,即使第一性质——尺寸、体积、重量、动作——我们难道不也只能通过心灵中以图像形式存在的观念和感知才能认识它们吗?我们凭什么认为它们和颜色、气味、味道不同,是独立于我们而存在的呢?而且,洛克用来表明颜色和味道会因人而异的例子,恰恰也可以用来表明第一性质同样依赖于感知者的感受。煤块对于蚂蚁来说像座大山,但对于大象来说像块小小的鹅卵石。

"如果现在所有性质(包括第一性和第二性的)都可以说是仅存在于感知者的心灵中,那被感知的客体本身到哪儿去了?根据贝克莱的说法:哪儿都没有。于是,他踏出了惊世骇俗的一步,宣称感知之外无客体。当我们说有桌子、椅子或小白狗存在时,我们所说的就是当时在我们心灵中的观念。在这个范围之外,讨论某物通过某种方式引发了感知,是没有意义的。**存在就是被感知。**"

但是这……这……

"如果你认可洛克那套看起来特别合理的思路,那你就会觉得贝克莱的说法虽然疯狂,但符合逻辑。常识告诉我,如果贝克莱是正确的,那么在我眼睛闭上还未睁开的一刹那,世界就不复存在了。我们真的能想象出这样一个忽而存在,忽而消失的世界吗?

"贝克莱对这一异议的回答是,这样的情况是不会出现的,因为世界一直在被观察着。哲学史上最著名的两首打油诗,诙谐地概括了他的观点 [第一首是罗伯特·诺克斯(Robert Knox)所作,第二首没有署名]:

曾有人说:'上帝
定觉得有件事特怪异。
他发现没人在院里,
院里的树却仍在那里。'

提问者亲启,
你大惊小怪没道理,
我一直就在方院里。
所以树也一直在这里,
而观察者就是你
最诚挚的上帝。

"所以，哪怕所有人类的眼睛都闭上了或被挡住了，而上帝全知全能的眼依然通过观察使得外部世界延续存在。"

真省事。

"这一观点——只有心灵中的观念才是唯一真正存在的东西——被称为**唯心论**。相反的观点——物质世界的确存在——被称为实在论。但很讨厌的是，这两者之间的区别和我们之前几次漫步时讨论的唯名论与实在论之争没有太大关系。唯名论可能会反对'狗'这个通用概念是实体，但并不是说他们就相信狗只存在于我的脑海中。

"我们可以看出为什么贝克莱的观点对年迈的莱布尼茨来说充满吸引力了。对于贝克莱而言，现实存在于心灵中，而不在'外部'。这一观点与莱布尼茨一拍即合。同样重要的还有，是上帝赋予了世界连续性。

"最后一位伟大的经验论者，大卫·休谟（1711—1776），在某种程度上，他对心灵之外不存在真实世界这个观点并没有太在意。休谟是常识的忠实信徒，他承认，哲学家可能有那么一会儿会相信，一旦走出了房间，房间就不复存在了，并且在心灵之外没有真实的客体世界。但后来，哲学家会意识到这种观点的荒谬性，于是他/她会笑笑，继续生活，并认为桌椅和小狗是真实存在的。

"感官究竟能告诉我们什么？休谟关于这个问题的分析远比

贝克莱异想天开的唯心论更具颠覆性。

"休谟的大部分经验论思想首先见诸《人性论》(1738—1740)，后来经过修订，出现在《人类理解研究》(1748)一书中，和洛克的经验论相比较，有点儿新瓶装旧酒的味道。休谟把心灵中存在的一切统统称为**知觉**。而知觉要么是**印象**，要么是**观念**。两者相比，印象中包含的感觉、情感、情绪更为生动鲜明。我们伸手摘了个红苹果，咬了一口它鲜脆的果肉，品味了它的酸甜，感觉到一阵喜悦。红、脆、甜、喜——这些都是印象。当我们以后回忆起这段吃苹果的经历时，曾经对苹果之红、之脆等特性的强烈感觉，如今变成对这段经历的苍白反应，而这些就是观念。虽然观念不如第一印象生动有力，但我们已经获得了一种能力，即运用想象，通过各种方式操纵并整合这些观念。想象能够使我们构思出一些没有经历过的事情，比如说，把一匹马和一只角加在一起，可以形成独角兽的观念。尽管想象可以自由地操纵、融合观念，但它只能以感官传递过来的东西作为原料进行加工。"

对于你头脑中的东西叫什么，他们竟然都不能统一一下，有点儿烦人。

"你是说洛克和休谟对'观念'这个词的含义界定不同吗？别担心。这个差别不重要。对于他们两人而言，观念都是心灵中的实体，其实与我们所认为的观念的含义差不多。到目前为止，休谟和洛克的观点很相近。接下来我们要谈的内容，就涉及休谟思想激进的一面了。所有的知识可以分为两类：一方面是关于事实的知识，换句话说就是我们凭借感官在外部世界感知到的东西；另一方面是关于观念关系的知识，他指的是我们前面讨论过的那些分析性的真理，如数学和几何的法则，以及重言式的陈述，如'人都会死'。

"以上两种知识的主要区别在于，如果否认关于观念关系的知识，就会自相矛盾。如果你说三角形边的数量不是三条，而是四条；或者九的平方根不是三，而是四，那你就证明了自己并不知道这些概念。但是，否认关于事实的知识就从不会陷入这种矛盾的境地。事实永远有可能出现与之相反的情况，而找出答案的唯一方法就是运用经验。虽然任何经验都不会改变三角形边的数量，派遣科考队去喜马拉雅山或亚马孙雨林来试图寻找四条边的三角形也毫无意义。但是，不管可能性有多小，我们在某个地方发现蓝毛狗或长得像温斯顿·丘吉尔的土豆的概率永远是存在的。

"这种对于关于观念关系的知识和关于事实的知识的区分被称为休谟之叉，如果有某样东西，用叉子的两个齿都刺不穿，那对于休谟来说，这个东西就是不可知的。而休谟之叉刺不穿的东西中，就有因果关系。在我们大多数人看来，因果关系似乎是每时每刻都在世上发生的事情。我踢了一个石子，于是它就滚过了马路；我擦一根火柴，火就燃起来了。取决于或遵循因果关系的事太多太多了。所有科学理论都假定因果关系的存在。人的生命也遵循因果关系。因果关系就发生在我们面前。那是不是肯定就没人能怀疑这种关系的真实性了？

"不，休谟就表示怀疑。"

我就猜到他会这么做。

"他先指出，因果关系并非数学真理那样的真理。否定因果关系的真实性并不会像是说三角形有四条边一样陷入自相矛盾。"

有道理，那它肯定是另一种知识，属于叉子的另一个齿——关于事实的知识？

"嗯，你可以这么想，但休谟不同意。休谟说，当一颗台球击中另一颗时，我们所能看到的就是，先发生了一件事，一颗向前滚的台球撞上了另一颗台球；接着发生了另一件事，被击中的台球弹开了。我看到火柴划过火柴盒，接着又看到火柴顶端的火焰。我按下遥控器上的按钮，接着看到电视启动了。我看不到因果关系。我们所能看到的是休谟所谓的**恒常会合**：A 总是，或基本上总是会跟在 B 的后面。"

但这不就是在玩文字游戏嘛！

"休谟可不这样认为。他不是说我们不该期待 B 跟在 A 的后面。人类是受习惯和习俗所支配的。如果我们多次看到一件事情在另一件事情之后发生，我们就会觉得一直是这样。休谟认为这样的想法太棒了。我们的行为就该受到常识、习惯、习俗的约束。但这并不会改变一个事实,即因果关系并不是关于事实的知识,也不是关于观念关系的知识:它只是一种我们学会去期待的东西。

"休谟认为,因果关系是一种较为广泛的现象中的个例。我们之前提过归纳法的概念,就是在讲亚里士多德的时候。归纳法的基础就是认为未来会和过去一样。我们收集了一些东西的样本,比如说白天鹅。接着我们构建出一般规律,如所有的天鹅都是白的,于是我们能反过来利用这条规律预测未来事件,如我们看到的下一只天鹅会是白的。但需要声明,归纳推理不是一种观念关系:假设存在黑天鹅并不会陷入自相矛盾。归纳推理也不是我们能够观察到的东西。归纳法对未来做出预测,而未来是我们无法观察到的。"

但是,难道我们最终都看不到未来吗?我的意思是,一直以来,你只要说开饭啦,我就会跑到碗前,碗里一直有吃的啊……

"好吧,我们来看看这个说法。我们想要检验归纳推理能否为我们下结论奠定坚实的基础。换句话说,未来是否会和过去一样。我们发现,归纳推理在许多情况下都是成功的。因此,它在预测未来上,一定也行得通。"

对啊……然后呢?

"所以我们所假定的,就是我们一开始想要证明的。"

从头再说一遍。

"归纳法指的就是未来会和过去一样,从而我们就借此制定法则,拿来做预测,对吗?"

对。

"我们发现归纳法适用于许多情形,因此我们就假设它能预测未来。"

没错。

"而这是我们一开始就想了解的。你用了归纳法来证明归纳法。"

啊,我觉得我懂了。但是,说到底,我的食物的确一直在那儿啊……

"至少这一次,凭逻辑提出的反对意见是有效的。归纳法并不总是正确的。有一个著名的例子,尽管人们多年来观察到了数以百万计的白天鹅,但当有人从澳大利亚带回了一只黑天鹅的时候,'所有天鹅都是白的'这个理论就被推翻了。伯特兰·罗素说了个很有趣的故事,讲的是渴望被投喂的动物……"

我觉得我不会喜欢这个故事的……

"罗素原本说的是鸡的故事,但口口相传,鸡就成了火鸡。不管怎样,在故事里,每天早上9点,就会有人来喂这只火鸡。一年中的364天,天天如此。这只火鸡很聪明地运用归纳逻辑得出了一个理论:总会有人在早上9点喂它。然而,接下来的一天是圣诞节,农夫拧断了它的脖子。"

谢谢你啊。

"不客气。休谟对归纳法的批判很可能受到了他所阅读的古代怀疑论著作的影响——尽管休谟偶尔会驳斥这种说法,但他确实称得上古代怀疑论哲学家的投胎转世。古代怀疑论哲学家中,有一个名叫塞克斯都·恩披里柯的人,他反教条主义的工具箱中就有反对归纳推理的论点。如果你的教条主义辩论对手想凭借观察到的许多个例推断普遍规律是真的,那么他们会通过以下方式来这么做:要么选择一定数量的例子来佐证,要么把所有例子都列出来。如果他们选择了第一种方法,你就可以说他们故意不提那些会破坏他们结论的例子。如果他们想把所有例子都列下来,那这个清单是永远都列不完的,因为例子的数量是无限的。虽然这和休谟的观点有些出入,但休谟肯定受了这个观点启发,从而质疑归纳逻辑。

"所以,休谟提出因果关系(以及一般意义上的归纳法)不可能是关于事实的知识,因为无法通过直接观察得来,而只能通过联想。因果关系也不是观念关系。例如划火柴'导致'火柴燃烧、明天太阳会升起等,都不是数学或几何学那样的分析性真理,归纳大师火鸡的悲伤故事证实了这一点。划火柴不会让火柴燃烧的观念在逻辑上并不自相矛盾。

"既然这样,我们该怎么办呢?和往常一样,休谟让习俗和习惯把我们带出困境。我们已经习惯了事情一件接着一件来。这种习惯很可能会继续起作用。我们无法以知道世界上其他事实的方式'知道'习惯,也无法像欧几里得在几何学中做论证那样论证习惯,但我们可以'使用'习惯。

"休谟对于一般倾向(又叫自然法则)的温和怀疑态度属于认识论范畴,而非本体论范畴:他并不怀疑一般倾向的存在,他只是破坏了我们声称了解它们的基础。休谟之所以没在更基础的层面上质疑自然法则,是因为他的怀疑论需要用到这个概念。矛盾吧?"

啥?

"哦,你没睡着呀?有时候我觉得像在自说自话。"

啊,我只是在闭目养神。你在说,矛盾吧?

"对,我们可以看见休谟对宗教,至少对他那个时代的宗教实践展开了激烈的批判。他对奇迹深恶痛绝,在他的定义中,奇迹就是所有违反自然法则的事件。比水重的物体就应该下沉;死去的人就不可能复生;五个饼两条鱼不可能喂饱五千人,还剩下比原先更多的零碎。所以可见,休谟为什么要把自然法则的概念放在第一位:没有自然法则,就无法打破奇迹。经验也许不能让我们认为自然法则是绝对正确的,但经过不断验证,加上习惯和习俗,意味着我们已经开始依赖自然法则了。

"他断言,一个有智慧的人会将自己的信念与证据相结合。

那么，有什么证据能证明那些打破了我们所依赖的自然法则的奇迹呢？休谟指出，不相信证人一定比相信历经多次证实的法则已被打破更困难、更像奇迹。我们知道，即使动机真诚，作为目击者，人类也是极其容易犯错的。当我们补充说，大多数奇迹要么发生在那些没有受过教育，从而容易轻信的人身上，要么发生在那些有充分理由夸大或撒谎的人身上，那么理智的人就肯定会得出这样的结论：没有理由相信奇迹的真实性。鉴于基督教需要对奇迹的信仰，休谟在他那个时代受到众人攻击，被斥为无神者也就不足为奇了。'

那他是无神论者吗？

"是的，我觉得他是。无论如何，屹立于经验论传统高峰的休谟认为，宗教是未经证实的谬论；习俗是我们对因果关系和自然法则信仰的无上基石；一切道德意义上和审美意义上的美，无论如何都不是世界上'真'的东西，而是作为纯粹的情感，只存在于人类心中。

"我们刚开始的时候，讲了洛克的常识实在论，他认为我们的感官能传递可靠的知识。而到了最后，我们得出了某种近乎是彻头彻尾怀疑论的东西，所幸休谟温和地承认习惯和习俗能帮我们解决问题。"

孟弟的头从我胸前抬了起来。

有人来了。

"啊?真的啊?"

真的。

他闻了闻。

是女老大。

"那我们等会儿再聊。"

接下来聊谁?

"康德。"

孟弟吞了吞口水。

第十次漫步
终结者康德

这是关于认识论的第三次漫步，我们讨论了一个大佬的观点。伊曼努尔·康德认为，心灵在塑造我们对于外部世界的知识方面扮演着主动的角色。接着我们研究了语言在为知识的边界划界线时扮演的角色。最后，我们得出结论，什么是知识的问题在很大程度上取决于语境，于是我们回到了"模糊"这一大有用处的概念上来。

到头来，我们隔了好几天才有机会像样地散个步。其间我出城开了几次会，于是孟弟由麦太太照顾。她带孟弟去了宠物医院，检查了屁股和其他毛病。结果不是太好。是那种我连想都不愿意想的不太好。所以，为了犒劳一下孟弟，我挑了个阳光大好的早晨，带他坐公交车去樱草花山玩。孟弟一直都喜欢那个地方，他会坐在地上，眺望城市空洞的玻璃大厦和外形相对柔和的老教堂。我在靠近山顶的背风斜坡上铺了条毯子，和孟弟一起躺在上面。

"你还记得我们上次讲到哪里了吗？有些日子了……"

应该是康德吧。你让这个话题就这么悬着，怪吓人的。

"好吧，我们来总结一下。唯理论者认为，人类的心灵是所有真知识的源泉，他们不信任甚至否认感官证据。经验论者承认有一些知识是由心灵单独运作而产生的，如数学知识（虽然洛克连这个都否定了），但在大多数情况下，他们认为我们之所以知道自己所知道的东西，是因为感官已经将世界的信息传输到我们的心灵中了，否则，心灵就是块白板。唯理论者为我们提供了不可思议之事的确切知识，而经验主义者则针对我们以为已知的事物提出了怀疑。

"那理所当然，我们需要的是能够不偏不倚地将两种观点结合起来的方法。而做出这一伟大综合壮举的就是伊曼努尔·康德。康德关于人类心灵认识世界的方式，以及这种知识的局限性的论述是哲学领域最伟大的成就之一。他阐述理论的著作《纯粹理性批判》(1781)，也恰恰是有史以来正式出版的最难懂的书籍之一，其思想的深刻性和复杂性从其语言的诘屈磝碻中可见一斑。（去读德语原版也没用——许多德国学者声称，英文版读起来还更容易理解些。）"

你还挺会兜售的啊……

"阅读康德的问题出在他所使用的专业术语上，他试着尽可能做到表达精确，以避免误解，因此用词极为具体，极为与众不同。但是，在避免误解的过程中，他经常让自己写的东西完全无法被理解。他延续既定的形而上学思想传统，使用了亚里士多德、笛卡尔、莱布尼茨的语言，在此之上还加入了自己的术语，这些术语的含义因上下文而定，但这样的含义并没有让人更好地理解他的意思，而是经常让人感觉更难理解他想说什么了。所有这些问题，让阅读康德的著作对于一个非专业哲学家来说极为困难。但是，把康德的主要思想以一种简化但不歪曲的方式呈现出来也并非不可能，尽管这必定会使他思想的丰富性和不可思议的微妙之处流失大半。

"康德称，阅读休谟使他从'教条主义的迷梦'中惊醒。休谟的怀疑论使他去寻找一种能够精准描述可知事物的方法。除了休谟的怀疑论，康德也受到休谟赋予心灵以理解感官数据的能力的启发。但康德同时想避免陷入莱布尼茨和贝克莱的唯心论，因为他认为外部存在真实的世界。问题是：我们如何认识这个世界？因此，康德的工作一方面是确定什么是可知的，另一方面以一种恰当的形式将人的意识在认识过程中扮演的角色理论化。

"我尽量避免使用康德极其难懂的术语，而是使用一些我认为我们彼此都熟悉的词语，但我们还是要从几个定义说起。

"我们之前讨论过，在康德之前，有人假定存在两种可能的知识。一种是你可以从经验中了解的——康德称这类知识为后天的（意思是'源于其后'）。还有一些知识不需要经验，而是通过推理得出，他称之为先天的（'源于此前'）。

"大多数先天的真理都是分析性的，即真理已经蕴含于命题中，而推理过程只是把它引出来。我们前面讨论的三段论就是这类例子。虽然先天知识可以帮你澄清你所知道的，但它并不是'新的'。所以，一旦你给三角形下了定义，所有其他你能说的关于三角形的有趣的事情——斜边的平方之类的——就已经锁起来了，等待着你去破解。后天的真理来自经验。用康德的话说，它们是综合的，也就是说，它们创造了新的知识——把原先不在那里的知性的东西拿了出来。

"在《纯粹理性批判》中，康德给自己定了一个挑战：证明可以存在综合的先天知识。"

喂，你说过不用行话的！

"我说我会尽量少说术语……但我刚说的这个很简单，你只要开动小脑筋就不会有问题。综合的意思就是包含新的东西，先天的意思就是不从经验中学习。"

那么，呃，究竟有没有这种东西啊？

"你问的是他有没有证明出来？我觉得他证明出来了！"

"在康德看来，心灵有两种生产知识的能力。**感性**是心灵的接受能力，即它从外部世界接收感官信息的能力。**知性**是心灵组织和处理源于感性的观念的能力。这两者听起来都类似于休谟设想的知识产生方式。然而，康德的意图却远远超过了休谟关于心灵与世界关系相对肤浅的论述。

"康德踏出的第一步是认为，知觉和知性的行为准确来说就是一种'行为'。感性与知性不是被动接受，而是主动处理。它们合力将杂乱无章的感官表象（康德称之为杂多性）转变为有条理、可被认识的经验。

"从感性开始，康德从未质疑过进入心灵的感官材料与某种'真实'的东西相关。他提出，说某个表象不具备可以被表现出来的真实的东西，是没有道理的。所以，他同贝克莱的唯心论划清了界限，因为贝克莱坚持认为在感知者的心灵之外不存在真实。康德认为世界上的颜色、声音、气味都是'外部'某种东西的反映，这一点和洛克的想法是一样的。洛克和休谟都认为，我们的心灵以各种方式组合、诠释传入的数据。然而康德认为，一旦接收到材料，心灵的组织行为并不是被动的，而是主动的。我们的知觉起初就有一个结构，只要感知行为一启动，我们的意识就会把这一结构强加给知觉。

"那什么是结构呢？康德首先排除了原始数据，也就是那些光怪陆离的色彩、张牙舞爪的动作等；其次，他把知性所做的较为复杂的排列组织工作也排除了。在他面前，只剩下两个原先一直被放在'外部'的概念，如今，康德把它们搬回到人类的意识中。这两个概念就是：空间和时间。"

哇！所以空间和时间在我们脑袋里啊？

"没错。我们无法观察到空间或时间，它们并不是从我们的经验之中衍生出来的实证概念。康德认为，它们是所有知觉经验的先决条件。康德对此的解释是：空间和时间是**先天直观**。看到一个物体时，我们已经把空间和时间的观念加到它上面了。我们不可能想象出不具备空间性和时间性的东西，我们只能想象出占据一定空间并具有分离性或连通性等性质的物体。

"这就是康德所说的**先天综合判断**。通常来说，先于经验的东西只能在分析或重言的情况下才是真的。但在先天综合判断中，具有先于经验，但依然包含真知识的东西。

"有人提出，我们只是感知了'外部'空间，对此康德回答：有空间存在于我们之外的观念假定了有内外之别的空间概念的存在，所以这是个循环论证。同样，认为事物要么按时间先后发生，要么同时发生的观念也只是一个能帮助我们理解世界的结构性原理,而非我们真的在外面发现的东西。"

我尽力了,但我小小的狗脑袋容量有限。

"不只你会这样。迫使心灵认为空间是意识投射的,而不是意识被动感知的着实很难,把它们看作游戏规则可能会容易理解一些。如果你看足球比赛或看两个人下国际象棋,如果你知道规则的话就能看懂,否则你看到的只是一堆令人摸不着头脑的随机动作。所以,我们并非被动地接收球员踢球或棋手移动皇后的影像,并随后在脑中解释这些动作:游戏本身就是由我们的意识构成的,而我们在比赛中加入了规则并进行了解释。

"这种主动理解世界的观点同现代心理学非常一致。现代心理学完全赞同大脑努力工作赋予了混乱的感官知觉以形式和意义的观点。再举个非常基本的例子,我们看着某样东西,这个东西的影像就投射到我们的视网膜上。而我们眼睛的结构导致视网膜上的图像都是上下颠倒的。大脑的第一项工作便是把这些图像调正,这项翻转图像的工作就意味着我们有对空间关系的天赋知识。

"我们无法想象没有空间和时间的世界。想象宇宙大爆炸之前,空间和时间还没开始的时候?人类的心灵根本无法想象这种时候。我们有'宇宙大爆炸之前'这种说法,似乎意味着什么,但其实什么都没有,因为心灵中没有任何与之相对应的图像。我们只要想象某个物体,就是把它放到了空间中。而想象它移动,不仅涉及空间,还涉及时间,因为时间会随着物体的移动而流逝。

"因此,即便是我们通过吸收感官知觉来获取知识的第一阶段——感性,也是由心灵的这种特性构成的。于是我们进入认知过程的下一个阶段:知性。直观(康德对按时间和空间组织的原始数据的描述)必须通过知性的进一步诠释,才能对我们具有意义。

"因此,感性开始将原始感官数据按照空间和时间进行整理,并将其转化为我们能够知道的东西。然而,真正的重任要由知性来完成,在此过程中,心灵负责分类、组织、联合、判断。为了做到这一点,我们的心灵运用了康德所说的**范畴**——一种不同的概念实体,心灵凭借它来理解输入的感官数据。

"外部世界的事物可以用范畴来分析的观点,首先是由亚里士多德提出的(肯定是他,不然还有谁……)。范畴的希腊语原词是 kategoria,意为在法庭上针对某人的控告。亚里士多德把这个词拿来当谓词——针对某物你可以说的东西或你可以问的问题。

"亚里士多德列出了十种范畴,在他看来,这已经穷尽了描述一件事物的所有可能性。这十种范畴是:实体,即什么东西,如人、狗或树;然后是数量,即有多少东西;然后是性质,这个范畴有点儿模糊,但表示的是具有什么特性,如颜色、质地、气味等；然后是关系，即事物之间的关系，比如，孟弟，你比我臭，我比你高；然后是地点，我们在毯子上；然后是时间，就是今天；然后是姿态，我坐在这里，你躺在我胸口；然后是状态，这又是一个略微复杂的词，亚里士多德的意思是你处于做了某件事的情况下，亚里士多德举的例子是你穿着鞋子或是穿着盔甲，所以，孟弟穿着可爱的小外套；然后是动作，即在做什么事情，我们在思考、在聊天；最后是遭受，也就是行为的被动状态，有事情发生在了你身上，被人踹了，被人吼了。"

有点儿无聊。

"抱歉啦。我也知道这很无聊，但这些概念挺重要的。我们现在知道亚里士多德认为你针对某样东西可以说的一切了。如果我用这些范畴来分析你的话，你会被分析得彻彻底底，毫无遗漏。你会被完全纳入范畴！"

好耶！

"要记住的关键点是，对于亚里士多德来说，这些范畴是主体的属性——属于我们正在谈论的事物的客观现实。但康德把亚里士多德的理论来了个180度大转弯。将某物从世界进入我们心灵的过程范畴化。亚里士多德将范畴定为十种，而康德则定了十二种，并将这些范畴分成了四组，他称之为契机。四契机分别为量、质、关系、模态。对于康德的范畴，我们就不深入探讨了，大致来说，量指的是事物的数量；质指的是事物在或不在，或以某种方式受限；关系指的是世上的事物如何联系，如通过因果关系；模态指的是某一客体如何存在，如它是否真的存在、是否可能存在或必然存在。一旦感知到世上的任何事物，心灵就会立刻把范畴套上去，康德把这一行为称作综合。这种综合，这种依靠范畴对事物的突然把握，就是理解（或者说知道）的真实含义。"

你说的有点儿，呃，让我困惑。其实，对我来说，你说的仿佛只是噪声。你能用狗狗听得懂的话来表述吗？

"我试试。这样，一旦说到量，康德知道我会说，打个比方，孟弟会叫，或一些狗会叫，或所有的狗都会叫。单个、一些、全部，是思考数字或量的所有可能方式。因此，在量的契机下，我们有单一、多数、全体三个范畴。在质的契机下，可能的范畴是实在（孟弟在这里）、否定（孟弟不在这里）、限制（我们离开前，孟弟都会在这里）。"

我还是不太……医生给我吃的那些药丸，让我很难集中注意力。

我摸了摸他的鼻子。

"当我看着你的时候，我的心灵会自动工作，把所有不同的范畴，只要是与你相关的，都应用到你身上。最终，我对世界上关于孟弟这一事物的理解就是这些潜意识行为的总和。这么说清楚些了吗？"

我觉得懂了吧。或许，可能，也不太懂。

"只要抓住一个重点，就是我的心灵主动投入去创造我所理解的你的过程中。这一过程就是赋予那些我取得的疯狂混乱的感官印象以某种形式。首先赋予时间和空间的概念，接着把你归入不同范畴。而空间、时间、范畴都在我的心灵中，而不在世界上。"

等等，这和先天综合啥啥的有关吗？

"没错！范畴等东西是先天的，但它们也是真知识，能够超越自身去认知领域开疆拓土——事实上，它们是我拥有任何知识的先决条件。此外，这些范畴还是理性的基本组成部分，因此，所有人类都拥有。这就意味着，人类心灵所认识的世界是共同的、是共享的、是相互理解的。我们不像莱布尼茨的单子论所说的那样，被禁锢在私人世界中。"

嗯，松了口气。你能给我挠挠……啊啊啊对，就是那儿。

"到目前为止，我们还剩下没谈的就是表象背后的世界。我说过，康德从未否认过表象之外有东西存在，正是这些东西触发了一系列事件，让我最终看到并理解了孟弟这个东西。洛克已经提出了第一性质和第二性质的概念，他认为第一性质真正属于事物本身，并且在某种意义上，就是事物本身。而贝克莱（莱布尼茨也一样）认为表象之外什么都没有，一切都是你头脑中的观念。"

别跟我说，康德走了一条完美的中间路线，也就是亚里士多德说的中道？

"也不尽然。康德把事物自身称为**本体**。而本体这个'东西'是所有哲学中最神秘莫测的实体，它就在那里，但我们除了知道它存在以外，对其一无所知。它没有形状、没有重量、没有质地，所有的这些性质都是由我们心灵主动创造出来的。所以，没错，它确实是在的，但康德说，人类的知识和理性终究是有限的，永远无法触及本体。范畴只对凭经验可得的东西起作用，而无法触及经验背后的本体。顺便说一句，这一说法也适用于上帝。"

哦？又是一个无神论者？

"没人能对康德和上帝的关系下定论。他经常谈论上帝以及信仰上帝的必要性，并将信仰上帝看作道德的基础，但他也说，我们永远没办法知道上帝是否存在。他把上帝从理性或科学证明的领域抽离出来，让他完全留在信仰的领域。"

你是不是差不多也觉得是这样，觉得康德是对的，我们对世界的大部分感知和理解都是心灵强加给我们的？

"大体上来说，是的。"

那就是这样了，好啦，我们谈完认识论啦。

"没全说完啦。还有些要讲，你能应付得了吗？"

只要你能帮我在这个地方挠挠痒，对对，就这儿，我能应付。

"认识论并没有因康德而止步，但我觉得，自那以后，所有的认识论都是在和康德较劲。而常常都是康德获胜。但还有一个理论我想快速过一下，然后我会告诉你我的真实想法。

"实用主义是为数不多的自希腊人之后发明的新哲学。在古代世界，并没有实用主义这样的哲学。这一哲学流派与活跃在十九世纪下半叶和二十世纪上半叶为数不多的几个美国思想家相关，其中包括查尔斯·桑德斯·皮尔士、威廉·詹姆斯，以及约翰·杜威。实用主义彻底打破了运用经验在'真实'世界中发现真理或借由心灵中的纯粹理性推导出真理的观念。实用主义者认为，知识并不是我的所思所想与真理之间的某种对应关系。真理无非就是在特定情况下，什么是最有效的。它本质上是一个进化论意义上的假说：我们是试图在充满挑战的世界中生存繁衍的动物。我们秉持的某些信念会有助于我们繁荣昌盛。而那些对我们没有帮助的信念，则会像患病的有机体那样遭到淘汰。这就是真理的全部含义。

"打个比方，我是一个生活在五万年前的猛犸象猎手。我知道，在一年的某个时期，会有一群猛犸象穿过一条特定的山谷。我之所以有这个信念，是因为我祖先的灵魂会在一年中的这个时候把猛犸象赶到山谷里，从而让祭奠他们的庆典得以举办。因为我知道祖先们什么时候会降临，我也知道得准备好我的长矛，所以，我秉持的信念所带来的结果就是我吃到了一顿烤猛犸象大餐。

"对于实用主义者而言，我对祖先的信念是'真的'。他们不会说祖先确实把猛犸象赶来了，真理不是这个意思。真理从来都不是真实存在的东西，因为没有所谓的'真实'，真理是让我能够顺利度日的东西。

"或者再举个例子，我要去赶公交车。我相信公交车周四总会晚点，所以我慢悠悠地走向站台。我错过了公交车，我对公交车的信念是错的，但仅仅是因为我错过了公交车才如此。信仰上帝能使你快乐吗？能提高你的生活质量吗？如果能，那上帝就是'真的'。

"实用主义解决了形而上学和认识论的许多传统问题。它解决这些问题的方式就是说：它们无关紧要。我们再也无须探究现实的终极本质，无须把心灵的范畴或概念理论化。我有没有赶上公交车才是要紧的事。如果我赶上公交车了，那我对公交车的信念就是真的。因为只有这样，真才是有意义的。

"我对实用主义还是挺有好感的，而且，我自己的观点也借用了一些实用主义思想。然而，哲学家伯特兰·罗素（1872—1970）给了实用主义重重一击，让实用主义至今没有恢复元气。罗素说，如果信念只有在其效果是好的的情况下才是'真的'，那我们就需要先了解两点：一、什么才算好；二、信念的效果是什么。不发掘这些东西,我们永远无法知道什么是真的。但是,这个过程并没有让生活变得更简单,反而让它变得更为艰难了。他举了个例子,试图找出哥伦布在1492年发现美洲大陆一事是否真的。比起诉诸权威、上网查资料或阅读历史书籍,实用主义者必须通过某种方式确定这一信念的效果。所以,相信哥伦布于1492年横渡大西洋比相信他于1493年横渡大西洋对我来说更有好处吗?

"实用主义者会指出,在某些情况下,给出1492年的答案会给你带来切实的好处,如参加考试时。在这种情况下,这一信念就是'真的'。但如果我通过了考试,欢天喜地,以致在过马路的时候没有注意来往车辆,结果被一辆公交车撞了(或许就是我之前错过的那辆),那又会如何?这是否意味着哥伦布于1492年横渡大西洋是错的,因为'知道'了这件事导致我命丧黄泉。

"如果我相信某个事物为真,仅仅因为它带来了好的结果,那么我对实用主义的信念如果为真,则其必然会带来好的结果。那我对于我的信念会带来实用主义意义上的好结果的信念如果为真,其必然也会带来好的结果。那我对于我相信我的信念会带来实用主义意义上的好结果的信念如果为真,则其必然也会……"

你够了!

"好的,你懂我意思的。这个论点会无限延续下去。问题就在于,真理的定义仅仅和我的主观经历相关,与我的经历之外的任何东西都无关。那我们怎么知道圣诞老人是存在的呢？因为因他而快乐的人多于因他而悲伤的人吗？"

但你刚才还说这个理论是有真材实料的……

"是时候说一下我对真理和知识的观点了。你应该不会感到奇怪，我的观点和模糊这一概念有关。在我看来，我们谈论知识的时候之所以会遇到许多麻烦，是因为我们混淆了不同类型的话语，每种话语都对知识有自己的标准，有些要求高度确定性，有些则不需要。因此我们所要做的就是仔细观察每一种需要知识的情况，并且确定在这些情况下什么是真的、什么不是真的。实际上，除非你把条件细化，否则说'真'是没有意义的。

"设想我在公交车站等车。公交车会在 11 时 55 分到站。排在我旁边的人有点儿担心错过公交车，他发现我戴了表，于是问我现在几点了。针对他的问题，我可以给出几种答案。我可能会说：'稍等，我确认一下。'我其实认识欧洲核子研究组织的人，他们有世界上最精准的时钟，于是我打了个电话给他们，他们把我的电话转到总机，让我别挂断，最终我旁边那个人上车的时候，我对他说：'现在是上午 11 时 54 分又 17.21345621 秒！'"

你这会遭人恨的。

"或者我可以说：'不知道。'"

啊？你的手表停了吗？

"没停，在走。但我没有精准的钟，甚至没有科学实验室用的那种原子钟。我的手表可能相对准确，但会有几秒钟误差。欧洲核子研究组织的钟也可能会有一两毫微秒的误差。因此，我不知道准确的时间。"

如果他用伞打你，别指望我来保护你。

"或者那个人问我的时候，我也可以说：'现在大概中午12时。'但这个答案也没用，因为太含糊了，无法回答他是否错过了公交车。在这种情况下，正确答案既不是最准确的（'我不知道'），也不是最具体的（'上午11时54分又17.21345621秒'），当然也不是最含糊的（'大概中午12时'），而是一个有恰当准确度的答案（'快到55分了'）。

"这种观点认为，真理在某种程度上取决于情境，有点儿类似于实用主义，因为真理和有用性有关。但它也承认有一个真的时间，这个时间是真的，并非它能让我快乐，而是取决于关于世界的某些客观事实。

"在另外一些情况下，模糊性更为明显，而真理实难寻觅。通常这是由语言的本质导致的。语言或许已经演变成实现某事的实用工具，它使我们的祖先在狩猎中更好地协作，并帮助维系人与人之间的社交关系，还能在争夺配偶和食物时占据上风。但语言不久之后就被用于其他目的了。

"显然，语言有表达这个世界上的事实的能力（比如'有老虎！快逃！'），但有些时候，它只是一种粗糙且不充分的工具。

比如你可能会被问到你对某事的感觉。这就需要你把奇特的生理和心理过程转换成语言，哪怕你再巧舌如簧、诚心诚意，也是不太可能做到的。"

感觉总是挺微妙的。但通常人们会设法让别人理解他们的意思，不是吗？比如遛弯儿啦，开饭啦。这又不是什么高深的事。

"语言或许不能算高深，但也比你想象的更复杂、更奇怪、更难以捉摸。我们倾向于用一种简单的方式来看待语言，字词与世界上的客体有着直接、无疑的关系。比如'公交车'这个词就像一根手指，指向那个有四个轮子、坐满乘客的红色大家伙。从这种观点来看，语言相当于世界的一幅图画，画得越像（如同电脑生成的超现实肖像），我们就越接近真理。

"路德维希·维特根斯坦（1889—1951），我们之前漫步时就谈到过他，在《逻辑哲学论》（1921）一书中就提出了我刚才说的观点，但他的说法更为复杂。《逻辑哲学论》有点儿像斯宾诺莎的《伦理学》，他给书中的段落都加上了编号，然后以一种类似数学的方式将其组成章节。每一章开头都提出一个大胆的断言，就如同斯宾诺莎的命题和欧几里得的公理那样，这些断言都是自明的。每一个命题都以带有编号的项来说明和展开。所以，这本书的开篇是这样的：

1. *世界是一切发生的事情。*

1.1 *世界是事实的总体，而非事物的总体。*

"现实是由一系列事实或事态组成的。语言所要做的就是把这些事实直接勾画出来。设想发生了一场车祸,你必须描述一下发生了什么,而你手头有涉事轿车、道路、建筑物的小模型。"

还有公交车吧?

"对,还有公交车模型。每个模型都分别代表这世界上的一样东西。你小心翼翼地把玩具轿车和公交车放置到了正确位置上,利用模型精准无误地重现了事故现场。模型的'真实'与否取决于它与现实世界中发生的事实有多接近。

"现在用字词和陈述来代替这些模型。这就是语言勾画世界的方式。不用模型的话,我会说:'在坎农山,有辆往南开的轿车撞上了往北开的公交车。'这个句子中的每个短语都对应着现实世界中的一个事实。有一种说法认为,语言或许有一种更加图象化的起源。如'轿车在公交车左边'这句话中,'轿车'这个词本身就在'公交车'这个词的左边,而且,最早的书面语言就是用象形文字来表示物体的。

"然而,如果你认为语言与世界上的'事实'具有象形关系,那就有很多事情是你无法表述的了。在《逻辑哲学论》著名的结语中,维特根斯坦承认了这一点。能让每个哲学家都熟记于心的话不多,但他说的这句话就是其中之一:'对于不可言说的,应保持沉默。'

"无论是对维特根斯坦还是对我们而言,那些不可说的东西都并非不重要。他所谓不可说的东西，指的是宗教、伦理、美，以及存在的意义。维特根斯坦认为，以上这些东西都是语言无法触及的，因为它们并非字词和命题可以构建的事实。维特根斯坦觉得自己已经给可说之事做了限定，在这个界限之内，任何可以说的东西都可以得到清晰理解。在这个界限之外，说什么都是毫无意义的胡扯。维特根斯坦指的就是大多数关于艺术、哲学、宗教的谈话。"

那这是真的吗？语言是世界上这些东西的事实清单？

"从某种程度上来说，语言不过就是将命题与'外部'的事实联系起来的东西这种说法是挺吸引人的。真理和谎言变得很容易辨别。日常语言突然就开始像数学一样运作了，但在数学中，符号的意义绝没有半点模糊。维特根斯坦的《逻辑哲学论》解决了模糊性的问题。如果语言真如他所料，那么所有可以说的东西，都可以说得像数学一般绝对清晰了。但代价是，有很多我们可能想说的话都没办法说了。

"维特根斯坦真的认为自己的著作给哲学画上了句号。"

我猜他错了……

"是的，他错了。就算不提那些必然遭到遗漏且令人头疼的分歧，这种语言观也依然大有问题。这种图像理论似乎适用于名词、动词、副词、形容词——'红色的公交车开得很快'，这句话作为某事发生的图像而具有意义。然而，'和''或''但是''为什么'之类的词又如何呢？它们对应的图像是什么呢？

"终于，维特根斯坦发现了自己早期的语言观是不完备的，是一种针对世界和语言的简略原子观：经验被划分成微小、独立的单元，这些单元再投射到单个字词或短语上。这种语言观一方面过度简化了世界，世界并不是由单独的存在单位构成的，而是由彼此相连的复杂网络构成的；另一方面过度简化了语言，在语言中，文字互相交织，意义是在其相互作用中浮现出来的。

"维特根斯坦在《哲学研究》（在他逝世后的1953年出版）一书中提出了他后期的哲学思想，书中详细描述了我们使用语言的一些方式。语言产生意义的能力并不是通过将字词和世界上的事物像烤串一样串起来的方式展现的，而是来自渗透于生活中的微妙的使用形式和复杂规则。

"然而，尽管维特根斯坦后期的语言观更为丰富、新颖，而且在我看来，也更加真实，但在他提出这一观点之后，语言学领域的某些发展彻底改变了我们对世界、思想、语言之间的关系的看法。"

见鬼，我刚摸清了点儿门道。

"传统语言学研究的是字词如何随着时间的推移而产生变化，字词的含义被认为与该字词和它所反映的事物之间随着历史演变的关系密切相关。这种词源学观点本身就挺吸引人的。举个例子，阿根廷作家豪尔赫·路易斯·博尔赫斯在一次讨论隐喻的讲座上，指出英语单词 threat（威胁）是如何从盎格鲁-撒克逊语中的 ðreatt（人群）演变而来的。而我们很容易就能看出，这个词的现代含义是如何从先前的含义演变而来的：群聚之处成了祸乱之地。

"但瑞士语言学家费尔迪南·德·索绪尔（1857—1913）在分析语言如何运作时，采取了一种截然不同的方法。他认为，比起追溯字词含义是如何随时间变化的（这被称为历时语言学），我们更应分析语言作为表意系统当下的功能（共时语言学）。

"知道 threat 源自 ðreatt 确实很吸引人，或许还能解释盎格鲁-撒克逊社会的形成，但这一点无助于我们理解该词当下的用法。如果我警告你草丛中有蛇的威胁，你需要知道的是这里有危险，而不是这里有人群。"

我能搞定蛇，在我看来，它就是一根有舌头的香肠。

"结构主义语言学的基本单位是符号。符号由两部分组成：物质部分，可以是纸上的标记或口语的声音；精神部分，即物质部分所指的概念。物质部分被称为**能指**，精神部分被称为**所指**，两者统一为符号。'DOG' 这个词是由字母 D-O-G 和有关狗的概念组成的。你遇到了红灯，红色是能指，所指就是停；两者结合起来就成了符号。你叫了一声，叫声是能指，所指是……"

给我一根香肠？

"那我给你一根香肠。而香肠就是能指，所指就是'我爱你'。"

你真会说话。但有一说一，香肠在哪儿呢？

"只是眼下举个例子啦。符号从不单独运作，而是在语言中共同发挥功能，符号的意义总是由它们与其他符号的关系而定。红只有和绿（行）和黄（等待）相关的时候，才表示停。

"能指和所指之间的关系通常是任意的——英语中的 dog 和法语中的 chien 都是一个意思。而只要我们达成一致，我们就能用任何声音或涂鸦来表示狗。这种能指和所指之间的随意关联意味着，随着时间的推移，词意会有以不可预测的方式滑动和变化的趋势，这给意义体系增添了不稳定因素。

"研究符号的学说叫符号学，它至今仍然是人类文化研究中富有成效且引人注目的一种方法。我真的很喜欢实用主义哲学家查尔斯·桑德斯·皮尔士（1839—1914）研究符号的方式。皮尔士描述了三种符号：**象似符**、**指示符**和**规约符**，它们是由能指和所指之间不同的关系来定义的。对于象似符，能指和所指的关系就是相似——你的一张照片，还有你，孟弟，就是象似符；还有人脸的肖像，或者树的画作，或者拟声词，如'砰''啪'，这些都是。对于指示符，能指和所指的联系就不那么清晰了，但物理联系还是有的：脸红是尴尬的指示符，乌云是暴风雨要来了的指示符。第三种是规约符，对于这种符号，能指和所指之间的联系完全是传统意义上的，对大多数口语和书面语都适用。开动脑筋把不同类型的符号归入正确类别是件很有趣的事。很快,你开始把周围的一切都看作某种东西的象征:汽车是财富的指示符,厕所门上的象似符显示出了细微差别。"

怪人。

"大千世界,无奇不有。在维特根斯坦看来,世界的结构决定了语言的结构,因为外界的事态需要用字词或短语来描述。在结构主义语言学中,这种关系被颠倒了过来,或者至少是非常复杂的。语言塑造了我们看待或理解世界的方式,正如能指(我们用来表达观念的术语)是随意的,语言划分世界的方式也是随意的,或者更确切地说,是在不同文化中存在着主观意义上的差别,而非客观事实的差别。

"对于这一点,博尔赫斯写过一篇题为《约翰·威尔金斯的分析语言》(*The Analytical Language of John Wilkins*,1952)的文章,在里面举了一个有趣的例子。博尔赫斯描述了'一部中国的百科全书'——《天朝仁学广览》,书中对动物进行了奇特的分类,如'御用的''经防腐处理的''疯起来会抽搐的''刚刚打破花瓶的'和'远看如蝇的'。"

我喜欢这个。给我挠个痒。

"这个例子想要说的是,这本书里的分类并不像我们会基于形态学上的相似性和共同的演化史来给动物分类,而是基于用途或怪念头来给动物分类。

"语言不仅反映了自身,还承担起我们看待世界的方式这一观点最为著名的例子是由人类学家法兰兹·鲍亚士提出的,该例子后来成为萨丕尔-沃尔夫假说的一部分,即因纽特人有五十个词来形容雪。正因为语言很精细,他们才能'看到'不同类型的雪,而这些雪对于我们来说是难以区分的。尽管后来这一观点的可信度遭到了质疑,但最新的研究表明,鲍亚士实际上可能还低估了因纽特人的辨别能力。例如,在加拿大努纳维克地区的因纽特方言中,至少有五十三个表示雪的单词,包括 matsaaruti(湿雪,可以用来给雪橇的滑行板上冰)和 pukak(看起来像盐的粉状雪)。

"即使是像光谱这样明显是客观的东西,也会以不同的方式被分割。不同文化中用以形容基本颜色的词,数量从二个到十一个不等。在那些颜色词数量较少的社会中,人们'看不到'在自己的语言中没有名字的颜色。与此类似,亚马孙等地的偏远部落族群,从来就不需要开发超过'4'(或其他一些相对较小的数字)的计数系统。面对数量大于'4'的物品组合——包括他们自己的孩子——他们就统称为'许多'。由于缺少相应的计数语言,他们根本无法理解较大的数字。

"女权主义者头头是道地表示,男权及文化控制使得我们的语言骨子里带有男性色彩,迫使我们将女性视为劣等人,强化了对女性的负面刻板印象,固化了她们的从属地位。种族主义语言在排斥和贬低不同种族群体方面,也具有类似功能。"

这些听起来也还算有趣吧,但我已经忘了我们到底在讨论什么了。

"哦,不好意思。我是想说明,在上面的这些情况下,语言不再是一种简单的认知工具,而是一种控制和塑造认知的方式。

"结构主义是欧洲思想史中的一场重要运动,几乎横跨二十世纪,影响了从人类学到电影研究的方方面面。其中心思想是:一切有意义的人类行为只有放到类似语言的结构之中才能被认识,这个结构有语法、有词汇,每个单独的元素只有彼此联系才有意义。

"虽然结构主义容许一些意义上的把玩和偏差,但有一个基本的稳定性。索绪尔和其他结构主义者认为,这种稳定性为他们的理论提供了科学而客观的价值。但这种自信被雅克·德里达(1930—2004)粉碎了。德里达十分出色地撼动了结构主义者对自己理论的科学性的信心。德里达认为,结构主义语言学的基础,事实上,也是自柏拉图开始几乎所有想要把真理确定为客观理念的理论的基础,都是与真理和语言之间关系的某种概念有关。真理是我心中简单而统一的东西。而语言的目的就是把这种简单而统一的真理传递给他人,就像一个人借其他人的火点蜡烛一样。传播真理最可靠、最直接的方法就是通过言语。言语保证了真理的真实性,因为说话者一定是在场的。真理与在场是紧密相连的。当我向你说出我的真理时,我可以控制它,确保你对它的理解与我的一致。而一旦言语成为书面语言,它就摆脱了这种严密的控制。

"柏拉图在《斐多篇》中表达了对言语到文字的转变的哀叹之情。而同样的观点(言语是真理,而文字是谎言)周而复始地出现在哲学历史的长河中。这一思想一直延续到索绪尔,他认为言语和在场是防止能指与所指发生危险偏差的最好方法。

"德里达把这种交流的概念看作一种神话。他认为在这种情况下,语言难以理解的部分,并非人们心灵中被点亮传递的火焰,而是真理。简言之,这种语言观强调字词总是指向其他字词。定义依赖于字词,而字词反过来又必须由字词来定义,从而确保意义总是'存于内'。语言是一条无限长的锁链,我们永远无法抓到尽头,永远无法接触到某人头脑之中和语言之外的终极真理。

"他借用《斐多篇》中的希腊词 pharmakon 来说明这一观点。这个词的意思是毒药。柏拉图把文字描述成 pharmakon,然而,pharmakon 也有治疗的意思。从这个意义上来讲,它有点儿像英语词 drug——既可以指青霉素之类的药物,也可以指海洛因之类的毒品。无论柏拉图的意图为何,一旦语言开始运作,意思就无法控制了。同时保留这两种词义是不可能的,就算柏拉图想要删除 pharmakon 治疗的定义也不行。

"如果将理解这个世界的尝试局限于语言学（很难想象不是这样），那我们将永远找不到'我们能知道什么'这一问题的最终答案。真理总会从我们的双手中挣脱，就像头抹了油的小猪。"

等等，我们费了这么大劲，你就告诉我一件事：怀疑论者是对的，我们什么都不知道？

"不，不完全是。我认为德里达是对的，因为，最终答案不可能在普通语言框架下的问题中找到。这就是普通语言与数学语言的不同之处。但是，'最终答案'并不意味着没有答案，拿我们之前讨论过的公交车时刻表来说，并不是说我们对公交车问题给不出令人满意的答案，只是因为'公交车'和'时间'的意思对每个乘客来说都略微不同罢了。"

那我们知道什么呢？

"我觉得人们还是达成了某种粗略的共识。康德对外界存在真实本体的假设并没有遭到太多人质疑。除了神秘主义和宗教人士以外，也没有太多唯心论者认为外部世界是虚幻的。我们似乎越来越能看清（至少理解）那个难以捉摸的本体了。我们从量子物理学得到的关于现实终极本质的洞见，可能会让康德很开心。但本体的陌生性和他者性意味着它将始终处于知识的范围之外。

"而剩下的，则是那个由人类创造力非凡的心灵所塑造的，由带着颜色、重量、气味、味道的客体组成的现象世界。我们可以'知道它'，只要我们给'知道'下一个适当的定义，再把正确的特殊性标准运用到每一种情况中，同时时刻提醒自己语言的本质意味着在数学知识之外，真理就如同冰箱里的灯：当你关上冰箱门的时候，你'知道'它熄灭了，但这种知道，并不能算知道……

"因此，这就是认识论的全部内容。怀疑论者认为，我们什么都不知道；唯理论者认为，我们什么都知道，但所有东西都在我的脑袋里；经验论者认为，感官为我们提供了坚实的证据，从而形成了关于心灵之外世界的可靠理论。此外还有康德的追随者，他们认为知识是人类心灵通过将宇宙中的原材料切分成可理解的小块，主动制作出来的。

"但有一个特定的领域，在那里，模糊的知识似乎是不够的，而精确的知识必定会产生：不只有数学那类分析性的知识，还有综合性的知识，可以对现实的本质提出能够被证实的大胆主张。"

太棒啦！但要不改天再聊吧。现在我脑袋里想的只有香肠……

"好吧。明天我们来聊聊科学哲学。"

第十一次漫步
科学哲学：蚂蚁派、蜘蛛派、蜜蜂派

这次漫步，我和孟弟研究了认识论中的一个特定分支：科学哲学。我们讨论了弗朗西斯·培根提出的归纳理论，还有波普尔、库恩、拉卡托斯、费耶阿本德等人提出的现代科学理论。

一天过去了，我们迎来了一个冷冽而明媚的冬日清晨。飞机云在蓝天的映衬下特别显眼。伦敦的这片区域地势较高，我们家又住顶层，所以从厨房放眼望去，目光所之处都是天空。儿时的夏天，我们常常躺在长长的草地上看飞机云，就像现在的年轻人盯着电视或手机屏幕那样。我也没觉得当时我们从飞机云里看出了什么（当然，现在我将它们看成索引符……），我们只是在蓝与白的游戏间发现了美学上的乐趣。我们有没有把这些线条和描绘它们的飞机联系起来呢？或许我们还停留在那个原始的、前科学的时代吧，总是把所有令人赞叹的事物都归功于诸神和妖怪。我记得自己曾经痴痴地望着天空，试图寻找飞机云到底是在天空中的哪个位置彻底消失的。但是，当然啦，这又是一个连锁悖论，要是我之前知道这一点就好了。

我想着，今天真是个出门漫步聊科学哲学的好日子。

我喊了孟弟，以为他会叼着牵引绳，蹦蹦跳跳地跑到走廊上来，但什么事都没发生。我挨个房间找他，终于发现他躲在窗帘后面，半个身子露在外面，面带哀伤地看着我。

好累，屁股疼。

"但我们都需要出去透透气……"

你那个包还在吗？

"包？"

就是那个，我小时候用的，当时你去学校接送孩子们，会把

我装在里面,我当时太小,爬不上山坡。

那是个绿色的帆布包,也是军用剩余物资。孟弟钻进去大小正合适,他会把头伸在外面,那个样子看起来肯定很可爱。

"我以为你讨厌那个包呢。"

确实讨厌,但那是过去的事了,我们要在学习中成长。去那家我们之前常去的小餐馆吧……那边暖和。

我曾经尝试过在汉普斯特德大街上的一家连锁餐厅写东西,那里的无线网很好。但在清晨手忙脚乱地把两个孩子送去学校之后,我坐到那里,与其说是写作,不如说是发呆。有半数时候,我在睡裤外边套条牛仔裤,睡衣外边套件被虫蛀坏的毛衣就出门了。

我在衣柜的搁板上找到了那个包,我们会把我们认为再也不会用,却又不舍得扔掉的东西放到那里。孟弟径直钻了进去。我在他身上裹了条毯子,出门前往汉普斯特德村。

"昨天我们讨论了知识。今天我们要讨论的是一种特定的知识,它在我们的文化中有着特殊的地位:科学知识。"

好东西!

"大家通常都是这么觉得的。科学通常被认为是生产确定性的机器,所谓确定性,就是一种特殊的、纯粹的真理。不是某个人的真理,不是某种特定立场的真理,不是某种角度的真理,而是一种'大写的'真理。正因为它纯粹,所以你只要给某个人套上件白大褂，就能让他去推销科学洁厕灵或科学牙膏了。"

你准备在这个话题上大展拳脚了，是不是？

"嗯，我准备对有关科学知识的一些常见误区提出质疑。但对于一般意义上的科学，我可喜欢了！科学向我们展示了这个世界的壮丽恢宏，从最小的粒子到浩瀚的宇宙无所不包。它为'我们是谁''我们为何（或如何）在这里'这类基本问题提供了最佳答案。但科学是不是一种探索客观真理的简单、公正的方法，还有待证实。所以我要做的就是和你谈谈哲学家们如何尝试把握科学所做的一切，从而开出科学'应该'做什么的药方。

"我们先来用一种略带夸张的漫画方式，描绘一下人们对科学的看法。我承认我是基于看过的几十部英美黑白老电影而做出这一描绘的，但我觉得大多数人一想到科学，脑海中浮现的就是我所说的样子，尽管媒体宣传总试图让科学看起来很有趣。一群男人（几乎总是如此）穿着白大褂在实验室里工作。他们花大把大把的时间观察显微镜，或者摆弄一些莫名其妙的设备。他们仔细地收集数据，把结果写到笔记本上或输入电子表格。终于，他们中的一个因为长期寻求真理而弄垮了身子的男人（我们的主角）脸上露出了惊喜的表情，接着惊喜转变成了敬畏，最后变成了狂喜。就在这一刻，真理被发现了！

"再接着，科学家们忙着重现这一惊人发现。令他们欣慰的是，经过广泛测试，结果得到了证实。在那之后，科学家们就把成果移交给实践人员,他们将运用这一成果来生产新型药物或新型炸弹。

"这种对科学的看法,即细心收集整理数据,然后由科学家整合成理论,是弗兰西斯·培根(1561—1626)首先提出的。

"培根活跃在一个物理和生物科学突飞猛进的时代初期,但他的知识世界依然是由经院哲学传统构成的,这一传统醉心于对亚里士多德哲学和物理学中的细节刨根问底。培根对这一传统进行了激烈反抗,他把亚里士多德派比作蜘蛛,因为他们同蜘蛛一样,用自己吐出的丝来编织错综复杂的网。他还批评了另一个极端,即缺乏理论依据、盲目收集信息的做法,他将其比喻成蚂蚁,只懂以随机方式收集沙粒。而我们不能这样,我们应该像蜜蜂那样,既从花园和田野的花朵中采集原料,并将其消化,转化成真知。"

培根,蜂蜜,听得我饿了。

"等我们到餐馆的时候,就给你小零食吃。培根通常被誉为归纳法之父,但实际上,他超越了最基本的归纳主义者立场。只会简单积累的'蚂蚁'式做法通常被称为简单枚举归纳。蚂蚁派科学家收集事实,一旦收集到足够的数据,理论就自然而然地产生了,就像从牛奶中分离出奶油一样。而培根毫无疑问是个重事实的人,他谴责经院派哲学家对逻辑和数学的痴迷,而在他看来,科学必须建立在实验数据之上。然而,他也发现了简单枚举法的局限,并试图将其克服。

"培根刚开始的时候,也通过简单枚举法收集事实。这位科学家做了许多观察工作,并把事实数据有条不紊地记录下来。但这些事实并不是作为一个未分化的整体而保留下来的,而是被分配到了三张表中:本质和具有表、接近中的缺乏表,以及程度表。培根只举了一个例子来说明如何分配事实,但我觉得这个例子足以把他的方法描述清楚。培根对热的成因很感兴趣,所以他观察了许多自然和人为环境下的热现象,范围从火一直涵盖到马粪,接着他将这些例子填入本质和具有表中。而在另一些情况下,热是不存在的,他又将这些情况记录在接近中的缺乏表中。第三张表填的是存在不同程度的热的例子。就着这些表进行思考,有助于科学家得出关于热的真实成因或'形态'的理论。第三张表显示了所研究现象的不同程度——例如,铁砧被锤子敲击时,热会增加——是找出潜在原因的最佳指南。

"通过对表的研究,科学家把大量的观察所得转化为一般命题,而这些命题又能够进一步推而广之,直到达成最终目标,即找到自然法则。因此,热的例子可以分为火产生的热、摩擦产生的热、生物进程产生的热等。培根采用这种方法论证了热最终是由物质的最小组成部分经由快速且不规则的运动而产生的。

"尽管用表来归类看起来似乎是管理事实较为成熟的方法,但依然不清楚这种方法能否解决如何从数据中得出理论的问题。

无论是通过简单枚举法还是培根归纳法，我们都能既收集到一些信息，又得出一般理论，但对于如何将两者以一种合乎逻辑的方式进行转化，前面两种方法都没有解释。只是简单地假设只要你搜集了相关的事实，并把它们正确分类，'对的'理论就能从中构建出来。"

呃，等一下。我们能倒个带吗？那个人的名字是啥来着，呃，休谟，他不是证明归纳法是不存在的吗？我在想那只火鸡……

"你真棒啊孟弟！休谟所做的就是证明归纳法没有逻辑。在很多例子中，现象A后面跟着现象B，并不能证明现象B会一直跟着现象A。但其实休谟从未对我们使用归纳法提出异议。他想说的是，我们一定要知道归纳法所得出的真理并非必然，而是偶然的：有一天火鸡的头会被剁掉，有一天太阳可能不会升起。

"另一个几乎所有归纳法都存在的问题是：对于什么是事实，归纳法持有一种多少有点儿天真的看法。他们简单地假设经验数据是完全可信的，搜集材料的过程是客观的且不受外部因素的影响。我们之前漫步的时候已经讨论过，经验数据从来就不简单。作为归纳法原材料的观察结果，早已贯穿理论思考中，就如同坏牛排中的软骨一般。科学家在收集数据时，绝不是简单随机地收集事实。他们会从特定的地方，通过特定的方法来收集。而去哪里收集，通过什么方式收集，以及什么才算数据，都会受到科学家已有知识的影响。

"例如，十九世纪早期，正因为天文学家发现天王星轨道的不规则变化，预测这种变化由另一颗行星引起，才发现了海王星。摄动的本质……"

摄动？你又要用这种词？

"好吧，天王星轨道'摆动'的地方暗示了应该观测空中哪片区域，于是太阳系的第八颗行星就这么被发现了。在这个例子中，无论是'观测到'天王星以不规则的方式运动，还是确定在夜空中的哪片区域寻找，都是基于牛顿现有的行星运动理论。因此在这里，理论是先于观察的，既指导观察，又赋予观察原先未有的意义。其实，伽利略早在二百年前就观察过海王星了，但由于缺乏正确解释观察结果的理论框架，他把海王星误认为是一颗恒星。

"伽利略经常被描绘成完美的归纳论者，他逐步获取实验数据和观察数据，用以构想、支撑他的力学和宇宙学理论。然而，伽利略给他的观察确立了一套成熟的理论，拿这套理论来解释什么是知识。他在《试金者》(*The Assayer*，1623)中阐述了他的方法，他否定了亚里士多德派和经院派哲学崇尚传统和宗教的方法，而用数学和几何学揭示宇宙的奥秘。自然是'用数学语言写成的，若没有三角形、圆形等几何图形作为符号相助，人一个字词都理解不了；没有这些符号，就如同在黑暗的迷宫中徘徊'。"

他说的难道不对吗？科学不就是一堆数字吗？

"没错，但伽利略的意思是，如果没有关于几何图形的先天知识，现象世界就如同一个由傻子讲述的故事，有的只是声音和怒火，却不知所云。但是，虽说他逃离了亚里士多德，却投入了柏拉图和毕达哥拉斯的怀抱。而约翰尼斯·开普勒（1571—1630）的柏拉图主义倾向更为鲜明。开普勒最终改进了哥白尼的天文学体系，以椭圆形轨道代替圆形轨道，他确信五种规则多面体——立方体、四面体、八面体、二十面体、十二面体——能够解开宇宙的奥秘。他认为这些多面体既决定了行星的数目，也决定了它们轨道之间的关系。和柏拉图一样，他确信上帝是按照一个基于几何学的总体规划图来创造宇宙的，所以他穷极一生试图把观察到的现象套入这个（其实错误百出的）模式中。

"指出伽利略和开普勒所作的观察自始至终都脱离不了这些理论的事实，既不能证明这些观察结果就是错的，也不能破坏观察所基于的理论。但的确可以表明'纯粹的'数据是不存在的，而且可以明确一点，即观察结果并不总是像归纳主义者所希望的那样可靠。"

举个例子？

"在培根的时代，体液学说是医学的主流。根据这一学说，人的身心健康取决于体内血液、黏液、黄胆汁、黑胆汁的平衡。黑胆汁被认为是由脾脏分泌的，如果分泌过量，就会让人出现我们所说的抑郁症的症状，他们称之为忧郁症，即忧郁、病态的想法，伴随着疼痛、身体僵硬、消化不良、便秘，以及低水平代谢中毒的一般症状。"

你不就这样嘛……

"我对此不予置评。培根本人经常在他的作品中提到体液。当时的医生针对黑胆汁及其他体液做了许多观察。但这里有个问题，黑胆汁并不存在。与血液、黏液、黄胆汁不同，根本就没有黑胆汁这种东西。"

可是你说医生看见它了……

"他们肯定在人体中看到了深色的液体。但那是血，或是消化道的产物。关键是，医生们所做的那么多观察，反过来支撑了这一理论，即证实黑胆汁出现在了忧郁症的病例中，这些观察完全是诚实的，但也完全是假的。

"目前还不清楚是否真的有科学家曾使用过培根的表来帮助他们构建任何有用的理论，但培根所描述的科学基本结构：通过仔细观察得出大量数据从而揭示基本定律，已经成了人们对科学是如何开展的主要认知。阐释得更清楚一些，这个过程有三步：首先是采集数据，这一步能揭示出规律；接着，这些规律会被假设为法则，而以上是整个系统中的归纳部分；然后，这些法则会被应用到现实世界中来进行预测，这就是系统中的演绎部分。我看见过一千只白天鹅。这一经验让我构建了所有天鹅都是白色的假设。利用这个假设,我可以预测到自己看到的下一只天鹅一定是白色的。我每看到一只天鹅,都证实了我的原始假设,强化其作为法则的地位。

"我所列出的归纳法,被认为是科学家进行研究的方式,是自然科学在十七、十八世纪取得不可思议进步的核心。在这一时期,伽利略、开普勒、牛顿等人横空出世,物理学和宇宙学的基础工作已大功告成,他们共同搭建了人类对于自身在宇宙中位置的思维框架,直到爱因斯坦相对论带来第二次革命,这一框架才被打破。

"因此,归纳法被继续当作科学实践的标准模式来使用,尽管它的基础在逻辑上比我们所希望的要更不靠谱一些。十九世纪,这个方法被约翰·斯图亚特·穆勒做了进一步改进(就是那个功利主义者,还记得吧)。穆勒想要尽可能地让归纳法免受休谟提出的质疑,他的理论体系被普遍认为是归纳法的最终演化版。穆勒定义了五种方法,通过这些方法可以将观察到的事实与其原因联系起来,这也是因果关系被视为科学解释的决定性特征。

"他的第一个方法是研究一定范围内的数据,看看是否有某种因素存在于每一个案例中。如果是的话,我们便可以假定这一因素就是原因。这个方法被称为**契合法**。路易斯·巴斯德发现,他分析的每一瓶酸葡萄酒中都含有大量细菌,这使他得出结论:

是细菌导致了葡萄酒变酸。

"第二种是**差异法**,很好理解,就像硬币的反面一样。你所研究的所有对象都有缺失的因素吗?就比如说,你发现一千条鲨鱼尸体漂浮在海面上。然后你注意到每条鲨鱼的背鳍都被切掉了。你得出结论,是鱼翅汤导致的。"

真的?

"是真的。第三种方法,**契合差异并用法**,一目了然,就是前两者的结合。它与契合法的不同之处在于,在契合差异并用法中,你收集一些积极和消极的案例,并通过排除法,找到总是在得出结果后出现,但在得出结果前没有的因素。我调查了一组豚鼠,一半患有坏血病,另一半是健康的。我去寻找那些健康的豚鼠身上有,而患病的豚鼠身上没有的因素。我观察到患病的豚鼠没有吃水果,于是我将这一因素认定为坏血病的成因。

"第四种方法是**共变法**,用于寻找某个因素的变化水平与结果的变化水平相关的情况,用脚踩油门就是这种情况。或者,回到医学的例子:糖摄入量的增加会导致蛀牙和肥胖程度的增加。"

你一直在记恨我吃了那块芝士蛋糕,是不是?

"第五种,当你对一种现象有相当深入的研究时,**剩余法**就派上场了。假设你研究的是吃太多芝士蛋糕的结果。芝士蛋糕主要由糖、脂肪、膳食纤维构成。我们已经注意到了三大主要结果:你的牙齿掉了、你长胖了,你还饱受胀气之苦。"

你这就是在针对我了。

"我们通过之前的归纳和演绎得知,糖会导致蛀牙,脂肪会导致肥胖。而剩余法表明膳食纤维是胀气的成因。"

你可真行。

"这基本就是二十世纪初科学哲学的发展状况。到了二十世纪二十年代,逻辑实证主义者把这套理论进行了进一步完善,因为他们主要都在维也纳工作,所以被称为维也纳学派。逻辑实证主义者希望将哲学和社会科学改造成为精密的'硬'科学。他们的观点始于一种语言哲学,总结为一句口号:**句子的意义在于其证实方法。**"

啊?

"这是一条分界原则。"

一条什么?

"就是一种区分好坏的方法。一类是可以证实的句子,即可以找到支撑它们的证据,逻辑实证主义者所说的证据指的是经验观察。"

另一类呢?

"就是我们哲学中的大多数句子!不能经由直接观察证明,即不能证实的陈述,在逻辑实证主义者看来都是没有意义的。"

这让我想起了……

"维特根斯坦!没错。他早期与维也纳学派关系密切。逻辑实证主义作为一门科学哲学，实际上只是清楚地重申了归纳法。科学的作用是在经验中找到可以概括为规则（或法则）的模式，再将其用作预测。根据逻辑实证主义的说法，一个理论只能通过重复的实例来证实，而且永远不可能被完全证实。但这种证实对于科学来说足够了。所以，没错，这就是纯粹的归纳法，也因此无法应对前人对归纳法的批判。特别是，逻辑实证主义者声称每一个命题——无论是科学命题还是语言命题——都必须逐个检验。然而，我们之前就谈到过，理论早已渗透进了科学观察的陈述中。换句话说，任何一套测试理论都必须是全面的。理解任何单一事实都包含着理解它所嵌入的整套思想网络。"

或许再多举个例子会好些……

"十九世纪六十年代初，德国南部的石灰岩采石场出土了异常美丽的始祖鸟化石。当时第一批德国收藏家和科学家对于这些化石是什么意见不一。他们只是含糊地认为这些化石是某些死了很久的动物，其中有些已经灭绝，所以他们构建了一个理论模型：这些化石是古老的，并且体现了当下已经不存在的生物形态。从十八世纪中叶开始，人们就化石体现了哪种灭绝的生物，以及如何使其符合《圣经》中造物的描述这一话题展开了激烈争论。法国动物学家乔治·居维叶（1769—1832）认为，上帝数次造物，随后又数次降灾（其中包括诺亚大洪水），这些灭绝的生物形态所体现的就是在这些灾难中死去的动物。居维叶明确否定了一种动物可以变为另一种动物的观点,而且他的观点在达尔文之前一直是主流。

"1859年达尔文《物种起源》的出版改变了这场争论,但并没有使其完全平息。达尔文的一大问题是缺少他理论预测中必定存在的中间形态生物。因此,最初的收藏家和科学家们不得不在一堆混乱的观点中摸索,如进化论出现前的观点、达尔文主义的观点、宗教观点、纯技术性的观点等。有些科学家通过观察这种长着奇怪羽毛的生物化石,仔细研究石灰岩上的细节,认为这是一种鸟类的化石;有些人则认为是爬行动物的化石;另一些人认为这些化石是假的。

"然而,对于达尔文和他的支持者来说,化石就如同砂金。这些化石中最好的标本由大英博物馆收购,并且很快成为新理论最有力的证据。从达尔文的观点来看,化石的含义一清二楚:鸟类是从爬行动物演化而来的。在演化过程的某个阶段,会出现某种同时具有鸟类和爬行类特征的动物。始祖鸟不仅有翅膀和羽毛,同时还有牙齿和爬行动物的尾巴。嘿!

"虽然始祖鸟的'真实'意义只有从达尔文主义的角度解释才能明了,但化石从来不是逻辑实证主义者所设想的那种原始的、孤立的数据。它们刚从采石场脱嵌的时候,就被嵌入了理论中。"

你确定有"脱嵌"这个词吗?

"哦,看看这是谁醒了,正好赶上吃松饼。"

我们到餐馆了。正如我所希望的那样,现在那里没什么人。送孩子上学的父母已经买完卡布奇诺离开了,而午饭大军还没到。有几个看起来像偏执狂的人弓着身子盯着笔记本电脑,戴着耳机,似乎世界与他们无关。之前我总会买上一杯手冲咖啡——最便宜的那种,要够苦,这样才能喝得慢一些。但今天我想喝带奶泡的,所以我从面带微笑的咖啡师那里点了杯拿铁。我们在餐馆靠后的区域找了个安静的位置。

"想从包里出来?"

傻子才想待在包里。

"好啦,我们讲到哪儿啦?"

脱嵌……

"哦,对。所以,我们现在讲到某些形式的归纳法似乎一家独大,尽管休谟早就揭示了看到一百万只白天鹅和所有天鹅都是白的这一陈述之间的逻辑间隙。尽管存在一些非议,但人们还是觉得科学就是这样运作的。而这一切终将改变。

"卡尔·波普尔(1902—1994)向这一观点发起了挑战,他本身就是维也纳学派的毕业生[1],他提出的挑战使归纳法元气大伤,再难复元。波普尔在其讨论科学哲学的大作《科学发现的逻

---

[1] 波普尔毕业于维也纳大学,获哲学博士学位,他与维也纳学派成员有过接触,但没有参加过该学派的活动。

辑》（1934）中，十分重视休谟的逻辑观点。归纳法无法建立科学法则，因为重复性并不能带来确定性。此外，波普尔对科学史的研究表明：伟大的科学家从不使用归纳法来提出假说。认为客观、开明的科学家会仔细收集事实，继而孕育出理论的观点，不仅在逻辑上站不住脚，而且是一种幻想，是凭空捏造出来的。哥白尼、开普勒、牛顿、爱因斯坦的伟大科学发现都不是通过归纳得出的。培根表、穆勒五法这类东西，都是无用的，而且也没人用过。"

嗯哼，你引起了我的注意。接下来发生了什么？

"待我细细道来。波普尔的第一个洞见是从纯粹逻辑角度阐释的，他认为虽然针对一个现象的多次观察不能证明一个假设，但只要出现一个反例，就能证明这个假设是错误的。"

听起来有点儿消极。如果只能证明假设是错的话，那还能怎么解决问题呢？如果我想知道我的磨牙玩具在哪里，我假设它在我的篮子里，那证明我的假设是错的有什么用呢？我还是找不到磨牙玩具。

"这就要讲到波普尔科学哲学积极的一面了。一反先前人们概念中心无旁骛、仔细梳理数据、略带沉闷的科学家形象，他树立了一种更具戏剧性，甚至有点儿英雄主义的科学家形象。科学家们并不是一步一个脚印慢慢地走向新理论的，他们是纵身一跃，跳到新的理论那里的！这些飞跃，这些改变了科学的伟大思想,或多或少是出其不意冒出来的,而且同当时的知识模式背道而驰。波普尔说,我们不知道科学天才是如何提出新理论的。可能是在梦中,如奥古斯特·凯库勒的炉边幻想,他梦见了一条蛇咬住了自己的尾巴,并由此于1865年,破解出了苯的环状分子结构。或者,也可能源于非科学领域,如达尔文正是读了托马斯·马尔萨斯的著作后,才激发了有关物竞天择、适者生存的概念。

"对于波普尔而言,不管新科学理论的来源是什么,它们必须具备某些品质。这些理论必须要大胆:越具革命性越好。慢慢吞吞地收集材料,再做一番小题大做的归纳是得不出新科学理论的。新科学理论的解释能力必须和被替代的旧理论一样强,甚至更胜一筹。而且,新科学理论应该是极具冒险性的,因为需要用来做大量预测。

"我真不想再提那个已经说烂了的白天鹅的例子了,但在这个例子中,第一只黑天鹅的出现推翻了'天鹅都是白色的'这种假说。其实,我真心不喜欢这个例子。因为它给人的感觉就是,好像多年以来,一群动物学家表面上在争论天鹅到底是不是白的,背地里却一直在收集他们所谓的证据,直到证据数量足以呈报给英国皇家学会……我重新举个好一点儿的例子。在托勒密体系下,地球被认为是宇宙的中心,其他所有天体都绕着地球旋转。这是个不错的理论。它解释了我们所观察到的许多现象——

围绕着我们旋转的天空,日出和日落,等等。后来哥白尼出现了,他提出了以太阳为中心的宇宙学观点,但在最初的几十年里,这两个理论体系在解释力方面几乎不相上下。没有哪一方能给予对方致命一击,部分原因出自技术水平的限制,毕竟当时人们仍凭借肉眼来进行天文观测。接着,在1610年,伽利略根据一个来自荷兰的点子,自制了一架望远镜,并把它对准了木星。他的观察结果清楚地表明木星是有卫星围绕着的。伽利略首开先河,证明了并非一切星球都绕着地球转,于是托勒密体系就这样被击倒了。"

这就证明哥白尼是对的了?

"没有!哥白尼或许确实做出了卫星可能会围绕其他行星旋转的预测。但就目前而言,你只能说这个理论没有被证伪。

"对于波普尔来说,有一点非常重要,即一个假说一旦被证伪,就必须弃之不用。绝不能去想一些解释来为显然已被证伪的假说辩护。他把这类解释称为**特设性假说**。他强烈反对那些本身不可证伪的特设性假说。

"有个很好的例子:旧托勒密体系中存在着一些问题,这些问题甚至连古代的天文学家都注意到了。其中最引人注目的问题是,行星并不是平稳而有规律地自东向西在天空中移动的,有些时候似乎会停止,然后朝反方向,也就是由西向东'逆行'。我们现在知道,这仅仅是因为所有的行星都在不同的轨道上绕着太阳转，而地球会定期超过那些离太阳比较远的行星，所以才让它们看起来像在后退。就像我们在超车了以后，别人的车相对于我们的车来说是在后退。看到问题了吧：如果所有行星都绕着地球转，那怎么会有行星后退呢？"

别看我，我不知道。

"这是个反问句啦。他们想出来的答案是，当这些行星绕着地球转的时候，自己也会像跳芭蕾舞一样做皮鲁埃特旋转，即它们会自己绕着小圈转，这个小圈被称作周转圆。因此这些行星有绕着地球旋转的大圈，还有一个自己的小圈，绕着……好吧，并没有它们绕着的东西。于是这就造成了行星后退的表象——其实这只是行星绕着小轨道的运行方向和它绕着地球的大轨道运行方向相反罢了。

"这个周转圆充分解释了我们观察到的现象，但大厦将倾，它们所做的只能是苦苦支撑。当时的科学设备和知识还不足以证明周转圆理论是错误的，因此它是一个不可证伪的特设性假说。

"对于波普尔来说，科学假说的完美例子是爱因斯坦的狭义相对论。它解释了牛顿引力理论所能解释的一切，而且还能解释其他东西。虽然牛顿的理论在二百年间屹立不倒，但也存在一些小问题，如水星轨道上就存在一些小小的反常现象，牛顿的理论对此无法解释，而爱因斯坦的狭义相对论则可以解释这一点。

"但狭义相对论仍然需要一个大胆的预测来检验。爱因斯坦曾预言，巨大质量（如我们的太阳）所带来的重力效应，会使得来自遥远恒星的光线在一定程度上发生扭曲。想要测试这一预测，就必须找一个日全食的时候，否则无法观测星光。1919年，恰好出现了日全食，爱因斯坦对此孤注一掷。观测结果表明，光的扭曲程度与爱因斯坦的预测分毫不差。"

耶！所以狭义相对论被证实啦！

"要我说多少遍，没有！波普尔认为，任何理论都不可能被证明是真的。所有的理论要么已经被证伪了，要么总有一天会被证伪。在他看来，理论就如同打到地下的地基，地基的确可以打得很深，用以支撑建筑物，但永远不可能触及基岩[1]。"

既然波普尔认为你永远不能拥有绝对确定的知识，那他是怀疑论者吗？

"断然不是。他是个实在论者。他认为外在世界是一个由物质和科学法则构成的世界，科学家们可以去探索它。他认为新的、革命性的理论与其所替代的理论相比，确实是进步的，科学进步不是虚幻的，而是真实的。我们对世界的知识在增加。重要的是，他认为他的证伪观点意味着科学是可以进行理性批判的。他认为你需要不断地对科学进行批判，从而阻止它变得保守顽固。"

你很中意他，是不是？

---

1 在英语中，基岩 bedrock 这个单词还可以指基本事实。

"你老是说得好像我很喜欢他们似的。"

阿东和阿卡[1]，坐在大树下……

"喂，你成熟点儿。但……我确实挺中意他的……其实波普尔已经有点儿过时了，但我喜欢他作品中清晰的思路和表达，而且可证伪性似乎确实是一个有用的概念，不仅在科学领域，在日常生活中也是如此。如果你有一个想法，最好问问是否有证据可以反驳它。如果没有，那你的想法可能太模糊了，没有任何实际用途。波普尔本人认为，证伪主义是区分科学和伪科学最有用的原则。"

伪科学？

"在波普尔看来，伪科学就是那些声称可以提供知识，但其命题无法被证伪的思想体系或学科。可能因为这些理论太过模糊，所以才与大量可能的事实相符。就比如说，你的星座运势可能会告诉你：'本周你的工作会不太顺，需要灵活应对。'也可能因为这些理论解释了太多东西，从而无法反驳。无论什么心理状况，弗洛伊德派精神分析师都能将其追溯到童年经历上去。你有精神问题吗？有。你小时候有过不好的经历吗？回答还是有。如果你说你没有，那我们可以继续深挖，直到问出些什么。每找到一个新例子，这些践行者都会愈加确信心中的理论，没有什么可以将其驳倒。因此，这样的理论可以解释一切，却什么都预测

---

1 指卡尔·波普尔。

不了。

"一个有趣的例子就是达尔文主义。"

等等，达尔文主义？达尔文主义不是科学的吗？你别说我不是从猿，噢不，狼演化而来的……

"在这个例子里，我们可以看到证伪主义最有用的地方了。达尔文主义理论中，有个核心概念：适者生存，而这个概念是无法被证伪的。最能适应环境的生物存活了下来，这听起来很棒，貌似是个完美的假说。一群动物中，最能适应环境的活了下来，而失败的则被吃掉了。但是该如何给'适应'下定义呢？问题就出在这里：你指着那些存活下来的动物说，显而易见，它们就是最能适应环境的！你又怎么知道它们是最能适应环境的呢？因为它们存活下来了。它们为什么能存活下来呢？因为它们是最能适应环境的！所以，你的理论就陷入了循环论证，无法得到验证。

"为了避免这种情况发生，波普尔会让进化论科学家做出一个可供验证的明确预测。例如，进化论者可能会认为，孔雀华丽的尾羽是用来吸引雌性的，所以尾羽长的会比尾羽短的更有优势。于是你就可以预测：在一个特定的种群中，尾羽最大的孔雀会有更多后代。这就是一个可供验证的假说。"

那结果是波普尔赢了……？

"当然，许多支持他理论的科学家继续沿着这一方向进行研究。他所塑造的科学家形象具有英雄气概，十分吸引人，而且他的理论清晰易懂。然而，该理论在科学哲学家中失宠了。"

呀，为什么？

"其中一个问题就是许多卓有成效的科学理论在它们存在的早期就被证伪了。例如，哥白尼的理论其实很难解释一些可以观察到的现象，这一理论预测行星位置的能力其实挺弱的，也需要依靠周转圆来解释行星逆行——这两个问题的成因都源于哥白尼认为行星的运行轨道是完美的圆形，而非椭圆形。

"哥白尼理论面临的最大挑战就是，如果地球绕着太阳转，那从我们的视角来看，其他星球的相对位置应该会发生变化——这是视差现象导致的。然而我们看到的结果并不是这样的，于是这个理论就直接被证伪了。如果严格按照波普尔的标准，哥白尼的理论体系就应该被否定。但这样做的话，这将成为人类的耻辱：没有哥白尼，就不会有开普勒；没有开普勒，就不会有牛顿；没有牛顿，就不会有现代科学了。"

这牵扯得可多了。

"确实，牵扯得太多了。所以怎么可能驳得倒呢？我收回刚刚说的最后那句话，这一理论体系涵盖面太大，因此无法被证伪。但问题是，如果严格套用波普尔的证伪主义的话，哥白尼体系还是会被抛弃。这就仿佛建议你，感情一旦碰到问题就直接分手，去 Tinder[1] 上重新找一个一样。但有些时候，挺一挺也就过

1　一款手机交友软件。

去了……"

孟弟舔了舔我，表示安慰。

"还有许多其他科学也经历过类似的困难时期，但它们要么通过小小的补救，要么得到了科技的支持，最后都把困难克服了。哥白尼的理论体系也一样。开普勒对其做了修正，使其更符合观测到的现实，同时强大的科技揭示了微小的视差现象确实存在，而之所以小，是因为星星们比当时人们猜想的要远得多。

"波普尔理论的另一个问题是把科学变成了一种非常个人的活动。伟大的男男女女们，拥有着不可思议的思维过程，他们单枪匹马，脑中灵光一闪，便构建出了原创的全新假说。唯有等到这些假说构建出来之后，科学界才接手，进行平凡而单调的验证假说工作。

"在《科学革命的结构》（1962）一书中，托马斯·库恩（1922—1996）对这种崇尚个人英雄主义的科学思想提出了挑战。该书在科学哲学和科学史领域极具知名度和影响力。库恩在书中否定了单打独斗的科学天才，代之以一种迥然不同的'开展'科学的方法。在这种方法中，科学家群体使用共有的假说和技术，研究一系列共同的问题。库恩将这些共有的假说和共同的目标称作**范式**。在范式下工作的科学家们对于什么是相关信息，如何收集、分析、整理这些信息，以及应该通过什么样的机制验证信息等一系列问题都有着共识。"

能举些范式的例子吗?

"当然可以。经院哲学传统就是一个例子,在这一传统中,亚里士多德关于物质世界本质的观点以及托勒密的宇宙学体系是公认的范式。随后取而代之的哥白尼/开普勒的宇宙学、牛顿的物理学、达尔文的进化论、量子力学等,也都是范式。这几个范式都存在了相当长的时间,其间这一领域的所有研究者都对绝大多数基本事实意见统一,在需要解决哪些问题以及如何解决这些问题上观点一致。范式的研究者通常会在大型机构、大学、实验室任职,有自己的封闭文化。他们需要遵循职业结构,得到物质和象征性的奖励。

"这就是库恩所说的**常规科学**。科学思想史的大部分都由这些稳定的时期构成,在这些时期中,范式在各个领域有条不紊地传播着人类知识。

"然而,范式早晚会积累问题。有些问题是无法解决的,会出现反常现象,也就是现有理论无法解释的事情。如果这些反常现象涉及范式的核心概念,则会非常麻烦:木星的卫星、既像爬行动物又像鸟的奇怪化石、水星轨道无法解释的摆动等。如果这些问题不能得到合理的解决和解释,范式就会陷入危机。最终,这个范式将垮台,由新的范式取而代之——这就是著名的**范式转移**。

"范式转移的有趣之处在于,新旧范式用库恩的话来说是不可通约的。新范式并非仅仅在一些细节或很容易解决的事实问题上和旧范式不同,而是具有和旧范式完全对立的世界观,这两种世界观几乎没有交集,因此两种范式毫无可比之处。生物通过自然选择进行演化的观点与生物都是由仁慈的上帝创造(或设计)的观点是不可通约的。托勒密和哥白尼体系、牛顿物理学和广义相对论、广义相对论和量子力学:这些范式之间都经历了极其彻底的转移,相互之间无法进行对话。

"范式不可通约的一个惊人的结果就是,从一种范式到另一种范式的变化在某些方面是非理性的。对于同一范式下的研究,我们可以进行理性评估,因为衡量进展的标准是一样的。但是,一旦转移到一种新的、不相容的范式时,判断的共同依据就不存在了。这就像要求用数字来描述菠萝的味道。"

但是如果你不能理性地在不同范式间做选择,为什么还会改变呢?

"库恩说,范式内的具体人员通常不会改变他们的想法。顽固派会死去,新鲜的血液会进来。所以有点儿像更新换代。库恩认为自己的理论是相对主义的,而科学是不合理的,这一说法引起了很大争论。范式中会出现反常现象,而反常现象是革命出现的最终原因,这就表明了科学与现实世界息息相关,常规科学处理问题的方式也是一样。而库恩经常提到的**宗教改宗**和**格式塔转换**(换一个角度观察图像,图像的主题突然发生了改变,就是格式塔转换，如我们熟悉的鸭兔图案，或是既可以看成两张脸，又可以看成一个花瓶的图形）也使科学看起来是非理性的。

"有一个'化圆成方'的办法：尽管可以把库恩的话解释为有个别科学家出于某些非理性的原因从一个范式转移到了另一个范式，但也有可能——而且通常是这样——从客观来讲，是因为新范式实际上更好，它解释了更多东西，并且比它所替代的范式少了很多反常现象。

"一经发表，库恩的理论本身就带来了如何看待科学的范式转移。范式转移这个术语也融入了我们的语言，不仅适用于科学，而且几乎适用于任何一个在方向上发生根本变化的领域。事实上，库恩式的方法似乎非常适合拿来解释知识是如何在从艺术到社会科学等诸多领域内发展的。该理论发表于二十世纪六十年代，其相对主义和明显的激进主义特点给它带来了某种反文化的名声。它似乎把科学从精英主义的神坛上撼动了。科学知识不再是一种特殊的、优越的理解形式，而是成了另一种'语言'，另一种说话方式。

"波普尔和库恩（或者说是波普尔派和库恩派）进行了针锋相对、剑拔弩张的论战。对波普尔来说，范式转移模型的非理性和库恩的常规科学思想的世俗性都是令人厌恶的。库恩认为，常规科学研究的时期是好的：正是在这段时期内，实实在在的工作得以完成。那些在范式中的工作者捍卫它也是正确的。因此，库恩对于科学的概念并非人们起初认为的那样是一股新潮的反文化力量,其实这一概念骨子里是很保守的。库恩本人是坚定的建制派,在美国极具声望的学术机构(哈佛大学、加州大学伯克利分校、麻省理工学院)中生活工作,捍卫着整个美国科学－军事－工业综合体。而波普尔则特立独行得多。在他的心中,证伪是反建制派最有力的武器。"

那么谁在这场辩论中赢了?

"我觉得,单单从两人的观点来看,都很出类拔萃。库恩对常态科学和革命科学的描述,包含了科学运作方式的许多真理;但证伪主义的逻辑真理和创造潜力也具有很大价值。"

要是能以某种方式把它俩结合起来就好了……

"你太懂我了!这正是匈牙利哲学家伊姆雷·拉卡托斯(1922—1974)在其著作中所做的事。拉卡托斯是波普尔在伦敦经济学院的同事。他出色地将库恩和波普尔的观点相结合。拉卡托斯提出,在每个科学学科中,存在的并不是范式,而是许多互相竞争的**研究纲领**。每套研究纲领都有一个理论**硬核**,它是纲领的基础,此外还有由不太重要的概念和理论组成的**保护带**。保护带是可以接受批评的,因为并不会对核心造成致命伤害。研究纲领整体来说都会试图抵抗批评,方式和库恩保守的范式很像,但在运作中同时又会用上波普尔的方法论。拉卡托斯说,成功地研究纲领应该是进步的,也就是说,它们可以向外扩展,从而解释世界的更多特征，但每一个新的主张都要经过严格检验，如果被证伪，就会被丢弃。

"研究纲领和库恩范式之间最大的区别或许在于，库恩认为在任何时代都只能有一个占据主导地位的范式。但拉卡托斯认为，可以并且应当存在相互竞争的研究纲领。通过竞争就能揭示出某些纲领是进化的，某些纲领是退化的。最显而易见的例子就是哥白尼和托勒密体系之间的竞争。十六世纪晚期，科学家做过几次尝试，试图支持旧纲领，如第谷·布拉赫的理论：尽管其他行星都绕着太阳转，但太阳仍然绕着地球转。但是，旧纲领在当时处于退化阶段，而哥白尼体系，尽管保护带发生了重大变化，但保留了日心说的核心，于是一直处于进化阶段。

"但即使处于退化阶段的研究纲领，也是可以东山再起的，因此，拉卡托斯建议，不要太早放手。但什么时候算早呢？你该如何理性地判断出一个研究纲领在什么时候算退化到了无药可救的地步呢？拉卡托斯并没有说。

"难以确定何时放弃研究纲领是拉卡托斯理论的一个显而易见的弱点。他曾尝试过——并在某些方面取得了成功——将库恩的社会学方法与波普尔的客观主义和现实主义相结合。但他的批评者认为，他无法明确指出何时才能对研究纲领宣判死刑是他理论的致命缺陷。但我仍然认为，在科学做了什么和应该做什么这两点上，他已经差不多快找到答案了。"

嗯……如果我刚才没听错的话，归纳法是假的，证伪主义被证伪了，库恩的范式转移了，拉卡托斯的研究纲领也退化了。那还有戏唱吗？

"下面就是压轴好戏了。保罗·费耶阿本德（1924—1994）通过推翻哲学家们认识科学方法以及科学自身理解、控制世界的主张起家。费耶阿本德最初属于波普尔派，但他很快就看到了证伪主义的局限——他尤其担心只是因为表面上被证伪而过早抛弃可行的理论会带来的危险，但他也强烈反对库恩派范式的保守主义。

"费耶阿本德给出的答案是，任何试图去掌握科学运作方式的行为都注定要失败。他的口号是：**怎么都行**。科学家们采取了各种各样的工作方法：有些科学家数天鹅；有些科学家灵机一动想出了点子，拿这些点子去做破坏性试验；有些科学家遵照研究纲领，按部就班地开展工作；有些科学家离群索居，躲进阁楼冥思苦想；有些科学家只管研究数字；而另一些人则从更广泛的文化中汲取灵感。只要你说科学只能通过归纳法或证伪主义，或其他任何方法来开展，你就会把其他应该也算作科学的活动排除在定义之外，而把不应该算作科学的活动纳入进来。

"有一个例子（不是费耶阿本德用的）是弦理论。我们好久之前漫步的时候，讨论过一个由前苏格拉底派哲学家提出的问题，而弦理论便是试图解释这个问题的最新尝试——"

鸟粪里白白的东西是什么?

"哈哈,差不多。我想的那个问题更普遍一些:世界是由什么构成的?弦理论是终极的万物理论,它的目的是解释宇宙中的四种基本力:引力、电磁力、强核力、弱核力。这个理论雅致而美观。它认为,构成四种力的每一颗基本粒子其实都是一小段不停抖动的能量弦线,弦线的抖动方式决定了它是哪种粒子。"

听起来好棒。

"没错。弦理论的唯一问题是,它没有任何实验证据来支撑。没有人能看得到超弦,也没有人能通过任何方式探测到它们。现在还完全不清楚,到底有没有可能探测到它们,或确认它们的存在。所以,任何归纳论者都会否定这个理论,因为它不是反复观察和实验的结果,而任何证伪论者都会直接将其抛弃,因为它无法产生可供验证的预测。事实上,比起科学理论,它似乎与一个古老的形而上学理论有更多共同之处。这个理论应该是巴门尼德和恩培多克勒提出的。"

所以你认为,你刚才提到的很多科学哲学家都会反对这个你认为很好的理论是吗?

"没错。那如果弦理论就是不可证伪的,又会如何呢?它解释了原本无法解释的东西,而且可能会在将来产出惊人的成果。用费耶阿本德的观点来看,如果你过于狭隘理性,就等于把婴儿和洗礼水一起倒掉了。

"除了方法论层面的无政府主义,费耶阿本德也是我们所谈论的哲学家中第一个警告我们科学存在危险性的。他认为,科学家倾向于对理性和共相夸夸其谈,却又无法自圆其说。科学方法优于其他知识模式的论点之所以站不住脚,是因为正如他所说的:世上没有单一的科学研究方法。他并没有说科学全都是假的,但他确实认为每个公民都有责任对科学主张持怀疑态度,对科学家企图监控、控制、支配的渴望保持警惕。"

天哪。那你同意他的说法吗?

"肯定同意。我认为我们应当竭尽全力对科学主张进行核验。'科学'每天都在向我们兜售东西,说服我们把自己的和政府的钱投在产品或研究项目上。美国宇航局很清楚,增加政府拨款的最好方法就是激发公众对在火星上找到生命体可能性的兴趣。因此,宇航局的科学家们在媒体上绵绵不绝地发布相关新闻。其实,每次你听到一则有关科学的新闻,都可以确定这则新闻并非对科学研究本身有价值,而是公关部门在忙碌地运作。大型制药公司就多次被查出操纵数据歪曲事实。"

这提醒我了,你是怀疑论者还是犬儒主义者?

"所以你刚刚的确在听我说话……两者都是。犬儒主义者不相信权力,怀疑论者不相信知识。我的另一个智慧偶像,法国后结构主义者米歇尔·福柯说,不管你在哪里看到权力,都要上前抵制,因为权力总是不平等的,总是会被滥用的。而且我认为,我们应该打开怀疑论者的工具箱,尽我们所能去测试有关知识的主张。但这么做的最终结果并不是要拒绝所有权力和知识,而是要让权力和知识保持诚实。但我并不认为不存在真理这样的东西。科学应当被审视,而且应当使用科学工具来审视。但有些总是值得一提:谁为这项研究买单?谁从中获益?研究背后隐藏着什么?被过度兜售的是什么?"

孟弟白了我一眼。他对政治不感兴趣。

"抱歉,我又讲偏了。话说,我们也该回家了。钻包里还是想自己走走?"

要不走一会儿吧。稍微走走。

我环顾四周,餐馆里的人又多了起来。门口的一张桌子边坐着一只优雅的贵宾犬和同样优雅的主人。我们离开的时候都尽量挺直腰杆,不一瘸一拐。我们沿街还没走多远,孟弟就忧伤地看了我一眼,我把他抱起来放进包里。

最后一次漫步
叔本华的肥皂泡与生命的意义

这次漫步，我带盂弟去医院。我们讨论了上帝存在的证明和生命的意义，还有死亡。

麦高恩一家迎来了十分难挨的几天，所有方案都讨论了，泪也流了。虽然没当着孟弟的面，但我觉得他知道。

这天终究是到了，我把他装进包里出了门。我走到街上，抬头看见丽贝卡和罗西并排站在落地窗前向下看。我挥了挥手，罗西却转过身去，把头埋到了妈妈的肩上。

我们去哪儿？

"挺远的。所以我们出发得有点儿早。"

是那个地方，对吧？

我轻轻摸了摸孟弟的鼻子。

我们在漫步时谈的每件事……

"嗯？"

嗯，都挺有趣的。我觉得我对这个世界上有什么东西，以及什么才算知道懂得更多了，而且我觉得我对好狗狗或好人的含义也有了更好的理解。但问题是，我没别的意思啊，我觉得我们应该多讨论一些大事。

"你是指生命的意义之类的事吗？"

对，我是这么觉得的。

"在谈伦理学的时候，我们涉及了一点点你说的大事。亚里士多德的幸福观认为，要过最适合理性动物的生活、沉思的生活、符合美德的生活……康德的道德观认为，要用你的理性去发现所有理性生物都必须遵循的规则。而从功利主义角度来看，应该穷极一生为最大多数人争取最大程度的幸福。以上所有观点都挺高尚的。毋庸置疑,比起随心所欲或肆无忌惮,不论践行以上哪种观点,你都能过上更加符合伦理的生活。"

这点我能够明白。如果问题是我应该做什么,或者我应该怎么做,那很明显,伦理学的这些东西是有帮助的。但我问的是另一个问题。不是我该做什么,而是我所作所为的意义是什么。

我凑到他头上闻了闻。我的妻子给他洗了个澡,他比平时闻起来香多了。他卷起舌头舔了舔我的脸。

"你知道早期维特根斯坦会说什么吗?"

对于不可言说的,应保持沉默。

"他一定会把这类问题归于'应保持沉默'那一类。我认为在这一点上,他是对的。生命的意义是什么,是一种范畴错误[1]。"

就这一次,我们能不用术语吗?

"抱歉。我觉得'意义'这个词只有和命题相关才有意义。公交车来了;我喜欢芝士蛋糕;斜边的平方等于另外两条边的平方和。这些都是命题,它们都有意义。有语言才有意义。但花朵、大黄蜂、邋遢的小狗、不讲卫生的大个子,这些东西都没有意义。他们有的是价值,而价值比其意义更重要。"

上帝呢?你们哲学家大都对他(或祂,或她)有自己的看法。

---

[1] 指将既有的属性归属到不可能拥有该属性的对象上,为语义学或存在论的错误。

"之前聊天的时候，只要涉及上帝的话题，我总会小心翼翼地绕过。部分原因是我同意康德的看法：我根本不觉得哲学在这个问题上能发挥多大作用。的确，哲学家们花了大量的时间和聪明才智，试图去证明上帝的存在，但至今依然没人能拿出有力证据，把无神论者转变成信徒。"

有哪些证明方式呢？

"在过去的几个世纪里，证明上帝存在的方式有不下几十种，但我觉得可以将它们归为三种基本类型：从宇宙学论证、从设计论角度论证，以及从本体论角度论证。时间有限，我只能说一些皮毛……

"从宇宙学论证有几种不同的形式。第一种观点是一切都有原因，所以必然存在一个不由其他原因引起的第一因，不然的话，就会产生一条无限的因果链。有些人会把第一因称作第一推动者——所有动的东西都是因其他东西而动的，所以你得有一个第一推动者让他们动起来。还有些人会这么表述：我们宇宙中的一切都是偶然的——可能存在，也可能不存在。若存在，那必然有存在的原因，而这个原因就是上帝。解释这种观点最直截了当的方式就是把它放在简单的三段论中：凡存在之物必有因；宇宙存在；因此宇宙有因。"

那这些说法有问题吗？

"你应该还记得，康德和休谟都质疑过原因的概念。或者说休谟对此提出质疑，康德则将原因视为人类智慧的一种品质，而不是某种可以被视作上帝的东西。没有原因，所以没有上帝。另一些人则认为，没有第一推动者的无限因果链毫无不合逻辑的地方。也有人说，对于上帝的证明其实什么都证明不了：一开始说一切事物都必须有原因，最后却提出一个没有原因的事物，所以这是自相矛盾的。至于第一推动者，一个不动的东西怎么能产生运动呢？另一个反对意见是，即使你确实证明了某种第一因，那又是什么让我们认为它具有上帝会有的品质（全知、全能、爱）呢？

"我认为思考这个问题终究是徒劳的。科学给了我们一个答案：创世大爆炸，即创造一切的时刻。但对于大爆炸之前，我们一无所知。是否存在另一个宇宙，它先膨胀，接着收缩，到某个临界点时，突然变成我们现在的宇宙？还是什么都没有？我认为我们所能做的就是把它交给科学家，然后尽最大努力去理解和批判他们提出的概念。

"接下来，就是从设计论角度来论证。这一理论基本上就是在说，我们世界中的元素构造是如此完美，不可能出于偶然——就像手表不可能是偶然制造出来的一样，肯定是由神圣的钟表匠设计的。从哲学角度看，这个论点没错。不幸的是，这个唯一从科学角度证明上帝存在的论点，却与现实相悖。这一理论的拥护者提出，眼睛这种需要多种复杂元素和谐运作的奇妙物体，绝不可能凭空而出，正如龙卷风吹过废品场不可能制造出'波音747'一样。而达尔文出现了，演化的过程足以创造出眼睛——其实，眼睛在地球的历史进程中，已经被'发明'过很多次了。而且在动物世界中还有很多处于不同发展阶段的眼睛，有的眼睛只能区分光和暗，而鹰的眼睛能够从一千米开外看见有跳蚤爬上了你的背。"

早上她就给我除跳蚤了。我真搞不懂她为什么要自找麻烦。

"这会让她高兴。而且你闻起来的确挺香的……我们说到哪了……哦，对，设计论。只需假以时日，稍作调整，自然的选择就会造出你的手表，哦，我指的是眼睛。从另一方面来说，我们调查自然界越是深入，就越会发现很多远称不上完美的东西。随便举个例子，从人类学角度就有超多会让生活不愉快的东西，如跳蚤、蚊子、臭虫、病毒等。我们说过，演化能够创造奇迹，但也必须凭借手头现有的材料。古生物学家斯蒂芬·杰·古尔德就非常擅长找到这种'凑合'层面的演化。其中我最喜欢的例子是大熊猫的拇指。大熊猫吃的是竹子，你想要吃竹子，就最好有一根与其他手指相对的大指——拇指——来抓住竹子。上帝本可以给大熊猫一根像样的拇指，或许只要把它的第一根爪子稍微移动一下，就成了。但真正的大熊猫有着不同的解决方案，而这个方案坦率地讲，挺笨拙的。它手腕上长出了几块骨头，灵活度和关节弯曲程度都很有限。虽然勉强凑合，但也可以了，因为大熊猫不可能直接产生完美的变异。必须一直等待，直到某天，有一只熊猫天生就长着一根略微突起的腕骨，这多少有利于它啃老竹子，相比起其他完全没有拇指的熊猫，它是有少许生存优势的，所以它多生了几只幼崽，它们同样长着小小的、看似没用的原始拇指。就这么一代一代传承、演变下去，每隔一段时间，它们的拇指会比之前的更加有用。"

所以设计论被击倒啦！

"是啊，那些花里胡哨的理论用处不大，而且针对自然界笨拙、凑合的现象，存在更好的解释。另外还有，你知道的，埃博拉……

"我们终于要谈本体论证明了，不得不说，我怪喜欢它的。"

喜欢"本体论"这个词，是吗？

"不仅仅是这个词，是都喜欢。"

来吧，说给我听听。

"我来给你说个关于'上帝'的定义。上帝是一个被设想为无与伦比的东西。听得懂吗？"

应该懂。他是最伟大的。

"现在我要你想象两个上帝。他们同样伟大，除了一点，他们中一个存在，一个不存在。"

啥？

"你只需想象两个上帝，都很伟大，但是一个是真实的，另一个是虚构的。"

行吧……

"所以现在他们哪个更伟大?"

我知道是怎么回事了。很明显嘛,我应该会说,在两个上帝中,存在的那个肯定更伟大。

"所以上帝一定是存在的!我们已经承认上帝是你所能设想到的最伟大的事物,并且也发现存在的上帝肯定比不存在的伟大,因此上帝一定存在。"

你在耍我吧?

"这最早是由经院哲学家圣安瑟尔谟(1033—1109)提出的。它还有几个略微不同的版本,但都有一个共同之处,即认为存在是上帝概念的一部分,就如同'三角形内角和是180度'是三角形概念的一部分那样。"

这是你说过的最扯的一个说法了。你会解释清楚,让我从痛苦中解脱的,对吧?

"但这个观念的适应性出奇地好。尽管没人对这个解释真的感到满意,但它依然屹立不倒。我之所以喜欢,是因为它是一个纯粹的概念性证明,不涉及世界上的任何东西,仅仅依凭一些听起来无伤大雅的定义,以及你对它们的认可而构建的。但也有几种方法可以对其进行驳斥,康德就有一个。他说这个本体论证明立足于把'存在'当作一个形容主词的谓词——上帝是全知全能并且存在的。所以你也可以说,沙发是蓝色的、舒适的、存在的。蓝色、舒适、存在都是沙发的谓词。但康德说,存在根本就不是谓词,因为谓词会赋予你关于主词的新知识。但存在,或实在,只是告诉你某物存在于现实中。尽管许多哲学家赞同康德的观点,但我对此有所保留。对于我来说,如果我本以为某个人物是虚构的,但有人告诉我,'不,她其实是存在的',我会认为存在是个谓词。也许更好的驳斥方法是让这个本体论证明听起来很愚蠢。我们能设想出无与伦比完美的狗狗吗?"

咳咳……

"你很可爱啦,但你也不太完美。现实中是不可能做到尽善尽美的,总会有些小瑕疵,如偷吃芝士蛋糕啦什么的……不管怎样,我希望你想象出一只完美的狗狗,一只无与伦比完美的狗狗。想出来了没?"

我在试啦。

"现在,如果这只狗狗不存在,那它就不是你能设想的最完美的狗狗,因为存在的那只会更完美。既然我们可以设想出完美并且存在的狗狗,所以它是存在的!我们已经证明了完美狗狗的存在。"

但事实上并不存在完美的狗狗。

"正是如此。"

我们默默地走了几分钟。还有点儿时间,所以我们俩就去后街漫无目的地兜圈子。但每兜一圈都离目的地更近了些。

你是想转移我的注意力吗？我是说，讲那个关于上帝的事情。

"也许吧。但我们还没有找到意义，对吗？"

你说过意义是针对字词的，而不是针对生命的。这属于范畴错误。

"可能我刚刚有点儿迂腐了。"

真的？

"我突然想到了两个话题。萨默塞特·毛姆有一本小说，叫《人性的枷锁》。"

标题取得不错。

"是的，这本书和我们的这次漫步绝配。小说的标题取自斯宾诺莎的《伦理学》，斯宾诺莎用这个词来形容人类被激情所奴役。虽然毛姆现在已经不流行了，但这本书依然不失为一本好书。书中的主人公名叫菲利浦·凯瑞，是一位有抱负的艺术家，住在巴黎。有个朋友送了他一块旧旧的波斯地毯，并告诉他这块地毯蕴含着生命的意义。凯瑞多年来都把地毯随身带着，却一直都没明白朋友的意思，或者说这块地毯的意义。他从未真正实现自己的人生目标，也从未真正寻找到幸福。他的恋爱经历，往好了说是不太理想，往坏了说是一塌糊涂。他还从事了自己并不喜欢的工作。最终，他豁然开朗，明白了朋友所说的礼物，也就是地毯的含义。生命的意义,就是我们在地毯上织出的图案。"

啥?

"这里的图案并没有其他含义。不是象似符、不是指示符,也不是规约符,只不过是几何形状和颜色的组合。这些形状和颜色可能错综复杂,也可能简约明了。我们因为喜欢纺织而织出了它,最终发现自己在经纬交错中,在我们的生命中,创造了美。"

这个故事我喜欢。你刚刚说有两个话题来着?

"我们讨论过的大多数哲学家做人都还行。其中一些人,如斯宾诺莎,过着堪称典范的平静生活;莱布尼茨是个马屁精,但人不坏;尼采是刀子嘴豆腐心。赫拉克利特看起来像个傻瓜,但谁知道呢,或许他在酒馆里发过酒疯,却不该死得那么惨……而亚瑟·叔本华(1788—1860)则是个实打实的人渣。他吝啬、卑鄙、傲慢,活着只图自己快活。举一个他的典型事迹:1821年,叔本华因为有个老妇人在他公寓外大声喧哗而火冒三丈,于是直接把对方扔下了楼梯。老妇人身受重伤,无法工作。法院判叔本华赔偿对方一笔数额不大的抚恤金以度余生。大约二十年后,老妇人去世了,叔本华冷冷地甩了一句拉丁双关语以表庆祝,'Obit anus, abit onus'(老妇逝,重负释)。"

好家伙。

"叔本华的哲学就和他的个性一样阴郁。他说,我们被一种盲目的力量驱使着,朝着永远无法完全满足的目标予取予求。我们的身体不过就是这种冲动的物质表现：我们的牙齿和肠道是饥饿的体现，拳头是愤怒的物质形式。唯有艺术才能让我们从这种永不停歇的斗争中解脱。当我们聆听音乐或观赏画作时，意志就会平静下来，我们也就暂时在暴风雨中得到了庇护。"

如果你想靠聊这个让我高兴的话，并没有什么用……

"啊，抱歉，我之所以提叔本华是因为，尽管他很悲观，但他是为数不多写得一手好文章的哲学家。他在大作《作为意志和表象的世界》（1818）一书结尾处这样写道：尽管生命苦不堪言，我们却依然坚持。生命就像肥皂泡，尽管我们知道它终究会破裂，但我们依然会尽力去吹它，把它吹得大大的。我认为对叔本华来说，肥皂泡象征着幻灭，象征着转瞬即逝的东西，但这个比喻已经超越了他的原意。还有什么能比肥皂泡更完美？集统一、多变、和谐于一体，如同伟大的艺术品。每个泡泡都是完美的，却又是独一无二的。我们难道不会因之而高兴吗？泡泡变大时，谁不微笑；破碎时，谁不叹息？或许就是这样，我们想要那些注视者……"

注视者？

"……好吧，就是看着我们的人，我们想要他们因我们而微笑，也因我们而叹息。"

阿东？

"嗯？"

泡泡理论,不是很对我胃口。

"我最后再说个观点试试。我说过,谈论生活是否有意义这件事对我来说是没有意义的。我们有价值,而这种价值在我看来,是通过我们得到了多少爱,以及我们为这些爱付出了多少来衡量的。就像你这只小狗狗,被深深爱着,而你得到的爱,是由你为我们付出的爱换来的。"

如果狗狗会脸红的话,我现在就脸红了。

"但还有一件事。还记得之前说过的目的吗,亚里士多德认为目的就是最终原因。"

我已经把亚里士多德的频道关了一会儿了,但还依稀记得一点儿。

"作为人类,呃,我指理性的人类,有一大幸事,即我们可以选择自己的目标,决定我们为什么在这里,决定如何生活。这一点与让-保罗·萨特在《存在与虚无》(1943)一书中提出的存在主义观点很像。萨特告诉我们,对于椅子或锤子这样的物体,客体的观念先于客体的存在。用他本人的说法:本质先于存在。但对我们,具有理性的人类和聪明的小狗来说,存在应是先于本质的。我们有能力也有责任来决定自己是什么。

"萨特的观点是对斯宾诺莎决定论的迎面一击。如果你还记得的话,斯宾诺莎认为,宇宙是一种不可抗拒的决定性力量,我们所能做的就是理解它、顺从它。在斯宾诺莎看来,人类要想摆脱枷锁，就要理解枷锁的本质。或者，用一个不那么残忍的比喻，我们就像海上的冲浪者，活下来的最好方式就是随波逐流，与海浪强大、无情、冷漠的力量融为一体。但是萨特说，作为人类，不能随波逐流，要迎头而上，继而毫无牵挂地离开，哪怕面前是湍流洄洑，吾往矣。"

吾往矣？你非要用这种词吗？

"哦，不好意思。生命的意义这类话题能给你的遣词造句带来巨大的冲击。但我觉得有一点值得注意。我们应该决定自己的目标，正如亚里士多德所说，我们是社会动物，所以应当有一个能为之辩护和捍卫的目标，这个目标可以使世界变得更好一些，不对，应该是好很多。哪怕我们能力有限，依然可以把一些小事做好，让所爱的人安全幸福，至少不要使其陷入危险与痛苦。而对于一些大事，或许我们会失败；不过，失败了可以重来，然后……"

至少让自己不要输得那么惨。

"说对了，老弟。"

孟弟发现我们到了宠物医院，开始在包里虚弱地挣扎。我一面竭尽所能地安慰他，一面走进医院大门。

和接待处的年轻女士说明来意后，她让我先坐下。我把孟弟从包里抱出来，他安静地坐在我的膝盖上，微微发抖。医院里灯光耀眼，我用手遮在他脸上，对他说了几句话，接着，我能感觉到,他在我手掌下方闭上了眼睛。

我看到一个老人带着篮子,一只猫瘫软地趴在里面。还有位父亲带着女儿,抱着一只满是窟窿的鞋盒,里面不知装了什么小宠物。我朝女孩笑了笑,她晃着腿,也对我笑了笑。我觉得她鞋盒里装的仓鼠或者其他小动物,病情应该不是很严重。

轮到我们了。

宠物医生是个身材矮小、皮肤黝黑的女士,名叫韦斯娜,来自巴尔干半岛那边。

"我能留下来吗?"我问。

"最好别,"她回答,"等我们这边结束了你再回来吧。"

我去草坪上坐着,这块草坪我带孟弟来过许多次,每当天气不好没法走远或太忙的时候,我就会带他来这里小遛一圈。马路对面有座古色古香的老式消防站,消防员正在外面洗消防车。孩子们小时候很喜欢这个消防站。如果她们乖的话,我就会带她们去那里和消防员打招呼,有时候他们会让孩子们去驾驶室坐一会儿,在她们小小的脑袋上扣上大大的黄色头盔。我回想起过去那些年,回想起孟弟成了我们家庭的一分子,恨自己出门怎么傻到连面纸都不带。我抬起手,用袖口擦了擦湿润的眼睛和鼻子。

好吧,
之前那次不是最后一次漫步,这次才是

几个小时过去了,我回到了宠物医院。

"他好了吗?"

"哪只……?"

"孟弟,那只马尔济斯犬。"

前台那位目光和善的年轻女士点点头,温柔地笑了笑。我朝里面走去。

一排排笼子靠在墙上。在里面我看到一只表情惊愕的豚鼠,不知道是不是之前那个小女孩的。而孟弟则侧着身子躺在桌子上。

"我可以带他回去了吗?"

孟弟听到我的声音,虚弱地拍打着尾巴,转过头来看我。

十分钟后,我抱着他走在了回家的路上。

你不会真的让别人以为我是一只将死的狗狗了吧?

"或许吧。我无法控制别人的想法。"

你是个坏人。你应该对你的行为负责。

"我想你不知道这次对我来说有多痛苦。你知道这个手术要花多少钱吗?"

你眼里只有钱。你应该更哲学一些。

"我跟你说笑呢。医生告诉我这是个大手术。尤其你这把年纪……"

喂!

"我只是转述她的话。你这把年纪很有可能挺不过来的,所以我们特别严肃地思考了这个问题。但医生说手术很成功,你马上又可以生龙活虎了。但先得好好休息,把伤养好。我们聊天的时候多着呢。"

我已经等不及了!

接着我们回到家中,大家因为孟弟的归来乐翻了天。

拓展阅读

哲学概述

我向大家推荐三本包罗万象的哲学史概论。其中可读性最强，但漏洞也最多的是伯特兰·罗素（Bertrand Russell）的《西方哲学史》（*History of Western Philosophy*，首次出版于 1945 年；最新版本为 London：Routledge，2001）。罗素的文笔清晰幽默，仔细涵盖了一般文化背景下哲学的方方面面。罗素本人就算不是第一流的哲学家，跻身第二流哲学家也绝对绰绰有余。他这本书的主要问题出在怀带偏见，他对欧洲大陆唯理论的态度要比对英美经验论和分析主义传统苛刻得多。

弗雷德里克·科普勒斯顿（Frederick Copleston）的多卷本《科普勒斯顿哲学史》（*History of Philosophy*，1946—1975；最新版为 London：Bloomsbury，2001）是一部气势恢宏的巨著，语言流畅、引人入胜、包罗万象。作为一个耶稣会士，科普勒斯顿对经院哲学传统有着深入研究，同时又非常公正，对所有哲学派别一视同仁。

安东尼·肯尼（Anthony Kenny）的《牛津西方哲学史》（*A New History of Western Philosophy*, Oxford: Oxford University Press, 2012）是最新出版的著作，但并没有因此就比罗素和科普勒斯顿的作品优秀许多。

和上面的著作相比，更为平易近人的或许当属布莱恩·麦基（Bryan Magee）的《伟大的哲学家》（*The Great Philosophers*, Oxford: Oxford University Press, 1987），书中记录了麦基与其他杰出哲学家就西方哲学传统中伟大的思想家所进行的访谈。西蒙·布莱克本（Simon Blackburn）的《思想》（*Think*, Oxford: Oxford University Press, 2001）适合想要快速了解哲学问题的读者，这本书不仅风趣幽默、妙语连珠，而且很有见地。我还要推荐奈杰尔·沃伯顿（Nigel Warburton），只要是他写的书，我几乎都推荐，其中特别要提一提《哲学的门槛》（*Philosophy: The Basics*, London: Routledge, 2012）和《从〈理想国〉到〈正义论〉：轻松读懂27部西方哲学经典》（*Philosophy: The Classics*, London: Routledge, 2001）。如果非要说沃伯顿的缺点的话，那就是他清晰的文笔有时会让人觉得那些难懂的哲学家和思想其实挺好掌握的……但他既能满足你对哲学知识的渴望，又能鼓励你更深入地阅读。

对于刚接触哲学的人来说，最好从彼得·亚当森（Peter

Adamson)的系列播客和相关书籍起步,可以上这个网站看: *A History of Philosophy Without Any Gaps*(https:// historyofphilosophy.net)。目前(2019年年初),亚当森已经讲完了古代、中世纪,以及阿拉伯哲学,他用有趣且平易近人的方式,向听众讲述每一位杰出思想家的故事。还有一点很好,他会在讲述的过程中加入一些非西方哲学传统思想家的内容。

第一至三次漫步:伦理学

我对伦理问题的思考很大程度上受到了阿拉斯代尔·麦金泰尔(Alasdair MacIntyre)的影响。比起他怪怪的著作《伦理学简史》(*A Short History of Ethics: A History of Moral Philosophy from the Homeric Age to the Twentieth Century*, London: Routledge, 2002),我更推荐他的《追寻美德》(*After Virtue*, London: Bloomsbury, 2013),该书十分精彩地分析了我们目前所面临的伦理困境,并为我们指明了出路,是一本极其伟大的现代道德哲学著作。

柏拉图的对话录在网上能搜得到,而且是免费的。不过我建议大家找一下十九世纪本杰明·乔伊特(Benjamin Jowett)的译本。如果不想看全本,而是想看独立篇章的话,企鹅和牛津世界经典系列的现代译本都不错,还附有精彩的导读。对于亚里士多德的著作也一样。不过我特别推荐乔纳森·巴恩斯(Jonathan Barnes)翻译的《尼各马可伦理学》(*Nicomachean Ethics*, London:

Penguin,2004），这本书的注释特别棒。

艾伦·瑞安（Alan Ryan）编写的《功利主义及其他文集》（*Utilitarianism and Other Essays*, London: Penguin Books, 1987）中，我们可以找到穆勒和边沁关于功利主义的主要著作以及非常有用的背景知识。彼得·辛格（Peter Singer）的《实践伦理学》（*Practical Ethics*, 3rd edition, Cambridge: Cambridge University Press, 2011）可读性非常高，但同时书中以彻底功利主义的观点来看待伦理学也引起了不少争议。才华横溢的西蒙·布莱克本写了一本《我们时代的伦理学》（*Ethics: A Very Short Introduction*, Oxford: Oxford University Press, 2003），正如书名写的那样，短小精悍，文笔诙谐精练。

玛丽·米奇利（Mary Midgley）的作品写得都很通俗易懂，文笔优美，论述犀利。我特别推荐她的《野兽与人类：人性的根源》（*Beast and Man: The Roots of Human Nature*, London: Routledge, 2002）和《邪恶：一篇哲学论文》（*Wickedness: A Philosophical Essay*, London: Routledge, 2001）。

如果你力所能及的话，对康德的道德思想最好的阐释就是他的《伦理学讲义》（*Lectures on Ethics*, London: Hackett, 1980）。他的道德思想最重要的著作《道德形而上学原理》（*The Groundwork of the Metaphysics of Morals*）、《实践理性批判》（*The Critique of Practical Reason*）、《道德形而上学》（*The*

Metaphysics of Morals)都可以在精美的剑桥版康德著作集《实践哲学》(*Practical Philosophy*, Cambridge: Cambridge University Press, 1997)中找到。如果是初学者的话,我只建议你去读《道德形而上学原理》,这本书比较清楚地解释了康德绝对命令的概念。除非你学过康德的形而上学,否则看《实践理性批判》只会不知所云。保罗·盖耶(Paul Guyer)编写的《康德:剑桥哲学研究指针》(*The Cambridge Companion to Kant*, Cambridge: Cambridge University Press, 1992)中有几篇论文很不错,涵盖了康德哲学的方方面面,包括他的伦理学。

第四次漫步:他人心灵、自由意志

如果想要轻松浏览一下有关他人心灵的著作,可以去读彼得·戈弗雷-史密斯(Peter Godfrey-Smith)的《他人心灵:章鱼和智慧生命的演化》(*Other Minds: The Octopus and the Evolution of Intelligent Life*, London: William Collins, 2017)。如果你想读读经典,就试试吉尔伯特·赖尔(Gilbert Ryle)的《心的概念》(*The Concept of Mind*, London: Penguin, 1990)。如果想了解关于自由意志的讨论,可以看保罗·拉塞尔(Paul Russell)和欧辛·迪瑞(Oisin Deery)合编的《自由意志哲学:当代辩论精选》(*The Philosophy of Free Will: Essential Readings from the Contemporary Debates*, Oxford: Oxford University Press, 2013),你想要的从入门到进阶的知识都

在里面。值得一提的是，上面的文集中有两篇由一对少见的父子哲学家写的论文得读一下，分别是由彼得·F. 斯特劳森（Peter F. Strawson）撰写的《自由与怨恨》(*Freedom and Resentment*)和由盖伦·斯特劳森（Galen Strawson）撰写的《终极道德责任的不可能》(*The Impossibility of Ultimate Moral Responsibility*)。对于想要了解更多量子物理这个奇怪领域的人来说，我极力推荐查德·奥泽尔（Chad Orzel）特别有趣的著作《如何给你的狗狗教量子物理学》(*How to Teach Quantum Physics to Your Dog*, London: Oneworld, 2010)。

第五次漫步：逻辑学

亚里士多德在《前分析篇》(*Prior Analytics*)中提出了三段论。这本书很厚，但在罗宾·史密斯（Robin Smith）的译本（London: Hackett, 1989）中，有非常好的介绍和注释。A. C. 格雷林（A. C. Grayling）的《哲学逻辑引论》(*Introduction to Philosophical Logic*, Oxford: Wiley-Blackwell, 1997)也不错，但有些地方也挺难的，如果你想玩玩逻辑的话，就从这本书开始吧！

第六至七次漫步：形而上学

乔纳森·巴恩斯翻译的《早期希腊哲学》(*Early Greek Philosophy*, London: Penguin, 1987)很好地涵盖了前苏格拉底派形而上学。至于柏拉图的型相论，我建议从戴维·盖洛普（David Gallop）翻译的《斐多篇》（*Phaedo*, Oxford: Oxford University Press, 1996）开始读起。《剑桥柏拉图研究指南》（*The Cambridge Companion to Plato*, Cambridge: Cambridge University Press, 2012）中的相关章节虽然不适合初学者，但也很精彩。如果你想借由晦涩难懂的经院哲学研究共相问题，那最好的指导书是最新版《科普勒斯顿哲学史》第二卷中的《中世纪哲学》（*Medieval Philosophy*）和彼得·亚当森的播客，网址是 https://historyofophy.net/problem-universals。

第八至九次漫步：认识论

柏拉图的《泰阿泰德篇》（*Theaetetus*）最好的译本当属罗宾·沃特菲尔德（Robin Waterfield）的版本（London: Penguin, 2004）。在我看来，A. A. 朗（A. A. Long）的著作《希腊化哲学：斯多葛派、伊壁鸠鲁派、怀疑派》（*Hellenistic Philosophy: Stoics, Epicureans, Sceptics*, London: Bloomsbury, 2013）是对怀疑派、斯多葛派、伊壁鸠鲁派最为可靠、最为有用、最为全面的论述。关于唯理论和经验论的著作中，我最喜欢的是乔纳森·贝内特（Jonathan Bennett）撰写的《向六位哲学家学习：笛卡尔、斯宾诺莎、莱布尼茨、洛克、贝克莱、休谟》（*Learning from Six Philosophers: Descartes, Spinoza, Leibniz, Locke, Berkeley,*

Hume, Oxford: Oxford University Press, 2003)。这本书可能有点儿枯燥，却极具权威性。所有这些思想家的主要著作都很容易找到，包括免费的电子书。笛卡尔是唯理论哲学家中最具可读性的。你可以试着读读《第一哲学沉思录》(*Meditations on First Philosophy*)和《谈谈方法》(*Discourse on the Method*)。如果你有时间，洛克、休谟、贝克莱等人的文章也都是可以读一读的，但他们的思想都已经被后人所总结得几乎没有遗漏了。休谟的《人类理解研究》(*An Enquiry Concerning Human Understanding*)比《人性论》(*Treatise of Human Nature*)语言更加精练，涵盖的内容却是相同的。

对于刚接触哲学的读者来说，我不推荐去读康德的巨著《纯粹理性批判》(*Critique of Pure Reason*)。不过，如果你想尝试一下，我建议你读剑桥版，它有现代译本，介绍详细，注释也很好，完全可以满足你的需要。但我还是建议你先从罗杰·斯克鲁顿(Roger Scruton)的《康德》(*Kant*, Oxford: Oxford University Press, 1982)开始，看看自己能不能跟得上。

维特根斯坦不太容易对付。《逻辑哲学论》(*Tractatus Logico-Philosophicus*, London: Routledge, 2001)可以在几个小时内读完，其中一些内容看起来清晰易懂，而另一些则很费解。《哲学研究》(*Philosophical Investigations*, Oxford: Wiley-Blackwell, 2009)也差不多，其中许多章节挺好懂的，但要想把握整体意思和写作目的就比较难了。有关维特根斯坦哲学思想最好的入门书籍是两本传记。布莱恩·麦吉尼斯(Brian McGuinness)写的《维特根斯坦的一生:年轻的路德维希》[*Wittgenstein: A Life: Young Ludwig (1889—1921)*, London: Penguin, 1990],对维特根斯坦成长的世界和他撰写《逻辑哲学论》之间的关系有着独到的见解。然而这本书只讲述了他的前半生。瑞·蒙克(Ray Monk)的《维特根斯坦传:天才之为责任》(*Ludwig Wittgenstein: The Duty of Genius*, London: Vintage, 1991)则是对前书的补充。戴维·皮尔斯(David Pears)的《维特根斯坦》(*Wittgenstein*, London: Fontana, 1985)篇幅虽短,但内容丰富。

至于想了解实用主义背景的读者,我推荐路易斯·梅南(Louis Menand)的《形而上学俱乐部:美国思想的故事》(*The Metaphysical Club: A Story of Ideas in America*, London: Flamingo, 2011),这是一部非常有趣的历史记录,主要关注名人的故事;或许你还可以读读可爱迷人的思想家威廉·詹姆斯(William James)的文集《实用主义与其他作品》(*Pragmatism and Other Writings*, London: Penguin, 2000)。

约翰·斯特罗克(John Sturrock)的著作《结构主义以来:从列维-斯特劳斯到德里达》(*Structuralism and Since: From Levi-Strauss to Derrida*, Oxford: Oxford University Press, 1979)虽然年代久远,但仍是了解索绪尔语言学知识革命的指南。

第十一次漫步：科学哲学

对于科学哲学，我只推荐一篇介绍性的文章：阿兰·查尔默斯（Alan Chalmers）的《科学究竟是什么》（*What Is This Thing Called Science?* Milton Keynes：Open University Press，2013）。这是一篇经典之作，文笔优美、内容详尽。然而，如果你想更深入地研究，那不妨试试卡尔·波普尔的《科学发现的逻辑》（*The Logic of Scientific Discovery*，London：Routledge，2002），他的所有作品都写得又清晰又生动。库恩的《科学革命的结构》（*The Structure of Scientific Revolutions*，Chicago：University of Chicago Press，2012），对非专业人士来说也很容易理解。我个人最喜欢保罗·费耶阿本德的《反对方法》（*Against Method*，London：Verso，2010）。

最后一次漫步：生命的意义

对于生命的意义，嗯，你可以试着读读特里·伊格尔顿（Terry Eagleton）的《人生的意义》（*The Meaning of Life：A Very Short Introduction*，Oxford：Oxford University Press，2008），这本书语言轻快简洁，充满趣味性。在我们讨论伦理学的那次漫步中，我对尼采的评价很苛刻，但毫无疑问，阅读他的作品会让你深入思考为人的意义。《善恶的彼岸》（*Beyond Good and Evil*）和《快乐的科学》（*The Gay Science*）是两部深奥而美丽的作品，但你或许最好还是先从《偶像的黄昏》(*The Twilight of the Idols*)读起，这本书有一百多页，对尼采的哲学作了很好的概述和总结。这本书我推荐企鹅出版社出版的 R. J. 赫林达勒（R. J. Hollingdale）译本，配上尼采对基督教伦理最深远的一击——《反基督》(*The Anti-Christ*, Harmondsworth: Penguin, 1968)一起读。

致谢

感谢 Oneworld 出版公司的所有员工,特别是山姆·卡特（Sam Carter），感谢他对本书创作自始至终的付出。我欠塔姆辛·谢尔顿（Tamsin Shelton）良多，我数不清的错误都是他纠正的。我和安迪·斯坦顿（Andy Stanton）讨论了这本书中的许多观点，每次他都是妙语连珠。而要是没有查理·坎贝尔（Charlie Campbell）全程掌舵，本书也不可能完成。

回顾过往，我还要感谢约翰·哈里斯（John Harris）教授和斯图尔特·西姆教授（Stuart Sim），他们引领我走过了学术生涯的各个阶段。

最后，我还要感谢杰出的教育家玛格丽特·弗里曼（Margaret Freeman）夫人，她早在四十年前，就在我心中埋下了哲学的种子。